Ullstein Sachbuch

Ein bemerkenswertes Schicksal war der Verfasserin, der Tochter des 1914 in der Schlacht vor den Falklandinseln gefallenen Kommandanten des Kleinen Kreuzers »Nürnberg«, Karl v. Schönberg, beschieden – ein Schicksal, das mitten hineinführt in die unheilvolle politische Entwicklung Deutschlands in der ersten Hälfte des 20. Jahrhunderts. Durch die Heirat als Neunzehnjährige im Jahre 1932 mit dem zehn Jahre älteren Dr. jur. Dietrich Lehfeldt wurde sie Gutsfrau in der ehemaligen preußischen Provinz Posen, die nach dem von Deutschland verlorenen Ersten Weltkrieg an Polen gefallen war.

Walburg Lehfeldt beschreibt in diesem Buch das Zusammenleben von Deutschen und Polen auf Gut Lehfelde vor und während des Zweiten Weltkriegs bis zu ihrer Flucht in den Westen – aus der Sicht ihrer von Menschlichkeit und Sinn für das Recht geprägten Mentalität.

Was diesem Buch jedoch weit über das persönliche Schicksal hinaus Bedeutung verleiht, sind die Erfahrungen der Verfasserin mit Hitler und dem Nationalsozialismus, die Beschreibung der Konfliktsituation, die sich zwischen Wehrmacht und Sicherheitsdienst (SD) in den ehemaligen deutschen Ostgebieten ergab und sich auf Gut Lehfelde exemplarisch darstellte, die Begegnung mit Männern des Widerstandes wie Canaris, Oster und von Dohnanyi.

Ein Buch, das dem Leser Aufschlußreiches und Nachdenkenswertes zur Frage »Wie konnte das geschehen?« gibt, in dem das Private Zeugnis einer inzwischen untergegangenen Lebens- und Kulturwelt ist.

Walburg Lehfeldt

Gut Lehfelde

Eine deutsche Geschichte 1932–1950
(Wie konnte das geschehen?)

Ullstein Sachbuch

Ullstein Sachbuch
Ullstein Buch Nr. 34544
im Verlag Ullstein GmbH,
Frankfurt/M – Berlin

Ungekürzte Ausgabe

Umschlagentwurf:
Atelier Noth + Hauer
Alle Rechte vorbehalten
Mit freundlicher Genehmigung des
Limes Verlag Niedermayer und Schlüter
GmbH, Wiesbaden und München
© 1986 by Limes Verlag Niedermayer
und Schlüter GmbH, München und
Wiesbaden
Printed in Germany 1988
Druck und Verarbeitung:
Ebner Ulm
ISBN 3 548 34544 1

Dezember 1988

CIP-Titelaufnahme
der Deutschen Bibliothek

Lehfeldt, Walburg:
Gut Lehfelde: e. dt. Geschichte
1932–1950; (wie konnte das geschehen?) /
Walburg Lehfeldt. – Ungekürzte Ausg. –
Frankfurt/M; Berlin: Ullstein, 1988
    (Ullstein-Buch; Nr. 34544:
    Ullstein-Sachbuch)
    ISBN 3-548-34544-1
NE: GT

Inhalt

Am 26. April 1950 kamen wir auf unserer zweiten Flucht, diesmal von Mittel- nach Westdeutschland, über Berlin in Bremen an. Damit ging ein Lebensabschnitt zu Ende, der von den beiden Weltkriegen bestimmt war und so typisch für unsere Epoche ist, daß er mir und vielen anderen aufzeichnungswert erschien.

Ganz besonders danke ich dem Verleger Herrn Berthold Spangenberg in München, der den Anstoß für diese Aufzeichnungen gab und mich immer wieder ermutigte, sowie Herrn Generaldekan Albrecht v. Mutius, der noch kurz vor seinem Tod zu der Veröffentlichung wesentlich beitrug.

Der Erste Weltkrieg nahm mir meinen Vater, der schon 1914 fiel. Der Friedensschluß führte zur Abtretung der Provinz Posen an Polen und war der Anlaß, daß ich durch meine Heirat polnische Staatsangehörige wurde.

Der Zweite Weltkrieg zog uns bei Kriegsausbruch in einen Machtkampf zwischen Wehrmacht und SD hinein und führte uns mit Widerstandskämpfern zusammen. Er nahm uns den angestammten Besitz, die berufliche Existenz und, was am schwersten zu tragen ist, die Heimat. Die Folgen des Krieges stießen uns, nachdem wir in mehreren Trecks die Flucht vor den Russen überstanden hatten, mittellos in eine uns unbekannte Gegend. Dort galt es, für uns und die Kinder wieder eine Existenz aufzubauen.

Dieses Schicksal ereilte Millionen von Deutschen aus dem

Osten und kann sicher von manchen anderen besser geschildert werden. Was mir wert erscheint, aufgezeichnet und bewahrt zu werden, sind die Begegnungen mit Menschen, die das Schicksal Deutschlands zu verantworten hatten und mit solchen, die es noch wenden wollten: Hitler, Göring, Heydrich, Streicher, Greiser auf der einen und die Wehrmacht wie Großadmiral Raeder, General Petzel und die Widerstandskämpfer Canaris, Oster und Dohnanyi auf der anderen Seite.

Ich schreibe es für meine Kinder und Enkel auf. Die Kinder, die den Krieg noch sehr jung miterlebten: Wolfgang, geboren 1933, und Karin, geboren 1935, erinnern sich nicht an die einzelnen Erlebnisse, und Jobst, der Jüngste, wurde erst 1944 geboren.

Auch ist dies meinen Freunden aus dem Osten, denen ähnliche Schicksale widerfuhren, zugedacht.

Aber auch diejenigen, welche mit den verlorenen Gebieten nicht vertraut waren, möchte ich in die Welt des deutschen Ostens führen, in eine Welt, die allen, die sie kannten, unvergeßlich ist.

Die Schrecken des Krieges und der verschiedenen Fluchten sollen eine Mahnung an die Jugend sein, daß sie es nie wieder zuläßt, daß Deutsche – wie im Zweiten Weltkrieg – andere Länder überfallen und damit so viel Leid über Millionen Menschen bringen.

Bremen 1985, am 40. Jahrestag
des Kriegsendes   Walburg Lehfeldt

Jugendjahre

Als meine Eltern 1908 heirateten, schien der Himmel voller Geigen zu hängen.

Mein Vater, laut Heiratsurkunde Kaiserlicher Korvetten-Kapitän Karl von Schönberg, 1872 geboren, also damals sechsunddreißig Jahre alt, hatte meist Kommandos in Übersee, oft in Fernost gehabt und daher noch keine Familie gegründet. Da er Englisch, Französisch und Spanisch sprach, war er viel im diplomatischen Dienst der Kriegsmarine eingesetzt worden. Nun war er an das Reichsmarineministerium nach Berlin versetzt. In diese Zeit fiel auch seine Aufnahme in den Johanniterorden (1909), dessen durch die Jahrhunderte bewahrten ritterlichen Idealen er bis zu seinem Lebensende verpflichtet blieb.

Meine Mutter, Alice von Pelet-Narbonne, geboren 1881, aus einer Hugenottenfamilie stammend, war die Tochter des Generalleutnants z.D. Gerhard von Pelet-Narbonne, eines damals bekannten Militärschriftstellers. Mein Großvater hat insgesamt sechzehn kavalleristische Bücher geschrieben, wovon die bekanntesten die beiden Bände *Brandenburg-Preußische Reiterei*, erschienen 1905 im Mittler Verlag Berlin, sind. Dieses zweibändige Werk mit vielen Bildern und Skizzen ist 1983, nach fast achtzig Jahren, wieder aufgelegt worden. Meine Großeltern wohnten in Berlin und besaßen ein Sommerhaus in Warmbrunn im Riesengebirge. Mein Großvater hatte vorzeitig seinen Abschied genommen, um mit meiner Groß-

mutter eine zweijährige Weltreise zu machen und sich dann
ganz seinen schriftstellerischen Arbeiten zu widmen. Während dieser Zeit kam meine Mutter ins Luisenstift und ihr
einziger Bruder Eberhard ins Kadettenkorps.

Meine Mutter hatte die Stellung ihres Vaters sehr genossen,
war bei Hofe Wilhelms des Zweiten vorgestellt worden, viel
ausgegangen, hatte Koch-, Mal- und Klavierstunden genommen, wie das damals so üblich war.

Nun erschien die Heirat mit meinem erfahrenen und weltweit
gereisten und global denkenden Vater eine ideale Verbindung. Ich habe immer nur gehört, wie glücklich die Ehe
meiner Eltern war, und zauberhafte liebevolle Briefe meines
Vaters an seine Alice nach deren Tode geerbt. Neben allen
inneren Bindungen war mein Vater auf die Schönheit meiner
Mutter sehr stolz, und als sie dann auch als junge Frau wieder
durch die Stellung meines Vaters bei Hofe vorgestellt wurde,
fotografierte er sie in ihrem »Hofstaat«, wie das Kleid mit
Schleppe und der vorgeschriebene Schmuck genannt wurde,
von allen Seiten.

Nach vierjähriger Ehe wurde ich als erstes und leider einziges
Kind in dieser glücklichen Ehe in Kiel geboren, wohin mein
Vater inzwischen versetzt worden war.

Doch bereits 1913 bekam mein Vater für fünf Jahre ein Kommando nach Tsingtau in China, das damals für 99 Jahre deutsches Pachtgebiet war. Meine Eltern gaben die Wohnung in
Kiel, Feldstr. 144, wo ich geboren wurde, auf, stellten die Möbel bei einem Spediteur unter und verschifften nach China
unendliche Rohrplattenkoffer, Hutkoffer, Reisesäcke, Kisten
mit beweglicher Habe, die mir noch dreißig Jahre später bei
unseren verschiedenen Fluchten gute Dienste leisteten.

Für mich, das einjährige Baby, wurde eine Kinderfrau, nach

Fotos zu urteilen immer in schwarzer Kleidung mit würdiger Kopfbedeckung auf der Perücke, engagiert, die den Mut hatte, sich für fünf Jahre Asienaufenthalt zu verpflichten.

Meine Eltern buchten für sich, meine Kinderfrau und mich Kabinen auf dem Lloyddampfer, der nach Fernost ging. Doch bereits vor dem Suezkanal bekam mein Vater einen Funkspruch vom Reichsmarineamt, daß er nicht nach Tsingtau, sondern nach Mexiko gehen sollte, um dort als Kommandant den kleinen Kreuzer *Nürnberg* zu übernehmen. Dieser kreuzte zum Schutze der Deutschen und als Repräsentant des Deutschen Reiches an den Küsten Mexikos, weil dort eine Revolution ausgebrochen war. Wenn diese Aufgabe erfüllt wäre, sollte mein Vater durch den Stillen Ozean und die Südsee Tsingtau anlaufen, wo die *Nürnberg* gründlich auf einer Werft überholt werden mußte.

Wir stiegen auf einen italienischen Dampfer um und fuhren über Italien, die Schweiz nach Deutschland zurück. Für meine Mutter lohnte es sich nicht eine Wohnung zu nehmen, denn mein Vater mußte schon am 5. November 1913 wieder an Bord des deutschen HAPAG-Dampfers *Amerika* gehen, um nach New York und von da aus durch den Panamakanal nach Mexiko zu fahren. Wenn er nach Beendigung des Mexiko-Kommandos in Tsingtau angekommen wäre, sollte seine Familie nachkommen.

So war die Welt schon ab 1913 nicht mehr heil für unsere kleine Familie. Ich konnte – ein Jahr alt – natürlich keine Erinnerung an meinen Vater haben.

Für August 1914 hatte mein Vater für uns wieder eine Überfahrt nach Tsingtau gebucht, wohin er, nach beendeter Aufgabe in Mexiko, mit seinem Schiff, der *Nürnberg*, unterwegs war.

Zum Glück befanden wir uns noch nicht an Bord, als der Krieg am 1. August 1914 ausbrach. So wurde uns die Internierung in China erspart. Aber mein Vater und meine Mutter sahen sich nie wieder, und ich wuchs ohne Vater auf.

Die *Nürnberg* wurde in der Südsee vom Ausbruch des Krieges überrascht. Alles für den Kriegseinsatz nicht Nötige, alle persönlichen Sachen, alles leicht Brennbare mußte von Bord gegeben werden und wurde auf der damals zu den deutschen Kolonien gehörenden Südseeinsel Ponape gelassen. Die persönlichen Sachen wurden in Zinnbehälter eingeschweißt, und meine Mutter bekam sie in den zwanziger Jahren von den Japanern, denen die Insel nach Friedensschluß zugesprochen wurde, zurück. Ich besinne mich als Kind, wie meine Mutter die Kisten im Keller öffnen ließ. Die Pelze und Bücher meines Vaters zerfielen beim Auspacken, sie hatten das Klima nicht überstanden. Die Wertgegenstände, wie Jagdwaffen, Ferngläser, Edelsteine, Perlen, die mein Vater in Mittelamerika für uns gekauft hatte, waren alle erhalten. Privatbesitz wurde im Ersten Weltkrieg noch geachtet und anerkannt.

Die *Nürnberg* war dem Auslandsgeschwader des Grafen Spee zugeteilt. Die *Emden* wurde mit Sonderaufgaben in den Indischen Ozean geschickt. Die Panzerkreuzer *Gneisenau, Scharnhorst* und die kleineren Kreuzer *Dresden, Leipzig* und *Nürnberg* wurden zu einem Geschwader zusammengezogen.

Mein Vater, der vom Tage seiner Abreise aus Deutschland an ein Tagebuch schrieb, übersah sofort die Hoffnungslosigkeit der Lage und schrieb nach Hause: »Die ›Nürnberg‹ wird unser Grab werden.« Das Auslandsgeschwader wurde zunächst zur Zerstörung von Funkstationen und zum Kapern von Handelsschiffen in der Südsee, dann an den Küsten des neutralen Chile eingesetzt.

In der Seeschlacht von Coronel am 1. November 1914 versenkte mein Vater mit seinem Schiff den englischen Kreuzer *Monmouth*. Dann beschloß Graf Spee, den Durchbruch nach Europa zu wagen, und umfuhr die Südspitze Feuerlands von Chile und Argentinien mit den fünf Kriegsschiffen und einigen Handelsschiffen, die als Hilfsschiffe mit Lebensmitteln und Kohlen mit zum Geschwader gehörten.

Mein Vater war einer der wenigen Offiziere, die bei einer Lagebesprechung eindringlichst vor dem Anlaufen von Port Stanley auf den Falklandinseln gewarnt hatte. Es sollte dort Kohle aufgenommen werden.

Am 8. Dezember stellte eine überlegene englische Flotte die deutschen Schiffe vor den Falklandinseln. *Scharnhorst, Gneisenau, Leipzig* und *Nürnberg* wurden versenkt. Wegen der rauhen See wurden nur sieben Mann von der *Nürnberg* gerettet. Der Geschwaderchef Graf Spee fand mit seinen beiden Söhnen, der eine war Adjutant bei meinem Vater auf der *Nürnberg*, den Heldentod.

Von der Besatzung der *Nürnberg* haben Überlebende, die sich auf ein Wrackteil gerettet hatten, die deutsche Kriegsfahne geschwenkt, wie die Engländer berichtet haben. So wurde dies zum Motiv des Gemäldes des Marinemalers Professor Bohrdt *Der letzte Mann*.

Die *Nürnberg* war, wie mein Vater vorausgesagt hatte, sein Grab geworden.

Es dauerte bis 1915, bis meine Mutter Gewißheit hatte, daß mein Vater nicht gerettet war.

Der einzige kleine Kreuzer, der in chilenische neutrale Gewässer entkommen konnte, war die *Dresden* unter dem Kommando von Kapitän zur See Lüdecke. Auf der *Dresden* befand sich auch der damalige Oberleutnant Canaris, der spätere Admiral und Chef der Abwehr während des Zweiten Weltkrieges, von dem in diesen Aufzeichnungen noch oft die Rede sein wird.

Meine Mutter war nach fünf Jahren glücklicher Ehe Witwe, dazu ohne feste Bleibe, denn die Wohnung in Kiel war aufgelöst. Sie kam zu keinem Entschluß und pendelte mit mir ziellos zwischen Pensionen, Hotels in Dresden, Berlin, Badeorten und den verschiedenen Gütern unserer Verwandten und Freunde als eine der vielen Kriegswitwen hin und her. Besonders bitter empfand ich als Kind, daß sie sich jahrelang in Schwarz kleidete. Als 1918/19 das von ihr so geliebte Kaiserreich zusammenbrach, bestand äußerlich nichts mehr, was für sie Wert gehabt hatte.

Bis 1921 konnte sie sich nicht entschließen, mit den bei einem Spediteur stehenden Möbeln eine Wohnung in Dresden einzurichten. So kenne ich bis zu meinem achten Lebensjahr nur Reisen und Leben aus Koffern. Im Winter schickte meine Mutter mich auf Privatschulen in Berlin und Dresden. Im Sommer reisten wir in Badeorte und auf die Güter der Freunde, und ich wurde privat unterrichtet. 1921 wurde ich in Dresden eingeschult, wo ich 1931 Abitur machte. Die Zeit war unterbrochen durch zwei Jahre, in denen ich während einer schweren Krankheit meiner Mutter und der Inflationszeit auf dem Gute meiner Pflegemutter Sittah von Brand in Hasselbusch, die später in zweiter Ehe Ulrich Thilo heiratete, erzogen wurde. Eine großartige Frau, die ich bis zu ihrem Tode mit neunzig Jahren sehr verehrte. Ich wuchs mit ihrer einzigen Tochter Georgy zusammen auf und lernte das Landleben mit Pferden, Jagden und allen seinen Besonderheiten kennen und lieben, was mir später in Lehfelde noch sehr zugute kam.

Nach den zwei Jahren Landleben mit Privatunterricht in

Hasselbusch wurde ich, zu meiner Mutter zurückgekehrt, in Dresden wieder eingeschult. Danach kam ich bis zum Einjährigen für zwei Jahre in das strenge preußische Internat in Potsdam, das Kaiserin-Augusta-Stift. Alles war verboten, und ich kann nicht sagen, daß ich gern da war. Aber man schloß, schon im Widerstand gegen die spartanisch-lieblose Erziehung, sich eng zusammen und bekam Freundschaften, die das Leben lang hielten. Dort erhielt ich einen ausgezeichneten Unterricht, der mir ermöglichte, die letzten drei Jahre vor dem Abitur in Dresden das Leben und meine neugewonnene Freiheit zu genießen. Schularbeiten machte ich meist in der Schule, so gut war die Grundlage, die ich im Augusta-Stift für Sprachen, Kunstgeschichte, Erdkunde und so weiter bekommen hatte. Meine Mutter ermöglichte mir jeden Sport, und so ritt ich viel, auch Jagden und Turniere, meist auf Pferden des Kavallerieregiments 12, spielte fast täglich Tennis und wurde dann in diesem Sport zwei Jahre lang Juniorenmeisterin von Dresden. Ich focht Florett und fuhr im Winter im Erzgebirge Ski und lief Schlittschuh. Daneben genoß ich das gute Theater in Dresden, die Oper und die Konzerte.

Nach bestandenem Abitur wollte ich in Berlin Sport und Sprachen studieren, um Sportjournalistin zu werden und hatte schon Studienplatz und Stipendium, da eröffnete meine Mutter mir, daß ich zuvor einen Sommer lang bei ihrer alten Freundin Mika v. Loesch, die sie aus der Berliner Zeit kannte, Haushalt lernen sollte, und es bereits vereinbart sei, daß ich im April dort anfinge.

Mein Weigern nutzte nichts, denn meine Mutter meinte mit Recht, daß ich bei schon angefangenem Studium nie mehr dazu käme.

Meine Mutter hatte mit mir, die ich keine Geschwister hatte, verhältnismäßig einsam gelebt, wenig Besuch gehabt, so daß mir neben meinen vielen sportlichen Passionen kaum Zeit und Gelegenheit für hausfrauliche Betätigungen geblieben war.

So fuhr ich gleich nach dem Abitur zähneknirschend zu Loeschens auf deren Besitz, Rittergut Gabel, wo ich mit meiner Mutter während des Krieges oft gewesen war. Dieser Besitz war 1920 an Polen abgetreten worden und gehörte nun zur Wojwodschaft Poznań.

Wir waren zwei Haustöchter, Marieluise v. Schlieffen und ich, und mußten eine Woche Küchendienst und die andere Woche Geflügel und Gartenarbeit umschichtig machen. Bald kamen Loeschens zur Erkenntnis, daß ich mich besser als zum Dienst in der altmodischen Küche zum Zureiten der Remonten eignete, und gaben mir die Aufgabe, die jungen Pferde zuzureiten.

Auf dem Nebengut Roniken war Dr. jur. Dietrich Lehfeldt als Inspektor und absolvierte das letzte Jahr seiner Ausbildung als Landwirt, ehe er das väterliche Gut Lehfelde, Kreis Wollstein (Provinz Posen) übernehmen sollte. In der einen Richtung lag die polnisch-deutsche Grenze, an die man nicht heranreiten durfte, auf der anderen Seite lag Roniken. So ergab es sich von selbst, daß ich bei meinen gewagten Ausritten auf den jungen, ungerittenen Pferden nicht allein blieb. Das Ergebnis war, daß wir uns verlobten und ich Gutsfrau in Polen wurde. Die in Polen ansässigen Deutschen konnten ihren Besitz nur behalten, wenn die Familie am Stichtag 1908 dort bereits gewohnt hatte. Sie mußten, wenn dies zutraf, polnische Staatsangehörige werden. So bekam ich mit meiner Heirat einen polnischen Paß.

Auch dieses Mal schien der Himmel voller Geigen zu hängen.

Ich liebte meinen Mann, der, neun Jahre älter, mit seinem abgeschlossenen Jurastudium in Freiburg, München und Breslau, seiner Ausbildung als Landwirt, seiner absolvierten Militärzeit beim polnischen Militär mir mit meinen neunzehn Jahren überlegen war. Dietrich sollte, auch ohne die Heirat mit mir, das väterliche Gut zum Anfang 1932 übernehmen. Die zwei Jahre in Hasselbusch hatten meine Liebe zum Landleben geweckt. Meiner Pferdepassion konnte ich voll nachgehen. Mein Schwiegervater, der Witwer war, nahm mich mit offenen Armen auf. Das Gutshaus, Schloß nannte man das im Osten, bot mit seinen fünfundzwanzig Zimmern viel Platz für zwei Generationen und war von meinem Schwiegervater 1913 umgebaut und modernisiert worden. So hatten wir mehrere Badezimmer, überall Wasseranschlüsse, Zentralheizung, ständig warmes Wasser, alles Dinge, die in alten Gutshäusern damals nicht üblich waren.

Wir heirateten am 12. Januar 1932 im Bellevue Hotel in Dresden, und mein Schwiegervater schenkte uns eine Hochzeitsreise auf einem Bananendampfer nach Madeira, Teneriffa und Gran Canaria. Danach zog ich als junge Frau in Lehfelde als Gutsherrin ein, und ein glückliches und behütetes Leben begann.

Das Gut Lehfelde

Das Rittergut Lehfelde mit dem Vorwerk Groß-Nelke war vom Urgroßvater meines Mannes Wilhelm Lehfeldt 1855 gekauft und jeweils 1869 an seinen Sohn Dr. Gustav Lehfeldt und von diesem 1901 an meinen Schwiegervater Ernst im Kaufvertrag abgetreten worden. Die ältere Generation zog sich auf den anderen Besitz Borkau im Kreise Glogau zurück und überließ die Pionierarbeit im Osten den Söhnen. Beim Kauf 1855 hieß das Gut Powodowo. Als Ende des Jahrhunderts im Zuge der Eindeutschungsbestrebungen die Orte deutsche Namen bekommen sollten, erzählte man mir, es sei der berühmte Arzt Robert Koch (1843–1910) gewesen, der dem damaligen Landrat v. Unruh den Namen Lehfelde vorschlug. Robert Koch hat mehrere Jahre als praktischer Arzt in Wollstein gelebt und war damals Hausarzt bei den Großeltern. Sein Haus steht heute noch mit einer Gedenktafel.

Als Ernst Lehfeldt von Kaiser Wilhelm II. geadelt werden sollte, lehnte er dies ab und bat statt dessen, Lehfelde zum Fideikommiß machen zu können. Dieses wurde, nachdem Lehfelde polnisch geworden war, wieder aufgelöst. Das Gut war 1287 Hektar, also über 5000 Morgen groß, wovon fast 400 Hektar Wald und 150 Hektar Wasser waren. Das Wasser bestand außer aus dem Dorfteich, in dem wir Karpfen züchteten, aus einem Teil des Nelker Sees. Dieser war 400 Hektar groß und der Rest gehörte unserem polnischen Nachbarn in Obra. Wir verpachteten die Fischerei an den gleichen Fischer.

Der Boden war in der Güteklasse unterschiedlich, erlaubte aber, außer den Hauptfrüchten Roggen und Kartoffeln, auch ca. 30 Hektar Weizen und 25 Hektar Zuckerrüben anzubauen. Letztere wurden an die Zuckerfabrik Opalenitza geliefert. Zum Gut gehörte eine Schnapsbrennerei mit einem Kontingent von 170 000 Liter reinem Alkohol. Im Dorf gehörten außer der Schule, die von Großvater gestiftet war, und einer Gastwirtschaft alle Gebäude zum Gut, es bot Wohnungen für sechzig Arbeiterfamilien. Der Gutsbetrieb beschäftigte ständig mehr als 130 Arbeiter und zur Erntezeit etwa zwanzig zusätzliche Schnitter.

Zum Gut gehörte auch eine Verkaufsgärtnerei, die 600 Quadratmeter als Treibhäuser oder unter Glas hatte. Es wurde eine intensive Pferdezucht betrieben. Außer den zwei Hengsten und sechzehn Hauptstammbuchstuten gab es im ganzen achtzig Pferde. Von den 250 Rindern waren 75 Milchkühe. Ochsen wurden teilweise angespannt und mit diesen dreispännig gepflügt und zweispännig gefahren. 120 Schweine und 400–500 Schafe vervollständigten den großen Viehbestand.

Lehfelde gehörte vor dem Ersten Weltkrieg zum Kreis Bomst und wurde erst, als es an Polen abgetreten war, dem Kreis Wollstein angeschlossen.

Landschaftlich lag das Gut sehr schön, denn es war zu drei Vierteln von Wald umgeben. Außer dem eigenen Nelker oder Berzyner See, an dem das Vorwerk Nelke lag, befand sich an Wollstein angrenzend noch der Wollsteiner See. So lag das Gut zwischen zwei Seen. Verkehrstechnisch war es besonders günstig, daß sich auf dem Gut Lehfelde ein Verladebahnhof befand. Die Chaussee von Wollstein teilte sich hinter dem Dorf in zwei Strecken. Die eine führte nach Bentschen, dort war die D-Zug- und später Zollstation, die andere Strecke führte nach Unruhstadt und von da aus nach Züllichau. Diese beiden Städtchen waren bei Deutschland geblieben. In Bentschen gab es einen polnischen (Zbaszyn) und einen deutschen Teil (Neu-Bentschen). Bis Bentschen waren es dreiundzwanzig Kilometer. Zu besonderen Anlässen fuhren wir mit dem Pferdewagen dort hin und holten Besuch ab. Mit dem Auto war dies, auch bei den sehr schlechten Wegverhältnissen, natürlich keine Entfernung. Um das Gutshaus herum lag ein sieben Hektar großer, sehr schöner Park, der in einen Obstgarten überging und der Gärtnerei benachbart war. Die wirtschaftlichen Verhältnisse waren Anfang der dreißiger Jahre keineswegs rosig in der Landwirtschaft in Polen wie auch in Deutschland. Auch politisch brachte das Leben in der Diaspora oft Konflikte mit sich. Aber persönlich fühlte ich mich nicht angegriffen oder bedroht. Es war kein leichtes, sondern ein arbeitsreiches, einfaches aber frohes Leben.

```
HOK Wartheland-Polen
Meyers Ortsl.   Lehfelde (Rittergut)
Stand 1910      mit Bahnst. Lehfelde u. Vorw. Gr.Nelke,
                StdA. Post und Amtsg  Wollstein, Kreis
                Bomst, Reg.-Bez. u. Prov. Posen - 400 E.

Skorowidz...    Powodowo (Gutsbezirk)
Stand 1921      mit Bahnst. Powodowou.Vw. Nialek Wielki,
                Kreis Wolsztyn, Wojewodschaft Poznań
                366 Einw.: 307 polnisch - 294 r.k.
                            59 deutsch -  72 ev.
Skorowidz...    Powodowo (Gutsbezirk)
Stand 1933      mit Bahnst.Powodowo u.Vw. Nialek Wielki,
                Post evPfA. rkPfA. Amtsg. und Kreis
                Wolsztyn, Wojewodschaft Poznań

1940 - 1945     Niederkiefern (Gut Lehfelde),
                Amtsbezirk Wollstein Land, Post Amtsg.
                und Kreis Wollstein, Reg.-Bez. Posen
                232 Einw. (Stand 1941)

Bis 1919 deutsches Reichsgebiet, später polnisches
Staatsgebiet; 26.10.1939-1945 eingegliedert in das
deutsche Reichsgebiet (Reichsgau Wartheland)
                                          HOK Wartheland-Polen
```

Taufe des Kreuzers NÜRNBERG
8. Dezember 1934 und Besuch bei Hitler
9. Dezember 1934

Im Herbst 1934 wurde meine Mutter als Witwe des letzten Kommandanten des kleinen Kreuzers *Nürnberg*, Karl v. Schönberg, aufgefordert, mit mir zusammen den neuen Kreuzer *Nürnberg* zu taufen. Die *Nürnberg* war am 8. 12. 1914 bei den Falklandinseln im Geschwader des Grafen Spee untergegangen.

Meine Mutter, die schwer krank war, konnte dieser ehrenvollen und für sie so viel bedeutenden Aufgabe ohne meine Hilfe und Unterstützung nicht nachkommen.

Natürlich war ich, damals zweiundzwanzig Jahre jung, begeistert von dem Gedanken an meinen von mir so verehrten Vater, an diesem Tag dabeisein zu können und ihn und die frühere kaiserliche Marine zu vertreten.

Aber dem stand ein zunächst unlösbares Problem gegenüber. Mit meiner Heirat 1932 war ich, wie schon berichtet, polnische Staatsangehörige geworden, und mein Mann – wie alle Deutschen in Polen und in der Tschechoslowakei – zum Militärdienst eingezogen. So war mein Mann als Abiturient auf die polnische Fähnrichsschule gekommen und am Ende der eineinhalbjährigen Dienstzeit polnischer Reserveleutnant geworden. Zunächst galt es also zu klären, ob unter diesen Umständen die Einladung der Marine an mich bestehen blieb, und dann erst konnten die Schwierigkeiten von unserer Seite aus angegangen werden. So setzte ich mich bei unserem nächsten Aufenthalt in Berlin mit Admiral Raeder in Verbindung, der meinen Vater gekannt hatte. Dieser sagte mir zu, daß mein Name, wenn überhaupt, nur unter meinem Mädchennamen in die Presse käme und keine Fotos von mir veröffentlicht würden.

Diese Zusage war nur möglich, weil die Taufe der *Nürnberg* mehr oder weniger geheim vor sich ging, da mit diesem Stapellauf das zugebilligte Kontingent im Kriegsschiffsbau überschritten wurde, und dies so wenig wie möglich publik werden sollte.

Zu meiner großen Freude gaben mein Mann und mein Schwiegervater, der 1934 noch Besitzer der Güter war, trotz des großen Risikos, das für sie und für die Erhaltung des Besitzes damit verbunden war, die Genehmigung, besonders auch im Hinblick auf meine kranke Mutter.

Ein weiteres Problem war, daß ich lang vorher einen Ausreisepaß für eine Reise nach Deutschland beantragt haben mußte, der damals fünfhundert Zloty – ein Zentner Roggen brachte zwischen sechs und neun Zloty –, also bis achtzig Zentner Getreide kostete. Dies war für uns, die wir bescheiden lebten, eine sehr große Summe. Außerdem war mit der Beantragung eines Ausreisepasses und des deutschen Visums die Gefahr, beobachtet zu werden, noch größer.

So beschlossen wir, daß ich kein weiteres Risiko auf mich nehmen und mit dem sogenannten kleinen Grenzausweis fahren sollte, den es nur für Personen gab, die ihren Wohnsitz in der Zehnkilometer-Zone auf deutscher oder polnischer Seite hatten. Seine Dauer war auf vier Tage beschränkt. Außerdem war in Polen Devisensperre, so daß ich nur den Gegenwert von etwa zehn Reichsmark mitnehmen durfte. Aber dieses Problem konnte durch meine Mutter in Deutschland gelöst werden.

So fuhr ich am 7. Dezember 1934 klopfenden Herzens mit einem Koffer mit meiner besten Garderobe, schon deshalb recht auffällig, unter anderem zwei Abendkleidern, Pelz und so weiter über die kleine Grenze mit dem Pferdewagen oder unserem Auto, darauf besinne ich mich nicht mehr, und stieg in dem Grenzort Unruhstadt in den Zug nach Berlin.

Dort traf ich mich mit meiner Mutter, und wir fuhren sofort weiter nach Kiel, wo abends im Hause des rangobersten Admiral Albrecht ein Essen stattfand, zu dem auch die Gäste der Partei bereits angereist waren. Diese waren unter anderen der Oberbürgermeister Liebel aus Nürnberg und der Gauleiter Julius Streicher, eine sehr umstrittene Person. So viel wußte ich auch im fernen Polen aus den dort erhältlichen deutschen Zeitungen. Außer den höchsten Wehrmachtsstellen waren auch die Vertreter der Partei aus Schleswig-Holstein dabei. Jedenfalls war es eine lange Tafel, in Hufeisenform gedeckt, die Damen im Abendkleid, die Herren in großer Uniform, und viele Reden wurden gehalten, in denen immer wieder mein Vater und der heldenhafte Untergang der *Nürnberg* erwähnt wurden.

Das Gemälde von Prof. Bohrdt *Der letzte Mann*, auf dem ein Matrose auf dem Wrack stehend die deutsche Kriegsflagge hochhält, war das Motiv, das als Vorbild diente. Es wurde auch in Rosenbergs *Mythus des 20. Jahrhundert* erwähnt. Ich hatte weder eine Ahnung, wer Rosenberg war, noch den »berühmten« Mythus in der Hand gehabt, noch sagten mir die Namen der anwesenden und angeblich prominenten Parteigenossen etwas. So war ich, entsprechend meiner Jugend, völlig unbefangen und fröhlich. Beziehungen zu diesen Menschen konnten mir nichts nutzen, im Gegenteil nur schaden; und wenn ich mit einer Bemerkung in Ungnade fiel, was tat mir das? Ich war polnische Staatsangehörige und kehrte in zwei Tagen wieder nach Polen zurück. Ich vermied es allerdings, über diese Dinge zu reden, so daß jeder glaubte, daß ich im Reich wohne.

Der Abend, der ganz offiziellen Charakter hatte, zog sich lange hin, und man kam mehr oder weniger nur mit Personen in seiner näheren Umgebung ins Gespräch.

Anders verhielt es sich am nächsten Tag, wo wir in kleinem Kreis zu einer Rundfahrt auf der Staatsjacht *Aviso Grille* eingeladen wurden. Während dieser Fahrt unterhielt mich der Gauleiter Streicher viel. Er sagte, daß er mich gern mit dem Führer zusammenbringen wolle, und erzählte, daß er sich mit ihm duze als einer seiner ältesten Kämpfer. Er schlug vor, bei meinem nächsten Berlin-Besuch mich ins Theater oder Konzert mitzunehmen, wo er mich dem Führer vorstellen wolle.

Im Anschluß an diese Fahrt fand die Taufe der *Nürnberg* statt. Wir durchschritten die Reihen der aufgestellten Formationen, ich bekam noch Anweisungen, wie ich die Flasche werfen sollte, damit sie zerschelle. Damals wurde das noch mit der Hand gemacht, und meine Mutter traute sich das nicht mehr zu.

Es war ein erhebender Augenblick für mich, die ich meinen Vater so verehrte, ohne ihn mit Bewußtsein gekannt zu haben. Die zerberstende Flasche Sekt, die Nationalhymnen, die vielen Fahnen und Formationen von Marine und Heer, die sehr gute Rede des Oberbürgermeisters Liebel auf meinen Vater und den Geist auf seinem Schiff bewegten mich so, daß ich mich auf weitere Einzelheiten des Tages wenig besinne. Ich weiß nur, daß abends noch ein Essen stattfand im kleinen Abendkleid im Gegensatz zu dem in Galauniform vom Vortage.

Nach der Unterhaltung am nächstfolgenden Tag zu urteilen,

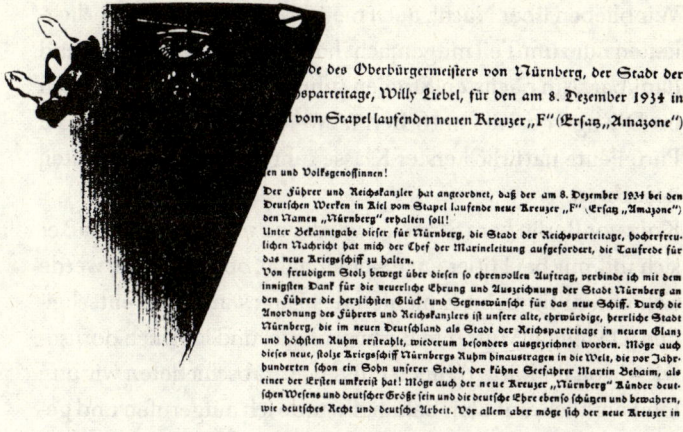

...de des Oberbürgermeisters von Nürnberg, der Stadt der
...sparteitage, Willy Liebel, für den am 8. Dezember 1934 in
...l vom Stapel laufenden neuen Kreuzer „F"(„Ersatz „Amazone")

...en und Volksgenossinnen!

Der Führer und Reichskanzler hat angeordnet, daß der am 8. Dezember 1934 bei den Deutschen Werken in Kiel vom Stapel laufende neue Kreuzer „F" (Ersatz „Amazone") den Namen „Nürnberg" erhalten soll!

Unter Bekanntgabe dieser für Nürnberg, die Stadt der Reichsparteitage, hocherfreulichen Nachricht hat mich der Chef der Marineleitung aufgefordert, die Taufrede für das neue Kriegsschiff zu halten.

Von freudigem Stolz bewegt über diesen so ehrenvollen Auftrag, verbinde ich mit dem innigsten Dank für die neuerliche Ehrung und Auszeichnung der Stadt Nürnberg an den Führer die herzlichen Glück- und Segenswünsche für das neue Schiff. Durch die Anordnung des Führers und Reichskanzlers ist unsere alte, ehrwürdige, herrliche Stadt Nürnberg, die im neuen Deutschland als Stadt der Reichsparteitage in neuem Glanz und höchstem Ruhm erstrahlt, wiederum besonders ausgezeichnet worden. Möge auch dieses neue, stolze Kriegsschiff Nürnbergs Ruhm hinaustragen in die Welt, wie vor Jahrhunderten schon ein Sohn unserer Stadt, der kühne Seefahrer Martin Behaim, als einer der Ersten umkreist hat! Möge auch der neue Kreuzer „Nürnberg" Länder deutschen Wesens und deutscher Größe sein und die deutsche Ehre ebenso schützen und bewahren, wie deutsches Recht und deutsche Arbeit. Vor allem aber möge sich der neue Kreuzer in

---

allen Dingen seines ruhmreichen Vorgängers würdig erweisen, des kleinen Kreuzers „Nürnberg", auf dessen Ruhmestaten im Weltkrieg die Stadt Nürnberg und mit ihr das ganze deutsche Volk und Vaterland heute noch mit Stolz zurückblickt. Fast 3 Jahrzehnte sind vergangen, seitdem der damalige Oberbürgermeister von Nürnberg diesen kleinen Kreuzer „Nürnberg", der dann in den folgenden Friedens- und Kriegsjahren Ruhm und Größe des einstigen Deutschlands so herrlich verkörperte, hier in Kiel getauft hat. Wiederholt hat der kleine Kreuzer „Nürnberg" schon vor dem Weltkrieg in aufopferungsvoller Weise den Schutz der Deutschen im Ausland übernommen und sich dabei unvergänglichen Lorbeer erworben. – Bei Ausbruch des Krieges finden wir ihn beim Kreuzergeschwader des Grafen Spee, unter dem er, zunächst mit einer Sonderaufgabe betraut, ruhmreich bestand, um schon wenige Wochen später einen feindlichen Panzerkreuzer zum Sinken zu bringen. In der Schlacht bei den Falklandinseln wurde der kleine Kreuzer „Nürnberg" – heute vor 20 Jahren, am 8. Dezember 1914 – in einem von vornherein aussichtslosen Kampf mit einem weit überlegenen Gegner verwickelt, in dem die gesamte Besatzung heldenhaft kämpfte und ruhmvoll unterging. Ein Kesselrohrbruch hatte die Geschwindigkeit der „Nürnberg" so vermindert, daß es dem Gegner möglich war, das Schiff in Brand zu schießen und kampfunfähig zu machen. Aber selbst in diesem Augenblick noch hat sich die heldenmütige Besatzung des kleinen Kreuzers „Nürnberg" unter Führung des Kapitäns zur See von Schönberg bei Freund und Feind höchste Anerkennung und ein ruhmreiches Heldengedenken gesichert. Als die übrigen Flaggen des Schiffes heruntergeschossen waren, banden die wenigen noch Überlebenden eine neue Bootsflagge an eine Stange, die von den letzten 4 Mann der Besatzung singend so lange hochgehalten wurde, bis die Wellen über ihnen und der Flagge zusammenschlugen! Dieses erschütternde Bild ist – von Künstlerhand festgehalten – zum Symbol des Heldentums der deutschen Kriegsmarine geworden und haftet als hehre Versinnbildlichung des Flaggenliedes noch heute fest im Gedächtnis von jung und alt. Für alle Ewigkeit wird es nicht aus dem Gedächtnis deutscher Menschen schwinden, daß als letztes von dem so ruhmreich untergegangenen Kreuzer „Nürnberg" die deutsche Kriegsflagge zu sehen war, von Männern hochgehalten, denen der Fahneneid selbst mit dem Tod vor den Augen noch als heiliger Schwur galt! Der englische Admiral Sturdee berichtete damals von dem tapferen Verhalten der Stadt Nürnberg, und die Äußerung des 1. Offiziers des englischen Schlachtkreuzers „Kent" äußerte später darüber: „Ich wollte, meine Leute würden so heldenhaft zu sterben wissen, wenn es einmal zum letzten Augenblick käme." –

Der Geist, der jene Männer beseelte, die mit Millionen anderen Kameraden für Deutschland in den Tod gingen, dieser Geist der Opferbereitschaft, der Hingabe bis zum Äußersten für Volk und Vaterland ist im Deutschland Adolf Hitlers aufs neue erwacht! Dessen wollen wir mit dankerfülltem Herzen eingedenk sein, mit dem Gelöbnis, uns der anderen dereinst ebenso würdig zu erweisen, die, wie jene Helden der „Nürnberg", letzten Endes für dieses neue Deutschland sterben.

Für die stolze Patenstadt des neuen Schiffes, die alte deutsche Stadt Nürnberg, gelobe ich dies in dieser feierlichen Stunde angesichts des neuen Kreuzers freudigen und dankerfüllten Herzens, erfüllt von unerschütterlichem Glauben an unser deutsches Volk und Vaterland und seinen Retter, unseren Führer Adolf Hitler!

muß ich sehr glücklich, gelöst und froh gewesen sein, stolz als Tochter meines Vaters.

Wir blieben über Nacht, auch meine Mutter, die die Feierlichkeiten nur zum Teil mitgemacht hatte, war sehr zufrieden und dankbar. Am nächsten Morgen fuhren meine Mutter und ich im D-Zug von Kiel nach Berlin zweiter Klasse, während die Parteileute natürlich erster Klasse fuhren, uns aber im Abteil besuchten.

Kurz vor Berlin kam Streicher wieder zu uns und sagte, daß er sich mit mir bei Hitler angemeldet habe, ob es gelinge, werde sich endgültig beim Einlaufen des Zuges in Berlin entscheiden. Da meine Mutter in Berlin wohnte, und ich mich dort sowieso von ihr hätte trennen müssen, verabschiedeten wir uns. Und wirklich, auf dem Bahnhof wurde ich aufgerufen und gebeten, auszusteigen und mich beim Bahnvorsteher zu melden. Auf dem Bahnsteig stand der Chefadjutant des Führers, Wilhelm Brückner, und vor dem Bahnhof der Mercedes der Reichskanzlei mit dem späteren Brigadeführer Schaub als Fahrer. Streicher und ich nahmen hinten Platz, und es wurde mir eröffnet, daß ein Zimmer für mich im Hotel Kaiserhof reserviert sei und Hitler mich und Streicher um sechzehn Uhr in der Reichskanzlei erwarte.

Im Zuge bereits hatte ich Streicher meine politische Situation auseinandergesetzt und ihm gesagt, daß, wenn dieser Besuch irgendwie bekannt würde in Polen, ich Kopf und Kragen und wir unseren seit vier Generationen vererbten Besitz riskierten. Er beruhigte mich und meinte, er gehöre zu den wenigen Menschen in der Umgebung des Führers, die sich nicht anzumelden oder einzuschreiben brauchten; ich könne ganz sicher sein, daß dieser Besuch geheim bliebe. Als ich ihn dann fragte, warum er mich dafür ausersehen habe, so meinte er, ich hätte etwas so Strahlendes und Unbekümmertes gehabt an den beiden Vortagen, daß er dem Führer, der im Augenblick viele Sorgen habe (was war es damals?), damit eine Abwechslung und Freude machen wolle und natürlich auch mir.

Er bestimmte auch das Kleid des Vorabends. Ich sehe es deutlich vor mir, ein dunkelrotes Kreppkleid mit schmalen langen Ärmeln; das sollte ich anziehen. Ich zog meinen bescheidenen braunen Fohlenpelz über, und wir trafen uns in der Halle des Hotels Kaiserhof und gingen gemeinsam zu Fuß zur alten Reichskanzlei hinüber. Vor dem Eingang standen zwei Posten, die beim Anblick von Streicher salutierten und mich weder nach meinem Namen noch nach dem Zweck des Besuches fragten.

Von der Halle aus führte mich Streicher zunächst in einen großen Raum, der wohl den offiziellen Empfängen diente, und bat mich, dort Platz zu nehmen, er wolle mich bei Hitler anmelden. Doch noch ehe ich mich setzen konnte, kam Hitler mir sehr freundlich und gewinnend im Wesen entgegen, begrüßte mich mit Handkuß und führte mich in einen kleinen Raum mit Kamin, das sogenannte Rauchzimmer, wie ich später erfuhr. Dort nahmen wir in bequemen Sesseln vor dem Kamin Platz. Ein Diener servierte uns Tee oder Kaffee, das spielte sich ganz von selbst ab.

Zunächst berichtete Streicher von der Taufe, bedauerte sehr, daß Hitler wegen der politischen Situation nicht hatte dabei sein können.

Da ich vorher nochmals aufgefordert worden war, mich möglichst natürlich und unbefangen zu geben, griff ich mehrfach in die Unterhaltung ein. Vor allem wies ich gleich am Anfang Hitler auf meine polnische Staatsangehörigkeit und meine prekäre Situation bei diesem Besuch hin.

Dies schien ihn keinesfalls zu erstaunen. Es fielen keine abfälligen Worte über Polen oder irgendwelche Fragen zur Situation der deutschen Volksgruppe. Was mich überraschte, war, wie genau Hitler über die polnische Marine informiert war. Ich erzählte ihm den Witz, der in Polen in Umlauf war, daß der polnische Oberbefehlshaber der Kriegsmarine, ein aus der deutschen Familie von Unruh stammender Admiral Unrug, wie der polnische Zweig sich nannte, mehr Streifen am Ärmel habe als Schiffe. Darauf zählte mir Hitler, der auf dieses Gespräch sicher nicht vorbereitet war, sofort die einzelnen polnischen Kriegsschiffe auf und nannte auch deren Gefechtsstärke. Alles stimmte, soweit ich dies hinterher kontrollieren konnte.

Im Laufe des Nachmittags wurden die inzwischen entwickelten Aufnahmen der Fahrt auf der *Grille* und der Taufe, auf der ich auch zu sehen war, hereingebracht, in mehreren Exemplaren, und Hitler schenkte mir die Fotos, die ich mir aussuchte. Das hat mich rückblickend sehr gewundert, denn er mußte doch sehr sicher sein, daß ich diese nicht in falsche Hände fallen lassen würde. Um es vorwegzunehmen, ich habe diese Fotos mit zwei Bildbänden über Hitler, die mir der Fotograf von Hitler, Heinrich Hoffmann, mit seiner Widmung anschließend im Kaiserhof schenkte, beim Portier des Hotels gelassen mit der Bitte an Streicher, diese mir auf sicherem Wege zukommen zu lassen. Ich habe sie auch tatsächlich wenig später durch den Kurier des Auswärtigen Amtes über die Botschaft Warschau von unserem Generalkonsul in Posen, Herrn Lütgens, ausgehändigt bekommen. Allerdings soll der deutsche Botschafter in Warschau, Herr v. Moltke, über so viel Leichtsinn auf beiden Seiten, die Hände über dem Kopf zusammengeschlagen haben als er die Sendung erhielt. Die

Ereignisse des Tages in Berlin überstürzten sich für mich so, daß ich nur instinktiv handeln konnte und nicht zum Nachdenken kam.

Nach der Überreichung der Fotos wollte ich mich verabschieden, worauf Hitler, der ganz nah neben mir saß, seine Hand auf die meinige auf der Stuhllehne legte und mich bat, noch zu bleiben. Er könne ohnehin nur nachts arbeiten. Er schlug vor, ich solle um zwanzig Uhr mit Streicher in ein damals groß herausgebrachtes Theaterstück gehen, und wenn er, nachdem wir aus dem Theater kämen, mit Arbeiten fertig sei, wolle er mich nochmals zu sich bitten.

Nachdem es bis dahin eine Unterhaltung zu dritt – zeitweilig kamen auch Adjutanten von Hitler herein – gewesen war, ereignete sich nun etwas für mich sehr Ungewöhnliches. Hitler begann auf irgendeine Frage hin, eine Stunde lang zu dozieren, wie es oft in Büchern nachträglich beschrieben worden ist. Das Ungewöhnliche war aber, daß er mir, die ich eine junge unpolitische Frau von zweiundzwanzig Jahren war, und vor allem polnische Staatsangehörige, sein zukünftiges Regierungsprogramm entwickelte. Ich habe mir aus Sicherheitsgründen keine Aufzeichnungen gemacht, besinne mich aber, daß er davon ausging, daß Deutschland zunächst aufgerüstet werden müsse, weil ein starkes, gut gerüstetes Deutschland die Verbündeten bekäme, die es haben wolle. Schon damals schwebte ihm ein Bündnis mit Italien vor. Dann sprach er von dem deutschen Lebensraum im Osten, wobei kein Wort gegen Polen fiel. Er muß dabei Rußland im Auge gehabt haben. Dies alles ging mit großer Offenheit und Genauigkeit vor sich, ich besinne mich natürlich nicht mehr auf die Einzelheiten, aber die Marschroute, wie sie später verwirklicht worden ist, war im großen und ganzen am 9. Dezember 1934 festgelegt.

Mir war sofort klar, daß in diesen so leichtsinnig mir gegenüber geäußerten Plänen etwas ganz Außergewöhnliches lag.
Ich hielt sozusagen den Atem an, und es wurde mir unheimlich. Abgesehen davon, daß man Hitler in dieser Phase nicht
unterbrechen konnte, was nachträglich in allen Berichten
erwähnt wird, hatte ich das Bedürfnis, mich am liebsten in
Luft auflösen zu wollen.

Wenn ich die Vielzahl der Veröffentlichungen lese, die von
Militär und Diplomaten, teilweise um sich zu rechtfertigen,
jetzt geschrieben werden, muß ich sagen, daß es für mich un-
vorstellbar ist, daß die näheren täglichen Gesprächspartner
von Hitler nichts von allem gewußt haben wollen. Sie haben
nur entweder die Folgen nicht übersehen oder nicht die Kon-
sequenzen daraus ziehen wollen, wie die wenigen Menschen
der Widerstandsbewegung, die das mit ihrem Leben bezahl-
ten.

Als Hitler seinen Monolog beendet hatte, stand ich auf, um
dem Gespräch eine andere Wendung zu geben, bewunderte
eine Lampe, die im Zimmer stand, und erzählte ihm, daß ich
mich sehr für Inneneinrichtung interessiere und dabei sei, die
Räume von Lehfelde nach und nach anders zu gestalten. Sofort ging er darauf ein, erzählte mir von Professor Troost, der
die Lampe für ihn entworfen habe, und fragte mich, ob es mir
Freude mache, wenn er mir die Reichskanzlei zeige. So gingen
wir durch alle unteren Räume und kamen auch in den Speise-
raum, wo einige seiner Abendgäste bereits auf ihn warteten,
unter anderen auch Goebbels.

Er stellte mir seine Herren vor, begleitete mich dann in die
Halle, ließ sich meinen Pelz von der Garderobenfrau geben
und half mir selber in den Mantel. Er verabschiedete sich wiederum mit Handkuß und der Aussicht, mich nach dem Thea-

ter nochmals zu sehen. Ich ging von Streicher begleitet zu Fuß zum Kaiserhof zurück und zog mich schnell um. Wir verabredeten uns in der Halle des Kaiserhofs, und da zum Essen nicht genügend Zeit war, bestellte Streicher schnell ein Getränk. Während wir an einem kleinen Tisch saßen, kam Hitler mit einigen Herren seines Gefolges in die Halle und ging an seinen großen runden Tisch, der täglich für ihn dort reserviert wurde. Fast alle in der Halle standen auf und grüßten mit erhobenem Arm. Ich blieb lässig sitzen, und als ich dann an der Seite von Streicher aus der Halle ging, grüßte ich strahlend mit Kopfnicken zu dem Tisch, was Hitler mit Aufstehen erwiderte.

Als ich im Frühjahr 1935 im Sanatorium Weißer Hirsch in Dresden bei Lahmann zufällig zur gleichen Zeit mit Magda Goebbels war, besuchte ihr Mann sie eines Tages. Nachdem sie mir in der Halle nach dem Mittagessen ihren Mann vorgestellt hatte, lud dieser mich zum Kaffeetrinken mit ihm und seiner Frau ein. Zur großen Belustigung meiner anderen Bekannten soll ich den Apfel, den wir zum Nachtisch bekommen hatten, in der Hand gehabt haben. Ich warf diesen hoch, fing ihn wieder auf und antwortete: »Danke, gern, aber erst muß ich mal schlafen«.

Goebbels soll gelacht haben und geantwortet, daß er dann schon abgereist sei und es vielleicht ein anderes Mal dazu käme.

Zu seiner Frau sagte er: »Die Frau kenne ich, ich weiß nur nicht woher«. Als diese ihn aufklärte, wußte er mit seinem erstaunlichen Gedächtnis noch alle Einzelheiten meines Besuches in der Reichskanzlei.

Ich muß eine besondere Anziehungskraft auf die Nazis gehabt haben, denn bereits nach zwei Tagen, Frau Goebbels traf später ein als ich, hatte Magda Goebbels mich durch die Hausda-

31

me fragen lassen, ob ich sie in ihrer Zimmersuite besuchen wolle und ob ich Skat spielen könne. So spielten wir, die dritte Person war die Hausdame, oft abends Skat. Wir fuhren auch zusammen, wenn die Kur es zuließ, in die Stadt nach Dresden. Beide erwarteten wir um die gleiche Zeit ein Kind. Wir gingen zusammen in die Oper. Magda Goebbels aß gern gebrannte Mandeln und war glücklich, als ich ihr einmal ein Tütchen aus der Stadt von einer Jahrmarktsbude mitbrachte. Bei ihr sah ich zum erstenmal in meinem Leben, wie man ein komplettes Make-up selber macht. Ich saß daneben und staunte. Sie war aber eine ganz natürliche, liebenswerte Frau. Ihr tragisches Schicksal und das ihrer Kinder hat mich sehr berührt, zumal wir uns gegenseitig zu den Geburten der Töchter im Jahre 1935 gratuliert hatten. Bei mir war es die Geburt von Karin, bei ihr, glaube ich, von Hildegard.

Doch zurück zu jenem Abend in Berlin: An der Kasse des Theaters, wohin wir mit einem Wagen der Reichskanzlei gebracht wurden, passierte das Unerwartete, daß Streicher zwar gute Plätze bestellt, aber keinen Pfennig Geld bei sich hatte, so daß ich die Karten mit dem von meiner Mutter geliehenen Geld bezahlte. Er hat es mir noch am gleichen Abend zurückgegeben. Überhaupt muß ich sagen, daß dieser »unmögliche Mann« sich mir gegenüber absolut korrekt verhielt. Er sprach auch nicht über rassenpolitische Fragen, erzählte eigentlich nur von seiner alten, sehr freundschaftlichen Beziehung zu Hitler, den er bewunderte, und Geschichten aus der Zeit der alten Kämpfer. Mit dem Verlauf des Nachmittags und meinem Zusammentreffen mit Hitler war er sehr zufrieden und glaubte, Hitler einen Freundschaftsdienst erwiesen und mir eine Freude gemacht zu haben.

Ich war so aufgeregt, daß ich mir von dem Stück wenig gemerkt habe. Ich habe nur nachträglich festgestellt, daß es das Schauspiel von Hans Rehberg *Der große Kurfürst* war, das seine Uraufführung am 30. November 1934, wenige Tage vorher, gehabt hatte. Rehberg war ein damals beliebter Dramatiker, der nationale Ideen sehr betonte, worin auch der Erfolg seines Stückes bei den Nationalsozialisten begründet war. Man hatte daher für den 9. Dezember eine Galavorstellung angesetzt und dazu eingeladen oder aufgefordert. Ein Abendkleid war mir dafür vorgeschrieben worden. Als ich nun in einer der vorderen Reihen neben dem Mann in der braunen Uniform saß und ich viele Offiziere und Admiräle wiedersah, die am Vortage bei der Taufe der *Nürnberg* waren, wurde es mir unheimlich. Denn wenn ich auch durch unsere Zeitungen in Polen über Streicher und den so gefährlichen *Stürmer*, diese antijüdische hetzerische Zeitung, wenig orientiert war, so hatte ich den Bemerkungen des Militärs doch einiges entnommen.

In der Pause wollte Streicher, offensichtlich stolz auf seine Begleiterin, mit mir im Foyer herumgehen. Das versuchte ich zu vermeiden, indem ich auf den mir bekannten Admiral Zenker und seine Frau zuging und diese bat, sich mit uns in eine Ecke zu stellen. Ich erklärte dies damit, daß ich aus politischen Gründen nicht gesehen werden wolle, und erwähnte Admiral Zenker gegenüber auch, daß ich am Nachmittag bei Hitler gewesen und hier auf dessen Wunsch mit Streicher das Theaterstück besuchte.

Jedenfalls benutzte ich die Aufführung dazu, mir über das Risiko, das ich eingegangen war, klarzuwerden und den Entschluß zu fassen: Bis hierher und nicht weiter. Ich sah die einzige Möglichkeit darin, den Zug am frühen Morgen zu nehmen, ohne jemanden wiedergesehen zu haben und ohne das Geschenk aus Nürnberg abzuwarten. Dieses Geschenk war die Originalkarte, die mein Vater im November 1914 nach der Schlacht bei Coronel an die Stadt Nürnberg geschrieben hatte, wo er die Versenkung des englischen Kreuzers *Monmouth* meldete. Hitler hatte mir zugesagt, daß diese am nächsten Morgen mit dem Flugzeug kommen sollte. Ich habe die Karte bei einem späteren Besuch in der Stadt Nürnberg in einer sehr schönen Safranlederhülle vom Oberbürgermeister Liebel ausgehändigt bekommen.

Nun zurück zum 9. Dezember 1934: Streicher fuhr nach der Theatervorstellung mit mir zurück in den Kaiserhof und bestellte auf der Balustrade des Restaurants etwas zu essen, da wir bisher keine Zeit gehabt und ich auch im Zug von Kiel nach Berlin nichts gegessen hatte. Inzwischen war es Mitternacht, und Streicher verabschiedete sich von mir, um verabredungsgemäß noch in die Reichskanzlei zu gehen. Ich vermied es, auf meinen ebenfalls in Aussicht gestellten Besuch zurückzukommen, und bedankte mich, ließ ihn aber in der Annahme, daß wir uns am nächsten Tag sehen würden.

Darauf ging ich in mein Zimmer, packte meinen Koffer und schrieb einige Zeilen an Streicher, indem ich ihm erklärte, daß ich einen ganz frühen Zug hätte nehmen müssen. Der andere Zug habe keinen Anschluß mehr an meinen Grenzort. Den Zeilen fügte ich ein Paket mit allen für die Grenzkontrolle verdächtigen Geschenken, Büchern und vor allem den Fotos bei, von denen ich schon berichtete. Mir war auf einmal klar, daß ich in keiner Weise mehr in die nationalsozialistischen Beziehungen und in meinen guten Kontakt zu Hitler näher verwickelt werden durfte. Ein einmaliges Erlebnis, das ich als abgeschlossen betrachten wollte.

Gegen zwei Uhr früh, als ich zum Glück schon das Licht gelöscht hatte, klopfte es mehrfach an meine Tür. Also wollte Streicher oder jemand anderes mich noch wie geplant zur Reichskanzlei begleiten.

Das war, wenn man nachträglich den Tagesablauf von Hitler in den diversen Büchern liest, nichts Ungewöhnliches. Seine Adjutanten wurden selten vor zwei Uhr entlassen.

Ich verhielt mich mäuschenstill und zog zur Vorsicht auch das Telefon aus dem Stecker.

Ich glaube nicht, daß ich noch geschlafen habe. Ich stand um fünf Uhr wieder auf und erklärte dem Nachtportier, daß ich abreisen müsse, bezahlte, obgleich das Zimmer von der Reichskanzlei bestellt worden war, meine Rechnung und fuhr unbehelligt nach Unruhstadt zurück, wo Dietz mich an der Grenze abholte. Der Grenzübertritt verlief reibungslos.

Mein Schwiegervater, zu dem ich ein besonders gutes Verhältnis hatte, machte mir keinerlei Vorwürfe, und er und Dietz freuten sich über meine so bewegenden Erlebnisse. Eins war uns allen dreien allerdings klar: Ich durfte kein Wort darüber erzählen, auch nicht den besten Freunden.

Am nächsten Tag fuhren wir zur Jagd zu unseren Freunden Heydebrand nach Storchnest, und ich staune noch heute, daß es mir gelungen ist, in dem Freundeskreis keine Andeutungen über die Geschehnisse zu machen.

Nachdem meine Meinung über Hitler und das nationalsozialistische Regime sich durch den Ausbruch dieses furchtbaren Krieges, die Besetzungen der neutralen Staaten und die entsetzlichen Vorkommnisse in unserer Heimat so grundsätzlich geändert hatte, darf ich nicht in den Fehler verfallen, rückblickend zu sagen, *ich* war von Anfang an dagegen. Ich habe nur instinktiv mich zurückgezogen, es war mir unheimlich. Ich habe viel darüber nachgedacht. Nie war ich eine so gute

Deutsche wie in den Jahren in Polen. Ich hatte das Gefühl, so jung wie ich war, mein Vaterland würdig vertreten zu müssen. Die Beseitigung der Arbeitslosigkeit, der Bau der Autobahnen, der Aufbau der Wehrmacht waren Dinge, die wir Deutschen im Ausland stolz und zufrieden beobachteten. Da wir meist nur eine deutsche Zeitung aus dem Reich bekamen und unser *Posener Tageblatt* zunächst ganz objektiv geführt wurde, erfuhren wir nur die nackten Tatsachen und hatten wenig Ahnung von den mit dem Röhm-»Putsch« verbundenen Morden und der Judenverfolgung. Eine Spaltung der deutschen Volksgruppe, wie sie später eintrat, hatte noch nicht stattgefunden.

Dazu kam für mich, die ich von meiner Mutter immer kaiser- und marinetreu erzogen worden war, und die ich besonders an meinem Vater hing, daß ich das stolze Gefühl hatte, daß dieser von einem Regime geehrt wurde, das auf dem Wege war, uns wieder Weltgeltung zu verschaffen.

Ich konnte verstehen, daß die Person Hitlers eine Faszination auf die Massen ausübte und selbst bei Menschen wie dem Herzog von Windsor, Chamberlain und Daladier später mehr oder weniger deren kritische Meinung entschärfte.

Ich habe an dem Nachmittag am Kamin der Reichskanzlei mit einem liebenswürdigen, gelösten, ich möchte beinahe sagen chevaleresken Mann die Zeit verbracht, der einem in die Augen sehen konnte.

Unheimlich war mir der Leichtsinn, mit dem er mir die Fotos aushändigte, und der Fanatismus, mit dem er mir seine politischen Pläne unterbreitete. Dies hat mich instinktiv zu dem Entschluß gebracht: Bis hierher und nicht einen Schritt weiter, und daß ich die Beziehungen nicht ausgenutzt oder versucht habe, diese zu erhalten.

Es war damals schon erschreckend für mich, wie untertänig und hörig die braune Garde um Hitler war. Da mein Besuch in der Reichskanzlei, der nicht vorgesehen war, sich über drei Stunden ausdehnte und mit der Besichtigung der unteren Räume endete, wurde dieser im Stabe Hitlers diskutiert. Als ich von der Reichskanzlei zurückkommend meinen Zimmerschlüssel holte, fing mich in der Halle Heinrich Hoffmann ab, um mir seine bereits erwähnten Bildbände zu schenken, und überall wurde ich gegrüßt und angesprochen. Daher wußte Goebbels die Einzelheiten meines Besuches noch nach einem Jahr. Außer den schon erwähnten Personen kann ich leider nicht sagen, wer noch anwesend war. Selbst Himmler hätte ich nicht erkannt, da die Nazigrößen mir unbekannt waren.

Ich bekam später durch Auslandskurier ein doppelseitig gerahmtes Bild mit dem Kreuzer *Nürnberg* auf der einen Seite und der Rede des Oberbürgermeisters Liebel, die er bei der Taufe gehalten hatte, auf der Rückseite. Auch das war, so wie die Dinge sich entwickelten, sehr leichtsinnig. Wir haben das Bild ins Schlafzimmer gehängt, wo keine Besucher hinkamen. Da hing es noch bei der Besetzung durch die Rote Armee.

Alles zeugt davon, daß Hitler zunächst einen Krieg mit Polen nicht gewollt hat, sondern den »Lebensraum im Osten«* von dem er zu mir sprach, sich in den russischen Gebieten gedacht hat.

Die Hetze gegen Polen, das Aufbauschen von Feindseligkeiten gegen die deutsche Volksgruppe, die Provokationen, zu denen die Deutschen besonders nach April 1939 getrieben wurden, sind erst später eingetreten. Außenpolitisch war die Lage im Dezember 1934 unter dem Gesichtspunkt der

---

* siehe Albert Speer, *Der Sklavenstaat*, München 1981, S. 406 ff.

deutsch-polnischen Beziehungen besonders günstig, denn im Januar 1934 war der auf zehn Jahre geschlossene Nichtangriffspakt unterzeichnet worden, der zur Folge hatte, daß Frankreich von Polen abrückte. Sowohl Hitler wie der polnische Außenminister Beck sind bemüht gewesen, ein gutes deutsch-polnisches Verhältnis herzustellen. Noch waren die Polen keine Untermenschen!

Das Leben auf dem Gut Lehfelde 1932–1945

Nun sind es mehr als vierzig Jahre her, seit wir in eisiger Winternacht Lehfelde verließen, und immer noch ist es »die Heimat«. Wenn ich sage, bei uns war es so und so, war es in Lehfelde, wo ich die entscheidensten und glücklichsten Jahre meines Lebens verbrachte.

Wovon soll ich nun zuerst erzählen? Von der Weite des Landes, von der Zuverlässigkeit und Treue seiner Bewohner, von der Schönheit der Natur, Wald, Feld und Seen, oder von den kleinen Dingen, den weißblühenden Schlehenhecken, den Mohnblumen und den vielen Kornblumen?

Stellen wir uns vor, wir kommen mit dem Zug von einer Reise zurück nach Lehfelde. Da wartet auf dem Bahnhof Wollstein, seit 1919 Wolsztyn genannt, der alte Janek oder später sein Sohn Wadziu mit dem Jagdwagen und zwei schnellen selbstgezogenen Pferden. Solange wir auf dem holprigen Kopfsteinpflaster durch die Stadt fahren, werden die Pferde tüchtig angetrieben, denn es ist der Stolz der Kutscher, wenn der Wagen möglichst schnell durch die Stadt rollt. Dann kommt die Chaussee Wollstein-Lehfelde, da ist eine Hälfte des Weges gepflastert und die andere, der sogenannte Sommerweg, ist Sandweg. Nun werden die Pferdebeine geschont, man läßt die Pferde langsamer traben auf dem Sommerweg die fünf Kilometer, bis man an der Milchallee vorbei an den schönen alten Eichen zur Auffahrt des Schlosses einbiegt.

Am Zaun entlang ist die Frühlingsrabatte, da stehen Leberblümchen, Schneeglöckchen, Veilchen, kleine Narzissen, Tulpen, Hyazinthen, Krokusse, alles Zwiebeln und Pflanzen, die man sich von anderen Gütern oder aus dem Wald mitgebracht hatte. Da vorbei führt der Weg, vorbei auch an dem Kinderhäuschen, das der Stellmacher nach unseren Angaben gebaut hatte, und an der alten Kletterlinde.

Nun gelangen wir zu der großen Freitreppe, und eines der Mädchen kommt uns entgegen, nimmt die Koffer und die Wagendecke ab, und wir sind ZU HAUSE.

Der Appell wird am Morgen, je nach Jahreszeit zwischen sechs und acht Uhr früh mit einer Glocke auf dem Hof angeläutet. Der Tag, der Arbeitstag, beginnt für die Guts- und Dorfbewohner. Immer geht Dietz zu dieser Zeit auf den Hof, um gemeinsam mit dem Inspektor und den Vögten die Arbeit einzuteilen. Der Kuhstall ist schon in Betrieb, dort werden bereits um diese Zeit die Kühe (noch mit der Hand) gemolken, so daß der Milchwagen mit den großen Milchkannen zur Molkerei nach Wollstein fahren kann. Wer von den Dorfbewohnern schlecht zu Fuß ist und in der Kreisstadt etwas besorgen will oder zum Arzt muß, fährt neben dem Kutscher auf dem Holzbrett sitzend mit. Die polnische alte Frau, die die Schweine füttert und die mir immer gegen meinen Willen die Hand wegzieht und diese zur Begrüßung küßt, hat die Schweine schon versorgt, ebenso die Gespannführer die Pferde und die Ochsenjungen die Ochsen. Denn nach dem Appell werden sie angespannt und auf den Schlägen eingesetzt.

Die Pferde werden zweispännig vor die schweren Leiter- oder Kastenwagen gespannt, die Ochsen oft drei- oder vierspännig vor die Pflüge. Der Hof leert sich.

Die beiden Stellmacher mit ihren Gehilfen und der Schmied mit dem Schmiedejungen nehmen ihre Arbeit auf.

In der Brennerei wird die Gerste umgeschaufelt, die Maische abgelassen, die Kartoffeln angefahren, um zu Spiritus gebrannt zu werden.

Der Gärtner teilt seine beiden Gartenjungen und die auf den Feldern nicht benötigten Mädchen zur Arbeit ein: im Obst- und Gemüsegarten, an den Frühbeeten oder in den beiden Treibhäusern. Der Tageslauf beginnt.

Der Tageslauf. – Gewiß nicht leicht für die Leute, die zur Feldarbeit gehen. Aber nie habe ich den Eindruck gehabt, daß sie unglücklich waren oder sich etwas anderes wünschten. Man arbeitete in Kolonnen unter Aufsicht eines Vogtes, man schwatzte zusammen, man freute sich auf das Frühstück und die Vesper, die Angehörige der Familie aufs Feld brachten. Wenn ein Gewitter oder ein Regenguß bevorstand, arbeitete man schneller und länger, um die Ernte zu retten, bei gutem Wetter ließ man es sich wohl sein.

Alle Vögte und auch wir, wenn wir über die Felder gingen, hatten einen Stock mit einer Spitze aus Eisen am Ende, mit dem man das Unkraut, meist Disteln, so nebenbei ausstach. Abends nahmen die Leute sich Gras mit, Brennesseln für die jungen Gänse oder anderes Futter für das zahlreiche Viehzeug, das sie auf ihren Höfen hatten. Natürlich ließen sie im Herbst auch manche Kartoffel und Zuckerrübe »mitgehen«. Ich kann mich nicht besinnen, daß das beanstandet wurde. Es war wie ein Teil ihres Deputats.

Die Löhne waren sehr niedrig. Die Leute wurden durch freie Wohnung und Haltung von Vieh entlohnt. Jede Familie hatte ein oder zwei Kühe, die im Sommer auf unsere Wiesen getrieben wurden und im Winter im Stall bei den Leutehäusern blieben. Dort mästeten sie auch Schweine und Gänse und hielten sich Hühner und Enten. Sie bekamen dafür das sogenannte Deputat, das war Roggen, Weizen, Gerste, Hafer, Kartoffeln und Rüben. Die Feldraine waren Allgemeingut. Die Dorfbewohner mähten sich dort Gras und heuten es. Ebenso ging man in den Wald zum Holzsammeln. Nur das Stehlen von aufbereiteten Holzstößen wurde geahndet. Sicher war es eine mühselige Aufgabe, aber die Leute, die nicht mehr zur Arbeit gingen, beschäftigten sich damit und wurden dadurch gebraucht. Sie sahen im Holzsammeln, Pilzesuchen, im Beerenpflücken, im Bereiten der Vesper für die Familie, die auf den Feldern arbeitete, den Sinn ihres Lebens.

Nicht zu vergessen die vielen Kaninchen, die man sich in selbstgezimmerten Käfigen hielt und die einen wesentlichen Teil der Ernährung darstellten. Die Felle wurden säuberlich abgezogen, auf Bretter gespannt, getrocknet und brachten noch einige Złoty beim Fellhändler.

Das große Ereignis des Jahres war das Schweineschlachten. Je fetter das Schwein war, desto besser. Die Speckseiten wurden mit viel Salz eingepökelt, die Schinken ebenfalls. Der Rest des Fleisches wurde durch den Wolf gedreht, mit Rindfleisch zusammen zu Dauerwürsten verarbeitet und diese geräuchert. Kopf, Rippen und die minderwertigen Teile des Schweines wurden gekocht. Die Wurstbrühe war eine große Delikatesse. Sie wurde mit dem durchgedrehten Fleisch gemischt, mit Blut- und Leberwurst aus Semmel und Grütze, angereichert und mit den Nachbarn und den Gutsleuten geteilt. Noch heute schmecke ich die Wurstbrühe in den großen Kesseln mit den vier verschiedenen Wurstsorten. In diesen Kesseln kochte man sonst die Wäsche. Und noch heute erscheinen mir die Würste köstlich. Wir schlachteten zweimal im Jahr je zwei fette Schweine von vier bis fünf Zentnern, und jeder, der im Haus zu tun hatte, bekam von der Wurstbrühe und den Grütz- und

Semmelwürsten. Diese wurden in Schweinedärme gefüllt und mit einem Holzspan am Ende geschlossen.

Und dann die Waschtage! Einmal im Monat wurde an zwei Tagen in der hinter dem Trockenplatz liegenden Waschküche die große Wäsche gewaschen. Noch immer sehe ich den Dampf aus der Waschküche kommend vor mir. Die Wäsche wurde am Vortage in einer Seifenlauge von meist selbstgekochter Seife eingeweicht. Dann wurden am nächsten Morgen die Kessel mit Holz angeheizt und die weiße Wäsche, Bettücher, Tischtücher, Handtücher, sorgfältig gekocht. Nach dem Kochen wurde jedes Stück in hölzernen Waschkübeln auf Waschbrettern aus geribbeltem Blech mit der Hand gerubbelt. Dann mehrfach gespült, wobei das Wasser aus der vor dem Waschplatz stehenden Pumpe geholt und mühsam wieder erwärmt werden mußte, ehe die Wäsche dann auf dem Trockenplatz aufgehängt werden konnte.

Wir hatten nie Mühe, Frauen aus dem Dorf dafür zu bekommen. Es galt als Auszeichnung, bei uns waschen zu dürfen, was mich noch heute erstaunt. Denn das war wirklich eine schwere Arbeit in dem Wasserdampf. Natürlich gab es ein gutes, deftiges zweites Frühstück und ein besonders kräftiges Mittagessen und gute Vesper. Wenn ich mal einen Tag nicht in die Waschküche kam und ein paar Worte mit den Frauen sprach, waren diese traurig. Das habe ich leider erst später erfahren, denn sonst wäre ich öfters am Tage hingegangen. Aber diese Arbeit erschien mir so schwer, daß ich mich schämte und mich ungern zeigte. Wenn es regnete oder fror, mußten die schweren Wäschekörbe auf den großen Boden des Schlosses getragen werden. Wenn alles trocken war, kam es in die riesige Mangel neben dem Plättzimmer, die von einer oder meist zwei Personen gedreht wurde, so schwer war sie; eine dritte

Person legte die Stücke ein. Die Mangel war mit Steinen beschwert, und wenn die Wäschestücke gut eingesprengt waren, wurden sie wirklich glatt. Am Anfang meiner Ehe, zur polnischen Zeit, benutzten wir noch einen kleinen Kohleofen in der Plättstube, in den man die Bolzen für das Plätteisen legte. Für jedes Plätteisen gab es zumindest zwei eiserne Bolzen, die abwechselnd zum Glühen gebracht wurden, und damit wurde gebügelt. Wie man das mit Kleidern machen konnte, ist mir rückblickend ein Rätsel. Auch die Stärkewäsche, wie unter anderm die Kragen, Brustteile und Manschetten der Herrenhemden, war besonders schwierig zu bügeln, da sie bei zu hoher Temperatur des Eisens gelb wurde und die Hemden somit neu gewaschen werden mußten.

Vielleicht hatten wir für die Seidenkleider wenigstens schon ein elektrisches Bügeleisen? Es gab noch keine Elektrizität im Dorf, als ich heiratete. Aber es gab im Schloß, vom Sägewerk kommend, eine private Anlage von 110 Volt. Später erhielt das ganze Dorf Elektrizität, und die Anlage wurde auf 220 Volt umgestellt. Damit wurde es möglich, Bügeleisen und Kühlschränke zu benutzen.

Zunächst besaßen wir nur zwei große, mit Schilf gedeckte Eiskeller im Park. Im Winter, wenn das Eis auf dem Nelker See möglichst dick war, wurde dies von Hand mit Äxten und Brechstangen in Blöcke geschlagen, zersägt und fuhrenweise in die Eiskeller gefahren, wo es bei zwei gut geschlossenen Holztüren bis zum nächsten Winter hielt. Dort wurden das Wildbret, die geschlachteten Hammel und Kälber in große Teile zerhackt, auf Eis gelegt und eingefroren.

Für Weinkühlung und Eisbomben wurden die Eisbarren in Säcken kleingeschlagen, ebenso wurden die altmodischen Eisschränke im Haus damit angefüllt, in denen wir Butter und

Milch aufbewahrten. Für Gesellschaften und vor allem für die Jagden im Herbst und Winter benutzten wir eine hölzerne Eismaschine, in die man kleingehackte Eisstücke mit Viehsalz legte, die geschlagene Sahne mit dem jeweiligen Eisgeschmack einfüllte und mit der Hand das Ganze stundenlang drehte, bis es gefror. Sehr mühsam, sehr hart für die Köchin oder das Küchenmädchen, aber nie habe ich wieder so gutes Eis gegessen wie das Erdbeer- oder Nußeis aus Lehfelde! Für die Zubereitung besaßen wir alte handgeschriebene Rezepte meiner Schwiegermutter, die diese sicher schon von der vorigen Generation übernommen hatte. Dazu gab es gedrehte Kringel aus Eierteig.

Und nun die Jagden und Gesellschaften! Alle Diners wurden auf dem großen Herd zubereitet, der ausschließlich mit Holz geheizt wurde. Neben dem Park beim Zugang zur Brennerei wurden zwei riesige Holzschober jedes Jahr errichtet, Holzscheite von getrocknetem Holz, das je nach Gebrauch von einem alten Mann mit einem einspännigen Ochsenkarren in den Vorraum der Küche angefahren wurde. Weil alle Leute, die ins »Schloß« kamen, zu Weihnachten dort beschert wurden, sehe ich den alten Ochsenkarrenmann noch immer vor mir. Es war nicht leicht, einen solchen Holzstoß auf- und abzubauen, denn oft fiel er zusammen und mußte neu errichtet werden.

Es ging die Sage, daß meine Schwiegereltern zu einer Gesellschaft einen Koch aus der Stadt hatten kommen lassen, und als das Holzfeuer nicht die von ihm gewünschte Temperatur erreichte, hatte er kurzentschlossen ein Pfund Butter genommen und die Glut damit aufgeheizt. Das halte ich für möglich, die Butter kostete nichts, fiel »nebenbei« an. Der Holzkochofen bestand aus einer riesigen Platte mit diversen Löchern, aus denen man die eisernen Ringe nach Wunsch herausnehmen konnte, um Töpfe direkt in die Glut zu hängen. Es gab einen Back- und Bratofen daneben, der extra geheizt werden mußte. Schon um die beiden Feuerstellen in Gang zu halten und zu überwachen, war ein Küchenmädchen notwendig. Der Herd war mit einer Messingstange umgeben, damit man sich nicht verbrannte, und an der Seite des Herdes befand sich ein Warmwasserkasten. In den Ritzen des Herdes, besonders an der Feuer- und Aschenstelle krochen immer Schaben oder Asseln unter, Käfer, die abends hervorkamen und natürlich mit allen Mitteln bekämpft wurden.

Im Anschluß an die Küche gab es eine Eßnische für das Personal mit einem runden, sehr gemütlichen Tisch. Dahinter war der Aufzug in die Anrichte, in den man die vorgewärmten Teller und die Gerichte stellte, und in der Ecke dieses Raumes standen riesige Glasballons mit Apfel- und Johannisbeerwein, den wir selber machten und der kein großer Genuß war. Da Polen keine eigenen Weingärten hatte, mußte der Wein aus Deutschland, Frankreich oder Ungarn importiert werden und war so teuer, daß wir ihn uns höchstens mal im kleinen Kreis leisten konnten. So behalf man sich mit den selbstgemachten Weinen und Schnäpsen.

Der Apfelwein schmeckte mäuselig, und der Johannisbeerwein war nur genießbar, wenn er mehrere Jahre alt war. Der Hagebuttenwein, der als Aperitifwein bereitet wurde, war dagegen sehr schmackhaft. Auf die großen Glasballons wurde ein Gärrohr gesetzt, und am Anfang schäumte es darin über. Bis die erste Gärung beendet war, roch die ganze Küche nach Alkohol. Die Gärung dauerte monatelang. Ich glaube, daß wir den Wein erst nach Weihnachten in sauber gespülte Flaschen abfüllten und mit einer Korkmaschine mit der Hand mit den in heißem Wasser präparierten Korken verschlossen. Meist wurden diese noch versiegelt. Trotzdem explodierten oft die Flaschen im Weinkeller. Zum Abfüllen wurde der Wein mit einem Gummischlauch angesaugt, und wer diese Arbeit machte, hatte dann einen Schwips.

Von unserem Brennrecht bekamen wir für den vergällten Spiritus, den wir ablieferten, einen bestimmten Prozentsatz neunzig Prozent reinen Alkohol zurück. Diesen benutzten wir, um Liköre zu bereiten, was im Gegensatz zu den Weinen viel besser gelang. Wir machten Sauerkirschschnaps, Schlehenlikör, Nußlikör, Eierschnaps in großer Auswahl und übermittelten uns von Gut zu Gut die Rezepte. Je älter die Liköre wurden, desto besser. Auch diese mußten in großen Glasflaschen wochenlang in der Sonne stehen, immer wieder aufgefüllt und durchgeschüttelt und filtriert werden. Das erinnert mich auch an die eingemachten grünen Nüsse, die unreif gepflückt, mehrfach mit dem Holzspan durchstoßen und in Wasser gelegt wurden, das wochenlang täglich erneuert werden mußte. Dann wurden sie mit viel Zucker eingekocht und gaben im Winter mit geschlagener Sahne und Sauerkirschen leckere Speisen. Alle Fensterbretter standen voll in Küche und Speisekammer mit solchen selbstbereiteten Kostbarkeiten.

Den Zucker bekamen wir in großen Zweizentnersäcken von der Zuckerfabrik zurück. Ein gesunder Arbeiter nahm die Zweizentnersäcke auf den Rücken und trug sie in die Vorratskammer in der ersten Etage. Dann wurde der Zucker säckchenweise für den Gebrauch herausgegeben. Nie habe ich während der Lehfelder Jahre Zucker gekauft. Selbst im Krieg bekamen wir eine ausreichende Zuteilung je nach Abgabe der Zuckerrüben. Was gab es da noch in der Speisekammer? An Regalen hingen die Schinken in weißen Leinensäcken, die geräucherten Speckseiten und die vielen Dauerwürste. In den Fächern standen die Gläser mit der eingemachten Leber- und Blutwurst. Neben den Zuckersäcken waren die Mehlsäcke, Erbsen- und Salztüten und die vielen, vielen Gläser mit dem Eingemachten. Das mußte jede Woche mindestens zweimal kontrolliert werden, denn die Gläser fingen an zu gären und gingen auf. Da war es die Kunst der Hausfrau oder Köchin, dies beizeiten zu entdecken und mit nochmaligem Aufkochen den Inhalt genießbar zu erhalten, so daß niemand merkte, daß es aus einem offenen Glas kam. Erdbeeren und Pilze waren die besonderen Sorgenkinder.

Alle diese Köstlichkeiten wurden zu den Jagden aufgetischt. Das waren außer Weihnachten die schönsten Festtage. Im Herbst machten wir eine Waldjagd. Da durfte es noch nicht zu kalt sein, denn die Schützen standen in den Schneisen, und die Treiber gingen durch den Wald und die Schonungen und schlugen mit Stöcken gegen die Stämme, um das Wild »hochzumachen«. Die Schützen mußten sehr schnell anlegen auf den engen Waldschneisen, um das Wild im Moment des Überwechselns zu treffen.

Die große Feldjagd wurde dagegen im Winter bei möglichst viel Frost veranstaltet, da man auf den gefrorenen Feldern besser gehen konnte als auf den matschigen. Nun bildeten die Schützen mit den Treibern große Kessel und kreisten das Wild ein.

Die Gäste aus der weiteren Umgebung kamen meist schon am Vorabend. Alle Fremdenzimmer wurden in Ordnung gebracht, alle Betten im Haus bezogen. Am nächsten Morgen startete man nach einem guten Frühstück beim ersten Büchsenlicht, das heißt, die verschiedenen Jagd- und Kutschwagen fuhren vor, und man verteilte sich darauf. Die meisten Ehefrauen gingen mit zu den Treiben. Wem das zu kalt oder zu anstrengend war, der blieb im Hause. Es gab so vieles zu erzählen, denn man sah sich wenig. Die deutschen Güter waren dreißig bis hundert Kilometer voneinander entfernt. Mit den Autos, die nicht alle hatten, fuhr man langsam, denn die Straßen waren schlecht. Fast bei jeder Fahrt gab es eine Reifenpanne. Die Feldwagen hatten damals Holzräder, die mittels Nägeln mit Eisenreifen beschlagen waren. Diese Nägel fielen heraus und bohrten sich in die Gummireifen der Autos. Ich erinnere mich an eine Fahrt nach Posen, achtzig Kilometer und zurück, bei der wir drei Reifenpannen hatten und nur zwei Ersatzreifen. Wir mußten in einem Dorf einen Reifen flicken lassen, das heißt, es war mehr oder weniger Dietz allein, der es machte, denn mit Autos wußten die Leute wenig Bescheid. Seither nahmen wir auf dem hinteren Sitz immer noch einen dritten Reifen mit.

So waren die Jagden, neben Hochzeiten und Taufen, die schönste Gelegenheit, sich zu sehen. Ich war selbst passionierte Jägerin und hatte einen Jahresjagdschein seit meinem neunzehnten Lebensjahr, aber auf den Treibjagden schoß ich nicht. Ich fand das zu unweiblich. Außerdem hielt ich in der Eile der Treibjagden und der großen Anzahl des Wildes das Gewehr nicht fest genug und bekam durch den Rückschlag blaue Flecken an der Schulter. Die Jagden endeten abends mit einem großen Diner in Frack und Abendkleid, und blaue Flecken im Ausschnitt waren nicht sehr kleidsam.

Bei den Herbstjagden machten wir oft Schüsseltreiben im Walde. Bei den Treibjagden im Winter kamen wir nach Haus zur Erbsen- oder Wurstsuppe. Dann fuhr man nochmals nach draußen, und bei der Rückkehr gab es Kaffee und Kuchen in den Salons, während im Eßsaal schon die große Abendtafel ausgezogen und gedeckt war. Der Gärtner brachte den Blumenschmuck für den Tisch, wie ich es mit ihm besprochen hatte. Das gute Geschirr wurde genommen, und die Mädchen hatten das Silber tagelang vorher auf Hochglanz gebracht. Es wurde mit weißen Handschuhen auf den Tisch gelegt, damit es keine Flecken vom Anfassen bekam. Die Mädchen hatten schwarze Servierkleider mit weißen Schürzen, und Bruno, unser Hausfaktotum und zweiter Gärtner zugleich, eine hübsche Livrée, die er nur für Gesellschaften trug. Er war überhaupt unentbehrlich. Er versorgte als erstes früh die Zentralheizung, die mit Koks geheizt wurde, das heißt, er schaufelte den Koks in den Kessel. Dann holte er die Schuhe aus dem Haus zusammen, die vor die Türen gestellt wurden, putzte diese, bürstete die Anzüge und Mäntel von Dietz aus, die dieser am Vorabend vor sein Ankleidezimmer gehängt hatte. Wenn schwere Arbeiten zu machen waren, wie Wäschekörbe tragen oder Gardinen aufmachen, half er den Mädchen. Erst danach ging er in den Garten.

Zum Diner gab es dann das, was wir das ganze Jahr über zubereitet und eingemacht hatten. Zunächst eine Suppe, meist eine klare Brühe mit Eierstich. Dann eine Vorspeise, zum Beispiel die selbstbereitete und in Gläsern eingeweckte Gänseleberpastete mit Toast. Als Fisch konnten wir immer Zander geben, denn unser See, der Nelker See, war bekannt für seine guten Zander, die in alten deutschen Zeiten sehr hoch in Berlin gehandelt wurden. Wir bestellten die Zander lange vorher bei unserem Fischer, der sie in Reusen für uns aufhob für die Tage der Jagd. Dann gab es Fleisch, Hammelkeule, Kalbsrücken oder gefüllte Pute, kein Wild. Die Hammel und Kälber wurden rechtzeitig geschlachtet, abgehangen im Vorraum der großen runden Eiskeller. Dann folgte unweigerlich das mit

der Hand gedrehte Sahneeis in verschiedenen Geschmacks-
richtungen und als Abschluß gedrehte Käsestangen, die mür-
be und warm auf den Tisch kamen. Wenn man von der Tafel
aufstand, ging man in die verschiedenen Wohnzimmer, zunächst in den großen roten Salon, wo der Mokka gereicht wurde. Aber zuvor kam noch im Eßsaal jeder zu der Hausfrau und
bedankte sich für das Essen, die Herren nach polnischer Sitte
mit Handkuß. Zum Kaffee gab es die verschiedensten schon
erwähnten Schnäpse und Liköre, in Zierglasflaschen abge-
füllt. Während des Essens trank man zu den Vorgerichten
Ungarwein, sonst den mehr oder weniger schlechten eigenen
Apfel- und Johannisbeerwein. Eine Flasche einfacher deutscher Bowlenwein war zu teuer und kostete, wie schon
erwähnt, so viel wie ein Zentner Roggen.
Nun verteilte man sich zunächst auf die verschiedenen Zimmer, wie Biedermeierzimmer, roter Salon mit Flügel, Bibliothek, Jagdzimmer oder die sehr wohnliche Diele mit der Sitz-
ecke vor dem Kamin. Dann wurde nach einem mit einer Kur-
bel aufgezogenen Grammophon bis in den Morgen getanzt.
Nach Mitternacht gab es oft zur Belebung die kräftige
Barszcz-Suppe aus roten Rüben und Brühe. Vor zwei oder
drei Uhr früh sank man selten in die Betten; kaum einer fuhr
am gleichen Tag nach Haus, nur die Gäste, die einen Chauffeur mitgebracht hatten. Die Chauffeure und Kutscher mußten auch versorgt werden. Es war der Stolz der jeweiligen
Köchin, sich hierin einen guten Namen zu machen. Die Kutscher und Fahrer waren meist sehr stolz auf »ihre Herrschaft«,
und die Kleider der »Gnädigen« wurden besprochen, und
man erzählte von den »Herrschaftskindern«.
In unserem Haus gab es sieben Fremdenzimmer, meist Zwei-
bettzimmer, und für Jagden konnten noch jüngere Leute zu-

sätzlich übernachten, oder man bat die Nachbarn, die per Pferdewagen kamen, sie unterzubringen. Das gab viel Arbeit für das Hauspersonal. Aber die Mädchen, die früher bei uns gearbeitet hatten und nun in den Nachbardörfern verheiratet waren, kamen gern zum Helfen, denn da »erlebten« sie etwas. Überhaupt hatte ich nie Schwierigkeiten, Hausmädchen zu bekommen. Die Stellen wurden, wenn eine heiratete – denn sonst ging nie eine bei mir weg – sofort an die Schwester oder Kusine vermittelt, und die Alten blieben so lange, bis die Neuen eingearbeitet waren. Auch die Kutscher oder Gärtner, gleich ob Polen oder Deutsche, arbeiteten in zweiter oder dritter, oft auch in vierter Generation in unserer Familie.

Die Kutscher und die Gespannführer waren sehr wichtige Personen, denn unsere Pferdezucht, wir besaßen in den letzten Jahren rund achtzig Pferde, hing zum großen Teil von ihnen ab. Als ich 1932 heiratete, hatten wir nur die Ackerpferde, die zwei- und dreispännig zu den Ackerarbeiten angespannt wurden, und sechs Kutsch- und Reitpferde. Von diesen wurde ab und an ein Fohlen gezogen. Die Ackerpferde bekamen mehr oder weniger versehentlich ein Fohlen, denn unter unseren Ackerpferden war im Stall ein sogenannter Klopphengst, der zwar gelegt war, aber noch decken konnte und sich gelegentlich in der Nacht losmachte und die jeweils rossigen Stuten deckte.

Da ich von Kindesbeinen an geritten hatte und mit Pferden aufgewachsen war – zwei Jahre lebte ich auf dem Gestüt Hasselbusch in der Neumark bei Sittah v. Brand – versuchte ich eine Pferdezucht des Posener Halbblutes aufzubauen, und Dietz und mein Schwiegervater, die meine Pferdepassion und Erfahrung anerkannten, ließen mich auch gewähren. So wurden die Pferdezucht sowie die Geflügelzucht und der Garten meine Betätigungsgebiete. Jedes Jahr versuchte ich die Zahl der Stuten zu vermehren, suchte gute Hengste für sie in Sierakow, später wieder Zirke genannt, aus, und zuletzt hatten wir sechzehn eingetragene Hauptstammbuchstuten und erzielten bei den Remonteverkäufen, Stutenauktionen und für die Absatzfohlen gute Preise. Wir verkauften meist nur die Wallache als Remonten. Die besseren Stuten ließen wir, sofern sie als Mutterstuten eingetragen wurden, im Gestüt. In den Jahren während des Krieges bauten wir uns dann eine Zucht des deutschen großen Ponys, auch Doppelpony nannte man das damals, auf. Diese Ponies hatten ein vierblättriges Kleeblatt als Brand. In Polen züchteten wir edle schnelle Pferde oft mit Araberblut für das Militär. Alle schweren Pferde nahmen wir als Arbeitspferde in die Wirtschaft.

Die edlen Pferde, die als Remonten vorgestellt werden sollten, ritten Dietz und ich selbst zu. Einer von uns nahm ein ruhiges Reitpferd, und der andere begleitete ihn mit der Remonte, auf die man an der Longe zwei- oder dreimal vorher einen Jungen gesetzt hatte. Wenn die Remonten ungezogen oder zu wild wurden, ritt man nach Möglichkeit auf ein tiefgepflügtes Feld, wo die Pferde im Galopp oder Trab sich schnell beruhigten. Eigentlich gab es beim Einreiten neben einem ruhigen Pferd wenig Schwierigkeiten. Die Fohlen waren auf unseren Koppeln aufgewachsen, im Winter in den Ställen gehalten, oft auch schon zum Füttern angebunden und somit mit den auf dem Gut vorkommenden Dingen vertraut. Außerdem wurden die Pferde ausreichend bewegt. Wir ritten sie morgens zwei bis drei Stunden, wobei wir auch abstiegen oder die Pferde im Vorwerk unterstellten oder führen ließen. Nachmittags wurden die Pferde oft nochmals angespannt, um kurze Pirschfahrten oder Fahrten in die nahe Kreisstadt zu machen. Daß ein Pferd bei uns krank oder lahm wurde, kam sehr selten vor. Jedenfalls war diese regelmäßige Bewegung besser als das jetzt modern gewordene einstündige Bewegen der Pferde, die dann die restlichen dreiundzwanzig Stunden im Stall stehen. Einen Tierarzt holten wir eigentlich nur, wenn ein Pferd Kolik oder Verschlag bekam. Auch das Abfohlen ging ohne Tierarzt vor sich. Die Kutscher trennten den Nabel selbst ab und halfen beim Ausscheiden der Nachgeburt. Auf Lahmheiten unserer Kutsch- und Reitpferde kann ich mich nicht besinnen. Die Pferde wurden von unserem Schmied beschlagen. Ob das nötig war, bestimmte der Kutscher oder Gespannführer.

Die Stuten gingen bald nach dem Abfohlen wieder zur Arbeit auf das Feld, die Fohlen liefen mit. Wenn auf dem Nachhauseweg Trab gefahren wurde, und die Pferde warm geworden waren, wurde die erste Milch der Stuten mit der Hand abgemolken, ehe das Fohlen trinken durfte. Die Absatzfohlen kamen auf die Koppel, die Ein-, Zwei- und Dreijährigen getrennt. In Nelke standen die älteren Jahrgänge, in Lehfelde die Stuten mit Fohlen und die Absatzfohlen, damit man diese täglich unter Augen hatte. Ich ging, wenn ich die Runde im Garten gemacht hatte, täglich zu den Pferdekoppeln und streichelte und kontrollierte die Fohlen. So wurden diese sehr vertraut mit den Menschen. Zur polnischen Zeit kreuzten wir viel Araberblut ein, zur deutschen Zeit durch Trakehner Hengste etwas schwerere Pferdetypen. Dietz hatte in Ostpreußen einen sehr schönen Trakehnerhengst gekauft, Hans Huckebein, ein Enkel von Tempelhüter, den wir noch auf dem Treck mitnahmen.

Die Pferde spielten auch in unserem Tageslauf die größte Rolle. Dietz ging, wie schon erwähnt, jeden Morgen, auch wenn wir erst im Morgengrauen ins Bett gekommen waren, zum Appell auf den Hof. Zum Frühstück gegen acht Uhr kam er wieder ins Haus, wir frühstückten zusammen mit den Kindern und Gästen, sofern diese schon auf waren, und dann begleitete ich Dietz regelmäßig zu Pferde in die Wirtschaft. Die beiden Reitpferde wurden vom Kutscher gesattelt ans Haus gebracht, und an der Rampe zum Rosengarten gegenüber der Freitreppe stiegen wir auf. Dietz ritt dann zu allen arbeitenden Kolonnen hin, kontrollierte die Arbeit, besprach diese mit den Vögten, und täglich ritten wir zu unserem Vorwerk Nelke. Meist saßen wir dort ab, die Pferde wurden geführt. Wir ritten auf Trense, aber immer mit zwei Zügelpaaren. Wenn die Pferde bei unserem öfteren Absteigen in die Zügel traten, oder wenn wir durch die Umstände die Pferde mit Zügeln anbinden mußten und diese dann rissen, hatten wir so immer ein zweites Zügelpaar. Während Dietz die Ställe besichtigte und mit dem Verwalter, dem alten Siebert, sprach oder mit dem Schäfer, sofern dieser nicht mit den rund fünfhundert Schafen schon auf den Feldern war, ging ich zu den Geflügelställen und gab Anweisungen für Aufzucht und Mast.

Außer den vielen Legehennen zog die Frau vom alten Siebert und nach deren Tod die Magd des Vogtes Puten, Gänse und Enten auf. Alle Küken wurden bei uns ausgebrütet. Nie kauften wir Küken. Die Puten und Hennen brüteten auch die kleinen Enten aus. Die Putenherde, oft fünfzig Puten, wurden, wenn die Tiere größer waren, auf die abgeernteten Felder getrieben. Die Enten und Gänse schwammen im Nelker See und ernährten sich außer von dem hingestreuten Kraftfutter auf den Wiesen am Haus des Verwalters Siebert. Die Gänse wurden im Herbst regelmäßig gerupft, die Federn dann in den Wintermonaten im Schloß geschlissen. Die Frauen wurden nicht bezahlt, aber dafür bei uns beköstigt und kamen gern und sangen und erzählten. Fünf Gänse wurden jedes Jahr von Sieberts genudelt, das heißt, sie wurden mit Mehlklößen, die man den armen Tieren in den Hals stopfte, fettgemacht und auf engem Raum eingesperrt. Ich sah mir das nur ungern an, ich fand es so grausam. Aber es war überall so Sitte, und die fünf Gänse wogen dann zusammen weit über einen Zentner, wenn sie geschlachtet wurden. Von ihnen entnahmen wir die großen und fetten Lebern für Gänseleberpastete und das viele gutschmeckende Gänseschmalz. Die Gänsebrüste wurden gepökelt und geräuchert, die Schenkel und Flügel eingekocht. So gab es für mich täglich etwas zu besprechen, was den großen Geflügelbestand anbelangte. Zu Mittag ritten wir nach Hause und wenn es zeitlich möglich war, ging ich dann in den Garten und besprach mit dem Gärtner, was er anbauen und was er an Gemüse und Obst ins Haus schicken sollte. Aber meine Blumen schnitt ich mir selbst und dekorierte und steckte die vielen Vasen für alle Wohnzimmer und die bewohnten Gästezimmer.

Nach dem Mittagessen war auf dem Hof eine Ruhepause von zwei Stunden. Gegen sechzehn Uhr tranken wir mit allen Hausbewohnern Kaffee, und dann fuhren wir fast täglich wieder auf die Felder oder in den Wald. Dafür wurden die Kutsch- oder Jagdwagen angespannt. Meist fuhr der Kutscher, aber oft kutschierte ich auch selbst, was mir viel Freude machte, besonders wenn Dietz und ich allein fuhren. Dann nahmen wir den Dogcart mit einem Pferd. Fast täglich fuhren wir im Sommer früh oder nachmittags zum Baden an den Nelker See. Die Kinder liebten das besonders. Wir hatten am Nelker See einen kleinen Garten, in dem zwei Schilfhütten standen, ein Tisch und Bänke, und von dem ein Bootssteg in den

See hinausging. Am Steg lag ein Ruderboot. Es gab auch ein Floß etwas weiter im See draußen, zu dem wir hinausschwammen und ein Kajak, mit dem wir auch segeln konnten. Der See war 1600 Morgen groß, wovon uns 600 Morgen gehörten. Also eine schöne Fläche zum Segeln und Rudern und natürlich auch zur Jagd auf Enten und Taucher und Fischreiher. Abends saßen wir im Sommer mit den Kindern und den Gästen auf der Terrasse und im Winter in der Bibliothek und unterhielten uns, lasen, strickten, stickten oder spielten Karten. Es wurde viel Skat und Bridge gespielt. Kurz, der Tag war ausgefüllt und reich an schönen Erlebnissen.

Auch unserer Hunde muß ich dabei gedenken. Immer hatten wir Hunde und zwar Dietz einen Jagdhund Igel, und ich hatte auch einen eigenen Hund. Zuerst war es ein Schäferhund, Asko, und später die wunderschöne und von uns beiden so geliebte Gordonsetterhündin Halka, die hervorragend auf Jagd abgeführt war und mich bei allen Pirschgängen begleitete. Sie lief neben den Pferden beim Reiten und Fahren immer mit und machte alle Wege doppelt. Sie lief große Strecken vor, kam zu den Pferden zurück, um uns dann wieder von neuem zu begleiten. Pferde und Hunde waren unsere ständigen Gefährten.

Die Bewohner des Dorfes Lehfelde, polnisch Powodowo, waren zu etwa einem Viertel deutsche, der weit größere Teil polnische Familien. Die Deutschen waren evangelisch, die Polen katholisch. Schon dadurch bekannten sie sich in unserer Gegend zur Nationalität. Ich habe nie den Eindruck gehabt, daß ein Haß zwischen den Familien bestand. Man heiratete nicht untereinander, man führte ein gesondertes Leben, aber man befeindete sich auch nicht. Die Deutschen kamen sich nicht besser vor als die Polen. Alle die unsinnigen Gedanken der Feindschaft und des Untermenschentums hat erst der Nationalsozialismus hereingebracht. Die deutschen Kinder fuhren oder gingen nach Wollstein in die deutsche Volksschule und, soweit sie sich darum bemühten, später auf die höhere Schule.

Die polnischen Kinder besuchten die polnische Volksschule, ein Gebäude an der Chaussee, etwas außerhalb des Dorfes, das vom Großvater Lehfeldt gestiftet worden war. Zu meiner großen Bewunderung unterrichtete eine junge Volksschullehrerin alle Klassen, zeitlich in zwei Abteilungen getrennt, in einem Raum. Daß von unseren polnischen Kindern jemand auf die höhere Schule kam, habe ich nicht erlebt.Dazu war das Leben für diese wohl zu schwer. Die Kinder mußten wie die Großeltern mithelfen, denn meist gingen beide Elternteile, vor allem während der Ernte, zur Arbeit. Da wurden das Vieh und die kleinen Geschwister von den Großeltern und den größeren Kindern besorgt.

Das Leben war hart zu dieser Zeit, da alles mit der Hand gemacht wurde. Zunächst gab es in den Leutehäusern, die alle von uns gebaut worden waren und uns gehörten, keine Wasserleitungen, sondern jedes Haus hatte auf dem Hof eine Pumpe, aus der das Wasser mit der Hand gepumpt wurde. Dann wurde das Wasser auf dem Herd, der mit Holz geheizt wurde, warm gemacht. Jede Familie bekam Deputatholz angefahren, mußte sich dies aber selbst zu Scheiten aufarbeiten. Zum Anmachen des Feuers wurde das trockene Holz in den Schonungen gesammelt. Die Deputatkartoffeln wurden in Erdmieten aufbewahrt, und diese mußten geöffnet und wieder angeschaufelt werden, denn Kartoffeln waren nicht nur das Hauptnahrungsmittel für die Menschen, sondern auch für das Vieh. In diesem Fall wurden sie in Kesseln in der Brennerei gedämpft.

Kleie wurde aufgebrüht, Grünfutter mußte an Wegrainen geschnitten werden, Brennesseln gesammelt für die kleinen Enten und Gänse, Gras und Kohlreste für die Kaninchen. Solange es hell war, wurde gearbeitet.

Abends wurden die Petroleumlampen angebrannt, später gab es elektrisches Licht, wie ich schon beschrieb. Aber ich glaube nicht, daß einer unserer Leute ein elektrisches Bügeleisen oder eine elektrisch betriebene Maschine gehabt hat. Fast in jedem Haus war eine Nähmaschine, die mit dem Fuß getreten wurde, denn alle Kleider, Wäsche, auch die Bettwäsche wurden selbst genäht. Zur polnischen Zeit konnte man kaum etwas Angefertigtes kaufen.

Ich habe nie ein fertiges Kleid in Polen gekauft. Ich hatte einen guten polnischen Schneider in Posen, der mir Kleider, Mäntel und Kostüme machte. Wenn es sich um Änderungen handelte von Sachen, die meine Mutter mir vererbte, so machte ich es selbst oder hatte einen kleinen »Flickschneider« dafür in Wollstein, der mir auch Reitjacken anfertigte. Man konnte gute Stoffe kaufen, die meist aus der Gegend von Lodz kamen, aber fertige Kleidung gab es so gut wie gar nicht und wenn, dann aus billigen, geschmacklosen Stoffen.

Auch Hand- und Küchentücher wurden aus Stoffballen selber genäht, die Monogramme sorgfältig mit einer Blechschablone in Blautusche aufgezeichnet und danach mit der Hand gestickt. Nun muß ich von unserem Park erzählen, der sehr schön angelegt war, ein Verdienst meiner Schwiegermutter. Vor der Auffahrt auf der Hofseite hatten wir einen großen Rosengarten. Dort waren Busch- und Stammrosen in großer Anzahl, und über die Wege waren Kletterrosen an Drahtbögen gebunden, durch die man hindurchging. An den Seiten wurden die gleichen Kletterrosen an Stangen gezogen und daran gebunden. Das Ganze machte den Eindruck einer Barockgartenanlage und war unterbrochen von kleinen Rosenflächen, die von niedrigen Buchsbaumhecken eingerahmt waren. Rechts und links wurde der Rosengarten von zwei großen Edeltannen begrenzt.

Im eigentlichen Park hinter dem Haus hatten wir neben den herrlichen alten Rotbuchen, Trauerbuchen und dem Rüstern- hain die vierhundert Jahre alten Eichen. An seltenen Bäumen sehe ich noch vor mir die Katalpa, die im August, wenn alle Bäume längst geblüht hatten und Früchte ansetzten, leuchtende weiße Blüten brachte. Dann der Christusdorn, die Kletterlinden und die Trauerweiden, die vielen blühenden Sträucher, vor allem der schöne gefüllte Flieder. Im Park war eine Gartenlaube, in der man manchmal saß, wenn die Kinder dort spielten, eine Schaukel, ein Barren, ein Reck und eine Wippe, die sich drehte. Das alles hatte der Stellmacher gemacht ebenso wie das Kinderhäuschen.

Dann gab es einen Tennisplatz, auf dem ich viel gespielt habe. Dieser war zementiert und dadurch leichter in Stand zu halten. Allerdings war die Umstellung vom zementierten Platz auf die Sandplätze bei Turnieren schwierig für mich. Ehe ich heiratete, war ich als Schulmädchen zwei Jahre hintereinander Jugendmeisterin in Dresden gewesen und ausersehen, auf Kosten des Staates weiteres Tennistraining in den Ferien beim Landestrainer Hannemann zu bekommen. Darauf habe ich verzichtet, weil ich unterschreiben sollte, daß ich keine Reitturniere und Reitjagden mehr reiten würde, da die Turniere sich überschnitten und zwei Leistungssportarten in diesen oberen Klassen zuviel Kraft kosteten.

Aber ich war gut trainiert und hatte viele Tennisturniere gewonnen, als ich nach Polen kam. Dort hatte ich das Glück, daß die beste deutsche Tennisspielerin unsere Nachbarin war, die mit ihrem Mann ebenfalls auf einem Zementplatz trainierte. So fuhr ich oft auf das Nachbargut und spielte mit ihnen. Im deutschen Tennisclub spielten wir beiden das Damendoppel, und da sie sehr gute lange Schläge hatte, und ich laufen und am Netz spielen konnte, ergänzten wir uns vorzüglich und gewannen meist. Wir fuhren auch zu den anderen Tennisclubs, so nach Bromberg oder Zoppot. In Zoppot habe ich sogar bei internationalen Turnieren mitspielen können, und mit meinem Partner im Mixed, Dr. Fritz Kroehling aus der Gegend von Dirschau, flog ich sehr ehrenvoll mit 2:6 gegen Turnbull Australien und dessen Partnerin heraus, die damals an zweiter Stelle der Weltliste standen. Es machte großen Spaß und wurde ohne Geldpreise und zu großen Ehrgeiz gespielt. Manchmal machten wir Freundschaftsspiele gegen polnische Tennisclubs. Da lernte ich eine junge sehr sympathische Polin kennen, die an zweiter Stelle in der polnischen Nationalmannschaft spielte, Halina Hojanowska, die ich mir für einige Zeit nach Lehfelde zum Training einlud.

Alle die kleinen Begebenheiten zeugen davon, wie frei wir als Deutsche in Polen waren und daß es zwar keine herzlichen, aber doch Beziehungen zwischen den beiden Volksgruppen gab, wenn man sich darum bemühte.

Hier möchte ich auch noch von den Erntefesten zu polnischer Zeit erzählen. Jedes Jahr, wenn die Ernte anfing, das heißt, die Wintergerste angemäht wurde, wurden Dietz und ich, wenn wir auf das Feld geritten oder gefahren kamen, »eingebunden«. Die Leute mähten die Feldränder mit Sensen an, ehe die von Pferden gezogenen Mähmaschinen ihre Arbeit aufnehmen konnten. Diese Arbeiter hatten bunte Schleifen mit auf das Feld genommen und »banden uns ein«, wie sie es nannten, das heißt, sie befestigten Schleifen an unseren Armen.

Die von Pferden gezogenen Mähmaschinen wurden in den dreißiger Jahren von zwei maschinell betriebenen Mähmaschinen abgelöst, die Dietz nach den beiden Schiffen benannte, auf denen wir unsere Hochzeitsreise gemacht hatten, *Orotava* und *Arucas*. Während der Ernte kontrollierten wir zu Pferde täglich die Arbeit der beiden Maschinen, wobei unsere Reitpferde sich schnell an den Maschinenlärm gewöhnten. Mähdrescher waren zu dieser Zeit bei uns unbekannt. Das Ende der Ernte wurde mit dem Erntefest gefeiert, an dem das ganze Dorf teilnahm. Zunächst kamen die Leute mit dem Erntekranz vor das Haus gezogen, sangen und sagten polnische und deutsche Verse auf. Sie zogen in einer Art Umzug an der Auffahrt vorbei, auf der wir standen. Für die Kinder brachten sie Geschenke mit, zu meinem Schrecken kleine Kaninchen, Meerschweinchen und Entchen, auf deren Ankunft wir nicht vorbereitet waren und die zwar die Kinder entzückten, aber meine Küche und Keller zunächst frei bevölkerten. An einem solchen Tag war niemand bereit, eine Kiste zu zimmern.

Nach dem Umzug gingen wir dann in freigemachte Räume des Brennereigebäudes. Dort wurden Reden gehalten und Vorführungen gemacht. Natürlich mußten wir für Musik und Bier und Schnaps sorgen. Es wurde bis in den Morgen hinein getanzt, und unsere jeweils anwesenden Besucher machten ebenfalls mit. Ich sehe noch meine Mutter vor mir, die zwar nicht mittanzte, aber begeistert stundenlang auf einem Stuhl sitzend und beobachtend ausharrte. Es war eine Sitte, daß die Frauen und Mädchen sooft wie möglich nach Hause gingen und sich umzogen, um zu zeigen, wie viele Kleider sie hatten. So erkannte selbst ich die einzelnen »Schnittermädchen«, wie sie genannt wurden, oft nicht wieder, wenn sie sich wieder einmal umgezogen hatten. Das Ganze endete fast immer in einem großen »Besäufnis« und gab Gesprächsstoff für Wochen im Winter. Zur polnischen Zeit feierten und tanzten die Deutschen und Polen bei einem solchen Anlaß fröhlich zusammen. Zur deutschen Zeit entfielen diese Erntefeste, denn Deutsche und Polen durften nicht mehr zusammen feiern.

Schon als ich mich verlobte, hatte ich in Dresden angefangen, die sehr schwere polnische Sprache zu lernen. Zunächst machte ich bei uns wenig Fortschritte, denn wir sprachen auf dem Hof Deutsch mit allen Leuten. Ab und an sprach Dietz Polnisch mit den jungen Leuten, die nicht Deutsch in der Schule gelernt hatten, aber leider nie mit mir, trotz meiner Bitten. Mein Schwiegervater konnte kein Wort Polnisch, und wenn wir mit irgendwelchen Polen, die bei uns zu tun hatten, Polnisch sprachen, ging er sofort empört aus dem Zimmer. Beim Besuch der Behörden, wenn die vom Osten versetzten polnischen Beamten nicht Deutsch verstanden, schrie man in der Hoffnung, daß es dann verstanden würde. Jedenfalls hinderte uns niemand daran, Deutsch zu sprechen, oder verlangte, daß wir Polnisch lernten, außer als zweite Sprache in der deutschen Schule.

Ich habe mir sehr viel Mühe gegeben, denn schließlich wollte ich verstehen, was meine Mädchen über mich sagten, oder worüber die Leute im Laden sich unterhielten. Und vor allem war ich doch polnische Staatsangehörige und hatte einen polnischen Paß!

Von unseren Leuten im Dorf konnte ich nichts lernen, denn sie sprachen ein Kauderwelsch von Deutsch und Polnisch, deklinierten deutsche Worte auf Polnisch. Wenn ich fragte: »Gdzie jest Pan Doktor?« (Wo ist Herr Doktor), Pan Doktor

wurde Dietz genannt im Gegensatz zu meinem Schwiegervater, der Wielmozny Pan war (Gnädiger Herr), so antwortete
man mit: »Pan Doktor reituje«, was von unserem deutschen
Wort reiten kam und außer an der deutschen Sprachgrenze
von keinem Polen verstanden wurde.

Also nahm ich im Winter regelmäßig polnische Stunden bei
unserer Dorfschullehrerin, die dafür »ins Schloß« kam, und
arbeitete auch allein. Im Winter fuhren wir immer vier
Wochen zum Skilaufen nach Zakopane oder Krynica. Dort
war ich nur mit Polen zusammen und lernte durch die Praxis.
Als ich dann die Umgangssprache beherrschte, habe ich einen
Winter polnische Geschichte gelernt und einen weiteren
Winter die gute klassische polnische Literatur gelesen. Ich
konnte dann fließend sprechen, wenngleich ich grammati-
kalisch oft Fehler machte. Aber in dieser Beziehung ist die polnische Sprache, ebenso wie die russische, auch besonders
schwer.

Als ich 1977 mit meinen drei Kindern in unserem Auto allein
nach Polen fuhr, also achtunddreißig Jahre nachdem ich zuletzt Polnisch gesprochen hatte, denn ab 1939 war es verboten,
war ich erstaunt, wieviel noch im Gedächtnis geblieben war
und wie schnell ich mich wieder erinnerte. Ich mußte die Worte und Sätze nur hören, dann waren sie mir wieder geläufig. Jedenfalls konnte ich mich verständigen und wurde immer verstanden, was uns bei der Reise sehr half.

Die deutsche Volksgruppe in Polen

Wir hatten in Polen in den dreißiger Jahren eine gut organisierte deutsche Volksgruppe. Die deutschen Schulen und Organisationen wurden vom Reich durch Gelder unterstützt, die über Danzig hereinkamen und von den deutschen Organisationen und Kirchen zusammen mit der deutschen Diplomatie in Polen gelenkt wurden.

Zunächst waren da die deutschen evangelischen Kirchen. Es gab auch vereinzelte katholische Deutsche und einige deutsche katholische Priester. Das waren aber Ausnahmen. Die Deutschen hatten, wie auch in Wollstein, eigene Kirchen und ihr Pfarramt. Wir gingen aus Volkstumsgründen – Kirche und Schule als Träger des Deutschtums – öfter in die Kirche, als wir es vielleicht als »Gläubige« getan hätten. Wir hatten in der evangelischen Kirche auf der Empore rechts eine Loge mit eigenen Kirchenstühlen. Wir fuhren zu allen besonderen Feiertagen und manchmal auch an den gewöhnlichen Sonntagen mit dem Pferdewagen in die Kirche. Dieser wartete dann auf der Straße. Pfarrer Engel, eine Seele von Mann, legte großen Wert darauf, daß die Loge besetzt war, und wir den Bauern ein gutes Beispiel gaben. Seine Reden begann er immer mit der »Wetteransage«: »Trübes, nebliges Wetter läßt uns nach innen schauen« oder: »Herbstliche Sonnenstrahlen erinnern uns an das nahe Erntedankfest«. Ich besinne mich auf eine lustige Begebenheit. Zum Erntedankfest wurde der Altar immer hübsch geschmückt mit allem, was wir auf dem Feld und im Garten geerntet hatten, Garben der verschiedenen Getreidearten, Sonnenblumen, Rüben, Kartoffeln, Kürbis, Tomaten, Kohl, Gurken und so weiter. Der feierlichste Moment war, wenn die Orgel spielte, die Kirchentüren beidseitig geöffnet wurden und der Pastor durch die Mitte der Kirche einzog, gefolgt von den Konfirmanden. Diese hielten Blumen, Gemüse, Eier in den Händen, die sie auf den Stufen des Altars als Gabe niederlegten. In einem Jahr zur polnischen Zeit, als wir erwartungsvoll auf die Türe sahen, öffnete sich diese, und an Herrn Pastor vorbei zwängte sich der Jagdhund eines Kirchenmitgliedes, durchlief eifrig wedelnd den Mittelgang und legte sich auf dem Läufer des Altars zu unser aller Freude nieder, bis er hinausgejagt wurde. Das gab dann den Gesprächsstoff für die nächsten Tage.

Neben den Kirchenbesuchen nahmen wir auch am Gemeindeleben teil. Dietz war im Kirchenrat, ich machte unter anderem Kochkurse bei den deutschen Frauenvereinen mit und lud alle zu einer Kaffeetafel bei uns im Park ein. Es gab Religionsunterricht für die kleinen und Konfirmandenunterricht für die größeren Kinder, und Frau Pastor half eifrig mit neben einer Gemeindehelferin. Die Kirchensteuern brachten wir freiwillig auf, damit wurden der Pastor und alle Reparaturen in der Kirche bezahlt, und zwar wurde jeder nach seiner Hektarzahl oder nach der Größe des Geschäftes eingeschätzt und zahlte freiwillig. Die Kirchensteuer einzutreiben hatte man keine rechtliche Handhabe. Da wir eines der größten Güter in der Kirchengemeinde waren, zahlten wir eine für uns und die schlechten Verhältnisse, in denen die Güter um diese Zeit wirtschafteten, sehr hohe Summe. Ich besinne mich, daß Dietz, humorvoll wie er war, einmal ausrechnete, wie oft wir in die Kirche gingen oder die kirchlichen Vereine in Anspruch nahmen, dies durch die von uns gezahlte Summe teilte und zu dem Ergebnis kam, daß jeder Kirchenbesuch wesentlich teurer war als die besten Plätze in der Mailänder Scala. Aber es war einfach eine Selbstverständlichkeit, eigentlich eine Ehre, dieses Geld aufzubringen. Das taten auch die kleinen Bauern, die Häusler und die Geschäftsleute. Es gab in der Provinz Posen nur eine kleine wohlhabende Mittelschicht unter den Deutschen. Beamte und Militärs waren nicht deutsch. Große deutsche Geschäfte hatten es schwer, denn die Polen kauften nicht bei den Deutschen, und die Volksgruppe war nicht so zahlreich. Da waren einige deutsche Ärzte, das deutsche Diakonissenhaus mit deutschem Personal, die Angestellten der deutschen Organisationen und vereinzelte Deutsche im Handel, meist mit landwirtschaftlichen Produkten. In Wollstein hatten wir drei oder vier deutsche Läden, die natürlich nicht viel Umsatz machten, da die Polen dort nicht kauften, und die daher immer alte Ware hatten. So habe ich jahrelang Grieß mit Würmerklümpchen gekauft und dann gesiebt, muffigen Kakao und vor langer Zeit gerösteten Kaffee getrunken. Aber diese kleinen Ungelegenheiten beachtete man nicht, es war eine Selbstverständlichkeit, daß man weiter dort kaufte.

Sehr gut aufgebaut waren unsere landwirtschaftlichen Verbände. Ganz besonders möchte ich die WELAGE (Westpolnische Landwirtschaftliche Gesellschaft) nennen. Dietz war für den Kreis Wollstein Kreisvorsitzender. Dort wurden die deutschen Bauern beraten und geschult. Man hielt Versammlungen ab, unterrichtete sie über neue Maschinen, Kunstdünger, Saatgut und so weiter. Wenn ein Bauer in geldliche Schwierigkeiten geriet, wurde versucht, ihm über diese Organisation mit Krediten zu helfen, die aus dem Reich kamen.

Wir hatten deutsche Banken, bei denen wir unsere Konten führten, und über die die Gelder aus dem Reich möglichst unauffällig verteilt wurden. Dies geschah im Einvernehmen mit den Führern der deutschen Volksgruppe und den Vertretern des Auswärtigen Amtes.

Das Problem der deutschen Minderheiten wurde gleich nach der gewaltsamen Abtretung Posen/Westpreußens und eines Teiles von Oberschlesien 1918/19 bewußt hochgespielt, um damit vor dem Völkerbund, dem Deutschland von 1926 bis 1934 angehörte, eine Handhabe für die Zurückgewinnung der Gebiete zu haben. Ganz besonders Stresemann hoffte, auf diese Weise ohne Gewalt einen Teil, zunächst den sogenannten polnischen Korridor (den Teil Westpreußens, der Ostpreußen mit dem Altreich verband) zurückzugewinnen. Als Polen 1925/26 kurz vor dem wirtschaftlichen Zusammenbruch stand, dachte man auf diese Weise »helfend« eingreifen zu können und Teile der abgetretenen Gebiete zurückzugewinnen. Diese Hoffnung wurde zunichte gemacht, als Pilsudski 1926 die Macht ergriff und begann, die Wirtschaft des Landes zu sanieren.*

Man versuchte möglichst viele Deutsche in den abgetretenen Gebieten zu halten. Wer wegen der schlechten polnischen Wirtschaftsverhältnisse als Deutscher freiwillig ins Reich zurückkehrte, wurde von den Mitgliedern der verbleibenden deutschen Volksgruppe mehr oder weniger zum »Verräter« erklärt. So war man gezwungen, die in Schulden geratenen deutschen Bauern und Geschäftsleute zu unterstützen, um sie zum Bleiben zu veranlassen. Halten konnte man sie aber nicht nur durch finanzielle Unterstützung, man mußte ihnen auch

---

* Vgl. Martin Broszat, *Zweihundert Jahre deutsche Polenpolitik*, München 1963.

einige Zerstreuung bieten. Sie sprachen fast alle nicht Polnisch und waren von Bildung und Alter her wenig geeignet, eine so schwere Sprache zu erlernen. So gab man ihnen die Möglichkeit, ihre Kinder in deutsche Schulen zu schicken, in der Kirche eine deutsche Predigt zu hören, und versuchte ihnen durch deutsche Vorträge und Theatervorstellungen einige Abwechslung zu bieten.

Der Minderheitenschutzvertrag erlaubte den Polen keine rücksichtslose Politik der Polonisierung. Er ließ aber genügend Möglichkeiten, die Zahl der Schulen, die Niederlassung der deutschen Ärzte und Rechtsanwälte, Zulassung der Geschäfte und so weiter herabzudrücken.

Außerdem trat 1925 das polnische Agrarreformgesetz in Kraft, das die staatliche Parzellierung von Großgrundbesitz über 180 Hektar ermöglichte. Natürlich wurde dieses Gesetz zunächst vorrangig gegen die deutschen Großgrundbesitzer angewandt. Auch wir wurden 1939 vor Ausbruch des Krieges durch die Agrarreform enteignet, was jedoch durch die Zeitumstände nicht mehr durchgeführt werden konnte. Die Polen versuchten, durch einen gesellschaftlichen und wirtschaftlichen Boykott die dort verbliebenen Deutschen zum Verlassen des Landes zu bringen. Man wollte die deutsche Minderheit nicht polonisieren, sondern versuchte, die Zahl der Deutschen herabzudrücken und damit den deutschen Besitz und Einfluß zu vermindern.

Ich, die ich jung und unpolitisch erzogen aus dem Reich kam, verstand nicht, besonders nachdem ich gut Polnisch sprach, warum wir mit unseren polnischen Nachbarn nicht verkehren durften. Wir unterhielten uns freundlich am dritten Ort, aber es gab wenige Ausnahmen, wo Polen in deutsche Häuser kamen und umgekehrt, und eigentlich nie in größerem Rahmen.

So schloß sich automatisch die deutsche Volksgruppe noch mehr zusammen.

Das übertrug sich auch auf den Sport. Wie ich schon erzählte, hatten wir getrennte deutsche und polnische Tennisclubs, und die Möglichkeiten, gegen- oder miteinander zu spielen, waren selten.

Es wurde mir verboten, die ich begeisterte Turnier- und Jagdreiterin war und in Deutschland schon mit achtzehn Jahren das silberne Reiterabzeichen erworben hatte, mich in Polen an Turnieren und Jagden zu beteiligen. Es waren polnische Kavallerieoffiziere, die daran teilnahmen, und: »Eine deutsche Frau zeigt sich da nicht«.

Mir, die ich mit den vorangegangenen Grenzfehden nichts zu tun gehabt hatte, erschien diese Einstellung von Anfang an falsch und engstirnig. Man lernte sich nicht kennen, kleine Zwischenfälle konnten nicht bereinigt werden. Man steuerte auf die spätere Katastrophe zu.

Hitler war zunächst weder für noch gegen Polen eingestellt und sah den Lebensraum im Osten in der Ukraine nach Bekämpfung des Bolschewismus, wie ich schon im Zusammenhang mit meinem Besuch in der Reichskanzlei berichtet habe.

So kam es im Januar 1934 zum Abschluß des polnisch-deutschen Nichtangriffspaktes, der uns als Minderheit zunächst kleine Vorteile brachte. Aber schon damals gab es eine Gruppe Volksdeutscher, die diesen Pakt als unnötiges Herausschieben betrachtete und eine Teillösung, wie Rückgabe des Korridors und Rückkehr Danzigs ins Reich, ablehnte und die Wiederherstellung der Grenzen von 1914 forderte. Die deutsche Volksgruppe war mit der Machtergreifung Hitlers 1933 gespalten worden und zerstritt sich schnell! Es gab die sogenannten Altdeutschen, die aus der Deutschen Vereinigung hervorgingen und versuchten, die bestmöglichen Bedingungen auf friedlichem Wege für die deutsche Minderheit herauszuholen, und die Jungdeutsche Partei, die von der NSDAP im Reich beeinflußt wurde und künstlich Reibungspunkte schuf. Auch unsere Presse, wir hatten verschiedene deutsche Zeitungen, mußte sich den Nachrichten aus dem Reich anpassen. Noch geschah es vorsichtig, so daß man die Gefahr nicht erkannte, womit auch die Haltung einiger Freunde zu erklären war. Der polnisch-deutsche Nichtangriffspakt war 1934 auf die Dauer von zehn Jahren geschlossen worden, und im Januar 1935 deutete Hitler sogar in einem Gespräch mit dem polnischen Gesandten Lipski an, daß Polen zusammen mit Deutschland gegen Rußland gehen könne.

Als 1938 der Einmarsch in die Tschechoslowakei vorbereitet wurde, half Polen mit, indem es einen Teil des Teschener Gebietes forderte und auch bekam.

Die Befriedigung Polens über diesen Territoriumsgewinn durch deutsche Hilfe war dagegen sehr kurzsichtig. Bereits im Oktober 1938 meldete Deutschland in einem Gespräch zwischen Ribbentrop und Lipski seine Ansprüche auf Danzig und den polnischen Korridor an. Im Januar1939 empfing Hitler den polnischen Außenminister Beck im Berghof und drängte auf eine endgültige Bereinigung der deutsch-polnischen Spannungen. Unterdessen nahm die deutschfeindliche Stimmung unter der polnischen Bevölkerung stark zu, die nun das Gefühl hatte, »daß sie an die Reihe der Eroberungen des Despoten Hitler kamen«. England gab im März 1939 die sogenannte Garantieerklärung für Polen ab. Damit änderte Hitler seine vorsichtige Politik gegenüber Polen und bezichtigte es des einseitigen Bruchs des Nichtangriffspaktes. Man versuchte Beunruhigung und Zweifel in die Bevölkerung zu tragen.

Die Wehrmacht bekam im März 1939 den Befehl, »Weiß« vorzubereiten, mit späterem Angriffstermin 1. September 1939. Spitzel wurden eingeschleust, Zwischenfälle von deutscher Seite provoziert.

So kam es, daß der Haß gegen die Deutschen ständig wuchs, die Polen Gegenmaßnahmen vorbereiteten, was dann zu den schrecklichen Verschleppungen und dem Blutsonntag Anfang September in Bromberg führte, wo laut Auswärtigem Amt insgesamt 5400 Deutsche umkamen. Als ob dies nicht erschütternd genug wäre, ließ Hitler die Zahl sofort verzehnfachen, und die Propaganda sprach von 59 000 Ermordeten und Verschleppten. Was sich an Grausamkeiten von Polen gegenüber meist völlig unschuldigen Deutschen abspielte, war furchtbar. Es erklärt sich vielleicht teilweise aus dem nach den drei Teilungen Polens durch Generationen aufgespeicherten Haß und aus der Angst, durch Hitler nunmehr zum viertenmal geteilt und besetzt zu werden. Dazu kam, daß die Gefängnisse geöffnet wurden und Kriminelle freie Hand hatten. Es waren nicht Polen, die die Deutschen kannten, die diese Morde und Quälereien ausführten, sondern eine aufgehetzte Masse und die dafür ausgesuchten Bewacher.

Den Anlaß zu dem vorbereiteten Einmarsch in Polen provozierte Hitler gegenüber der Welt, indem er den Befehl gab, polnische Uniformen zu besorgen. Spezialtruppen täuschten in polnischen Uniformen den Überfall auf den deutschen Sender Gleiwitz vor. Als »Gefallene« hatte man Tote aus den Konzentrationslagern geholt und in die entsprechenden Uniformen gesteckt.

Nun nimmt das Schicksal seinen Lauf. Dem Einmarsch

deutscher Truppen ohne Kriegserklärung von Hitler an Polen folgt am 3. September die Kriegserklärung Englands und Frankreichs an Deutschland. Inzwischen war es Hitler gelungen, am 23. August 1939 einen Nichtangriffspakt mit Rußland durch den Besuch von Ribbentrop bei Stalin in Moskau abzuschließen. Die Interessenzonen zwischen Deutschland und Rußland wurden festgelegt. Bereits am 3. September ermunterte Ribbentrop Stalin zum Einmarsch in Polen. Dieser verhielt sich zunächst zögernd und gab erst am 17. September, nachdem Polen so gut wie besiegt war, den Befehl zum Einmarsch.

Dies alles übersahen wir zur Zeit des Geschehens nicht, da es in der Presse bei uns nicht oder umgewandelt erschien. Die polnische Presse versuchte ihrerseits, den Haß gegen Deutschland und damit auch gegen die deutsche Volksgruppe zu schüren und Polen auf den Kriegsfall vorzubereiten.

Im Rahmen dieser polnischen Hetzkampagne wollte man deutsche Geschäfte, Genossenschaften, so auch deutsche Molkereigenossenschaften, enteignen. Auch wir hatten in Wollstein eine von Deutschen geleitete Molkerei, die von meinem Schwiegervater mitbegründet war und bei der auch die Polen ihre Milch anlieferten. Nun wurde die Übergabe in polnische Hände von den polnischen Behörden beschlossen, und der deutsche Vorstand sollte durch Polen abgelöst werden. Von deutscher Seite wurden natürlich Gegenmaßnahmen ergriffen, die wiederum vom SD aus dem Reich geleitet wurden. Ein kleiner Bankangestellter, Herr A., hatte auf einem deutschen Nachbargut eingeheiratet und gehörte, wie sich später herausstellte, schon seit längerem dem SD an. Er erschien am 16. Juni 1939 mit unserem alten Nachbarn B. und dem Leiter der WELAGE, Herrn Kraft, bei uns, um Dietz zu bewegen, unsere Milch von rund achtzig Kühen nicht in die Molkerei zu liefern, wenn der Vorstand nicht mehr deutsch sei, sondern sie zu verfüttern. Ich war bei dieser Unterredung zugegen. Dietz erklärte, daß er in dieser Maßnahme keinen Sinn sehe und die Situation der Deutschen in dieser heiklen Lage kaum mit Verfüttern von Milch zu retten sei.

Kurz darauf äußerte unser Nachbar B., der überdies noch deutscher Staatsangehöriger und früherer deutscher Berufsoffizier war und trotzdem als Verwalter des Gutes seiner Frau in Polen geduldet wurde, daß »er lieber seine Milch in den Mist gösse, als diese in eine polnisch geleitete Molkerei anzuliefern«. Er wurde daraufhin verhaftet, ist aber zum Glück gesund wieder nach Hause zurückgekehrt. Ob er sich bewußt zu dieser unsinnigen Handlung hergab, oder ob er betört von dem Geschwätz des SD-Spitzels A. da hineinrutschte, weiß ich auch im nachhinein nicht zu sagen.

Wir handelten damals – genau wie ich bei meinem Besuch bei Hitler – rein instinktiv. Vor allem wollten wir nicht schuldig werden am Ausbruch eines Weltkrieges, denn daß die Ereignisse dazu führen mußten, lag auf der Hand, nachdem man im Sudetenland und in der Tschechoslowakei genauso verfahren war.

Wir wußten noch nicht, daß – wie in den Politischen Studien 1969 veröffentlicht – sich im Jahre 1938 auf ausdrückliche Bitte der Volksgruppenführung das Auswärtige Amt eingeschaltet hatte, um zu erreichen, daß Angehörige der deutschen Organisationen in Polen nicht zur Mitarbeit bei Spionage und Provokationen herangezogen würden. Man befürchtete, daß die Volksdeutschen als fünfte Kolonne betrachtet und somit verfolgt und ermordet werden würden, wie es dann später an dem schrecklichen Bromberger Blutsonntag geschah.

Am 15. November 1938 gab die Abwehrabteilung des OKW unter Leitung von Admiral Canaris die Zusicherung, daß es verboten sei, Volksdeutsche, die in deutschen Organisationen aktiv arbeiteten, für den Abwehrdienst in Anspruch zu nehmen.*

Jedoch der Sicherheitsdienst unter Himmler und auf besonderen Befehl von Heydrich ließ es sich nicht nehmen, Volksdeutsche als Agenten in Polen vorzubereiten, die Provokationen hervorrufen sollten, um zum »Anheizen der Stimmung beizutragen«. Während die offiziellen deutschen Organisationen sich weigerten, mit den SD-Abgesandten zusammenzuarbeiten, wurde Nachbar A. schon zu polnischer Zeit für den SD tätig. Dies wußten und erkannten wir damals noch nicht. Nur so und aus der Situation »SD in Konkurrenz zur Abwehr« ist jedoch zu verstehen, daß beide Seiten der »Molkereiaffäre« und den uns daraus erwachsenden Schwierigkeiten soviel Wichtigkeit beimaßen und der Kampf sich über Jahre hinzog, eigentlich bis zur Ermordung von Heydrich 1942.

Einige Deutsche, wie beispielsweise Herr Waldemar Kraft, später Bundesminister, hatten mehr Überblick und Mut. Er erkannte auch damals die Unsinnigkeit solcher Anordnungen und hat uns in den späteren Anschuldigungen in dieser Sache sehr geholfen, womit wir später zu seiner Entnazifizierung beitragen konnten.*

Der Fall Molkerei Wollstein, wie er von deutscher Seite provoziert wurde, war typisch. Dietz und ich sahen den Krieg unwei-

---

* Siehe Peter Aurich, *Der deutsch-polnische September 1939,* Ilma/Westkreuz, 1985

* Siehe Entnazifizierungsurkunde von Dietrich Lehfeldt für Waldemar Kraft

gerlich auf uns zukommen und beschlossen im Juni noch eine Reise mit dem polnischen Dampfer *Sobieski* zu machen, der damals auf Jungfernfahrt nach Boulogne ging. Von da aus fuhren wir, mit einem Abstecher über das uns beiden noch unbekannte Paris, zu meinen englischen Vizeeltern Roli und Gertrud Woods nach Seaton in Südengland. Pässe und Visen für Deutschland hätten wir, zumal Dietz polnischer Reserveoffizier war, von polnischer Seite nicht mehr bekommen. Diese Reise war ein bewußtes Abschiednehmen von einem glücklichen gemeinsamen Leben.

Wir übersahen klar, daß der Krieg uns nur Verluste bringen konnte, die Welt dem Diktator Hitler entgegentreten würde, und daß wir diese auf Dauer nicht besiegen konnten.

In London besuchten wir einen alten Freund, der emigriert war, da er nach den Nürnberger Gesetzen als Jude galt und dessen »arische« Frau und Töchter in Deutschland geblieben waren. Er lebte kümmerlich allein in einem möblierten Zimmer von dem Verkauf seiner mitgenommenen Briefmarkensammlung, und das Herz zog sich einem zusammen vor Scham und Kummer.

Als wir in England und Frankreich sahen, wie kriegsbereit die Stimmung dort bereits war, wurde uns klar, daß ein Kriegseintritt dieser beiden Länder unvermeidlich war.

Nun bereiteten wir uns nach der Rückkehr auf den Kriegsausbruch vor und fuhren zu unseren Freunden, unter anderen auch zu Loeschs. Jochen von Loesch, so alt wie Dietz, war auch polnischer Reserveoffizier. Wir besprachen die Möglichkeit, sich nach Danzig abzusetzen und wann. Wer aber sollte zu Hause bleiben, um die Deutschen, die bei uns arbeiteten, nicht im Stich zu lassen? Diese hatten als einfache Arbeiter nicht die Möglichkeit und das Geld, sich nach Danzig in

Dr.Dietrich Lehfeldt
(19) Dröschkau
P.Belgern Krs.Torgau

Dröschkau,d.6.1o.1946.

Herr Waldemar K r a f t war bis 1.September 1939 Hauptgeschäfts-
führer der deutschen Westpolnischen Landwirtschftlichen Gesellschaft (Welage) in Posen (Polen). Ich selbst war während dieser
Zeit Kreisvorsitzender dieser Organisation in Wollstein.

Als im Jahre 1939 , angestiftet durch Kreise der Gestapo
und des S.D. ,nazistische Elemente der Deutschen in Polen provokato-
risches Vorgehen gegen die Polen von uns verlangten,machte ich aus
eigener Überzeugung und im Interesse des Deutchtums in Polen diese
Umtriebe nicht mit.Darauf versuchten diese Kreise mich unter den
Deutschen in Polen zu diffamieren. Schon während dieser Zeit hat sich
Herr Kraft tatkräftigt für mich eingesetzt und den anderen gegenüber
in Schutz genommen.

Nach dem Einmarsch der Deutschen in Polen im Jahre 1939 gingen
nun diese nazistischen Kreise sofort aktiv gegen mich vor und über-
antworteten mich und meine Frau der Gestapo. Wir wurden inhaftiert,
nach unserer Freilassung aber ständig an Eigentum und Freiheit bedroht,pausenlos schikaniert und schliesslich im Jahre 1941 enteignet.

Wie alle führenden Persönlichkeiten der Deutschen in Polen
wurde auch Herr Kraft nach dem Einmarsch der Deutschen automatisch
mit einem höheren Rang in den Gliederungen der Partei bekleidet.

Als wir uns in unserer Bedrängnis auch an ihn wieder hilfesuchend
wandten,setzte er sich auch damals für uns ein,obwohl ihm dies
grössere Unannehmlichkeiten eintragen konnte.Seine Aussagen vor den
Untersuchung führenden Stellen trugen mit dazu bei,dass schliesslich
das Verfahren gegen uns eingestellt wurde und dass durch Eigentums-
übertragung auf meine Frau wir auf dem heimatlichen Boden bleiben
konnten.

Diese Erklärung gebe ich an Eidesstatt ab.

[Unterschrift: H. Dietrich Lehfeldt]

Hierdurch beglaubige ich die Unterschrift des Herrn Dr. Dietrich
Lehfeldt

Liebersee,d,7.1o.1946

Der Gemeindevorsteher.

[Unterschrift: Schöne]

[Dienstsiegel: Gemeinde Liebersee Kreis Torgau]

1. Februar 1965

Waldemar Kraft
Bundesminister a.D.

B e s c h e i n i g u n g .

Auf Wunsch von Frau Walburg L e h f e l d t , geb. v. Schoenberg,
bekunde ich aus eigener Kenntnis:

Ihr verstorbener Ehemann, Dr. Dietrich Lehfeldt, geb. 20.3.03,
war Eigentümer des Gutes Lehfelde mit Vorwerk Gross-Nelke im
Kreise Wollstein/Posen. Nachdem das Posener Land im Herbst 1939
wieder in das Deutsche Reich eingegliedert worden war, ist Herr
Dr. Dietrich Lehfeldt politischer Verfolgung ausgesetzt gewesen.
Dabei wurde sein Grundbesitz beschlagnahmt, was er s.Zt. durch
die Eintragung der Beschlagnahmeverfügung in das Grundbuch erfahren hat. Im Jahre 1941 gelang es, die Aufhebung der Beschlagnahme durch Übertragung des Landbesitzes an seine Ehefrau Walburg Lehfeldt zu erreichen.

Ich war bis zum Einmarsch der deutschen Truppen im Jahre 1939
Direktor der Organisation der deutschen Landwirte in Polen,
der Dr. Lehfeldt als Mitglied und Inhaber von Ehrenämtern, u.a.
des Vorsitzes im Kreisbauernverein Wollstein, angehörte. An-
schliessend war ich Präsident der Landwirtschaftskammer Posen
und bin als solcher von dem Ehepaar Lehfeldt mit dem Fall be-
fasst worden. Im Jahre 1941 hat der - später hingerichtete -
Reichsgerichtsrat von Dohnany aus der Dienststelle des Admirals
Canaris, dessen besonderen Schutzes sich Frau Lehfeldt als
Tochter des 1914 gefallenen Kommandanten des Kreuzers Nürnberg
erfreute, mit mir über den Fall verhandelt. So erfuhr ich auch,
dass s.Zt. merkwürdigerweise lediglich der Landbesitz von Dr.
Lehfeldt beschlagnahmt worden war, er also über seinen sonsti-
gen Besitz frei verfügen konnte.

Waldemar Kraft
Bundesminister a.D.

78

Sicherheit zu bringen. Loesch hatte seine betagten Eltern zu Hause, so entschied er sich, wie mancher andere, den Weg nach Deutschland durch seinen Wald, der an der deutsch-polnischen Grenze lag, zu nehmen, da auf seinem Gut noch eine Führung war.

Wir dagegen fanden, daß wir unsere deutschen Leute nicht alleinlassen könnten. Wenn Dietz zum polnischen Militär eingezogen würde, so wollte zumindest ich ihr Schicksal teilen. Jeder Tag war ein Abschiednehmen, jede Arbeit schien sinnlos, weil die Situation sich von einem Tag auf den anderen änderte.

Am 22. August fuhren wir nach Posen und besuchten unsere Freunde Poncet, wo Erika mit ihrem neugeborenen Baby in der Klinik des polnischen Frauenarztes Dr. Zuralski lag. Dessen Frau war Deutsche, und beide waren oft mit den zwei Kindern zur Jagd und zu den Ferien zu uns nach Lehfelde gekommen. Wir verabschiedeten uns von ihnen und sollten ihn, Dr. Tadeusz Zuralski, der als Reserveoffizier und Arzt am gleichen Tag wie Dietz zur polnischen Armee eingezogen wurde, nie wiedersehen. Er gehörte zu der polnischen Intelligenz, die in Katyn von den Russen erschossen und in einem Massengrab verscharrt wurde. Sein Name steht jetzt, da er auch Dozent war, auf einer Gedenktafel in der Universität, neben dem früheren Posener Schloß.

Kriegsausbruch

Am 23. August, einem der wundervollen warmen Sommer-
abende, wie wir sie im Osten hatten, saßen Dietz und ich auf
der schönen Terrasse unter der alten Eiche und aßen Krebse,
die uns wie so oft ein Pole gebracht hatte. Diese Krebse fingen
die Polen in den Gräben der benachbarten Gegend in den
Monaten ohne R (Mai, Juni, Juli, August) und versuchten sie
dann zu verkaufen. Wir kauften sie immer schockweise, das
heißt, sechzig Stück, die ein guter, geübter Krebsesser verzeh-
ren kann. Wehen Herzens nahmen wir Abschied voneinander
und waren uns klar, daß es vielleicht für immer sein würde.
Ich brachte Dietz am 24. August nach Wollstein zur Bahn, wo
er zu seinem Artillerie-Regiment nach Gnesen (Gniezno) als
Leutnant der Reserve (podporucznik) einberufen war.

In den Militärpässen stand – da in Polen außer Deutschen
viele andere Minderheiten wie Ukrainer, Juden, Litauer,
Weißrussen, Letten lebten – außer der polnischen Staatsangehörigkeit und dem Dienstgrad die Nationalität und die
Muttersprache, die man selber angab. Bei Dietz war es natürlich »Deutsch«. So war die Angst bei ihm und den anderen Deutschen groß, daß sie bei Ausbruch des Krieges her-
ausgezogen und erschossen werden würden.

Ich war nun allein in Lehfelde und versuchte so gut es ging,
alles weiter in Gang zu halten. Die polnischen Arbeiter arbeiteten ohne Widerspruch, und Polen und Deutsche waren glei-
chermaßen verstört.

Unser Auto wurde in dieser Zeit oft tagelang von den polnischen Behörden requiriert, mit dem Chauffeur, kam aber immer wieder zurück.

Am 30. August machte Polen mobil. Die jüngeren Arbeiter wurden zum polnischen Militär eingezogen. Es war eine ständige Unruhe und Angst unter allen.

Ich hatte unsere Jagdwaffen im Haus mit viel Munition. Das erschien mir angesichts der Mobilmachung zu gefährlich. So ließ ich den Kutscher den Jagdwagen anspannen, lud alle Waffen auf und fuhr zum Starosten (Landrat) und ließ mich mit der schriftlichen Aufstellung der Waffen, die ich im Wagen hatte, bei ihm melden. Er empfing mich mit unveränderter Korrektheit und Liebenswürdigkeit. Nach Durchsicht des Papiers erklärte er, daß er die Waffen nicht aufheben könne, und zeichnete die Aufstellung ab, daß die Waffen vorgeführt seien und ich sie behalten könne. Diese Bescheinigung habe ich immer noch.

Nach meiner Rückkehr vom Landratsamt in Wollstein bekam ich telefonisch den Befehl zum Abtransport der polnischen Bevölkerung mit unseren Wagen und Pferden gen Osten, um sie vor den deutschen Truppen in Sicherheit zu bringen. Ebenso sollte ich veranlassen, daß das Vieh, Kühe, Ochsen und Schafe und so weiter gen Osten abgetrieben würde. Durch mein Gespräch mit dem Starosten ermutigt, führte ich diesen unsinnigen Befehl nicht aus, denn das Vieh hätte nur die Straßen verstopft und wäre umgekommen. Die Leute hingegen hatten auch direkten Befehl bekommen, sich gen Osten abzusetzen.

So packten sie weinend Bündel zusammen und zogen mit sieben Pferdewagen von uns am 1. September, dem Tag des Kriegsausbruchs, ohne näheres Ziel nach Osten.

Nur ich blieb mit den beiden kleinen Kindern, Wolfgang, sechs Jahre und Karin vier Jahre alt, und unseren deutschen Leuten und einzelnen Polen, wie auch unserem Diener Gärtner Bruno im Dorf zurück.

Abends kam eine polnische Militärstreife, die mich aufforderte, das Haus zu verlassen und ebenfalls gen Osten zu ziehen, da die Chaussee, an der wir lagen, zum Kampfgebiet erklärt worden war und verteidigt werden sollte. Ich weigerte mich mit der Ausrede, daß meine kleinen Kinder schwer krank seien und ich mich nicht auf die Landstraße begeben könne. Wir füllten Sand in Säcke und verbarrikadierten die Kellerfenster. Alle zurückgebliebenen Leute, Deutsche wie Polen, kamen zu mir in den Keller. Auch hier spielte die Volkstumszugehörigkeit keine Rolle. Die Gefahr und die Angst führte die Menschen, die jahrelang miteinander gearbeitet hatten, zusammen, obgleich die beiden Völker im Krieg gegeneinander standen.

Bereits am 1. September 1939 kreisten die deutschen Flugzeuge über uns, und der Bahnhof Wollstein brannte.

Am 2. September war das Dorf so gut wie leer. Die Leute hatten in ihrer überstürzten Flucht kopflos das Vieh eingesperrt und die Hunde angebunden gelassen. Wir gingen durch das Dorf und befreiten soweit wie möglich alle Tiere, damit sie sich etwas zu trinken und zu fressen suchen konnten, und tränkten und fütterten unser Vieh in den Ställen. Im deutschen Radio hörten wir, daß die Polen die Deutschen verhafteten und gen Osten verschleppten und Feuer in die deutschen Gehöfte legten.

So schlief ich im Keller in einem Trainingsanzug mit einer großen Umhängetasche – einer Kamelreitertasche –, die mir meine englischen Vizeeltern aus Asien mitgebracht hatten

Powodowo
p. Wolsztyn
Tel. Wolsztyn 67.

Powodowo, den 31. 8. 39. 19......

1. sztucer kal.9.3 72 B W bez Nr.

2. sztucer mauser kal.8 8178

3. teszyng I G A kal.6 100560

4. dubeltowka C.Langner kal.16 bezNr.

5. dubeltowka Simson kal.16 bez Nr.

6. dubeltowka O Candler kal.16 Nr.30599

7. dubeltowka kal 12 Sauer bez Nr.

8. rewolwer Erfurt 9 Nr.1688

9. rewolwer Erfurt 9 Nr. 1914 (10112)

10. rewolwer kal. 6.35 (wzial Dr.Lehfeldt

ze saba do wojska.

11. rewolwer Mauser kal6 179530

zesłałam zatrzymać u
doniu .... Dr. Lehfeldta —
.... do wojska —

Dürfen im Haus bleiben auf
Anordnung von Major Schulz
vom 11. IX 39

83

und die das Wichtigste, die Schlüssel für Haus, Speicher und Ställe, Taschenlampe und Papiere, enthielt. Ich kontrollierte mehrfach am Tage per Rad die Getreideschober auf den Feldern und beobachtete, ob es in dem vier Kilometer entfernt gelegenen Vorwerk Nelke brannte.

Von dort kamen am 3. September die Leute herüber, die nicht geflohen waren, und halfen uns beim Versorgen des Viehs und beim Melken der Kühe. Sie kümmerten sich auch um die verlassenen Häuser und Tiere ihrer Verwandten und Freunde bei uns im Dorf und fütterten die Kaninchen und das Geflügel, wozu wir in dem großen Dorf nicht gekommen waren.

Im Radio hörte ich nun die Kriegserklärung von England und Frankreich an uns und weinte bitterlich. DAS WAR UNSER ENDE! Ich schlief nicht in dieser Nacht.

Am 4. September pumpten wir Wasser für das Vieh und trieben es auf die Weiden, weil wir es mit den wenigen Menschen, die hier geblieben waren, nicht mehr im Stall füttern konnten. Alle Frauen wurden gebeten, die Kühe zu melken, die jämmerlich brüllten.

In Chorzemin bei unserem Nachbarn brannten die Getreideschober. Wann würde es bei uns soweit sein? Wie konnte ich die Kinder und unsere Leute schützen? Ich war wie gelähmt!

Am 4. September kamen unsere Leute mit den Pferdewagen wieder zurück, da die Straßen total verstopft waren. Die deutschen Truppen standen bereits dort, wohin die Flüchtlinge Marschbefehl hatten, während wir noch zwischen den Fronten, unbesetzt von polnischem und deutschem Militär, lagen. Die Leute waren glücklich, wieder zu Haus zu sein, und uns dankbar, daß wir ihre Tiere nach Möglichkeit gerettet und gefüttert hatten.

Am 6. September traf unser alter pensionierter Inspektor

Kleß, der inzwischen in Wollstein wohnte, in Lehfelde ein, um uns zu helfen. Noch immer waren wir nicht von den Deutschen besetzt, dabei hörten wir im Radio, daß Krakau und Kielce bereits eingenommen waren. Man hatte versucht, die polnische Armee zu umzingeln, und unser Gebiet ausgespart, was unsere Ängste um Tage verlängerte.

Endlich, am 6. September, kam eine Patrouille von acht deutschen Soldaten zu uns, und unser Nachbar auf deutscher Seite, Richter aus Karge, und sein Schwager Schulz zogen als Reserveoffiziere mit hundert deutschen Soldaten bei uns durch und informierten mich über den Stand der Dinge. Durch sie hörte ich, daß sie den Befehl hatten, die Gegend zu erkunden und über Nacht wieder abzuziehen. So weigerte ich mich gegenüber den acht Soldaten, die Hakenkreuzfahne auf dem Dach des Schlosses zu hissen, da dies die Banden und Freischärler anziehen würde, die überall die Deutschen verschleppten und Feuer legten. Tatsächlich zogen die acht Mann sich auch wieder in der Nacht zurück. Die polnischen Banden kamen in dieser Nacht bis Wollstein und ermordeten zwei Deutsche.

Am 7. September kamen viele deutsche Soldaten ganz ohne Kampf nach Lehfelde. Im Park wurde eine Kanone aufgestellt. Ich fuhr mit dem Rad nach Wollstein, um Geld von der deutschen Bank, »Wollsteiner Bank« genannt, zum Auszahlen der Leute zu holen. Im Park wurden inzwischen die deutschen Soldaten mit Milch und Kaffee versorgt, soweit dies möglich war. Daran beteiligten sich deutsche wie polnische Arbeiter und Angestellte von uns gleichmäßig.

Mit dem Geld in der Tasche ritt ich auch zu unserem Vorwerk Nelke und gab unserem polnischen Vogt Siebert – viele Polen hatten deutsche Namen – das Geld zur Auszahlung der dortigen Arbeiter. Das Vorwerk Nelke war von Kriegseinwirkungen verschont geblieben, und der gute Siebert hatte dafür gesorgt, daß die Arbeit sofort wieder aufgenommen wurde.

Von Nelke zurückgekehrt, fand ich in Lehfelde eine Militärstreife im Haus, die wollte, daß ich namentlich Leute von uns benenne, die gezwungen werden sollten, nach Minen zu suchen, die bei der Mobilmachung bei uns an der Chaussee von polnischem Militär gelegt worden waren. Ein deutscher Soldat war auf eine Mine geraten und umgekommen. Ein Himmelfahrtskommando also für die mit diesen Arbeiten nicht vertrauten polnischen Leute.

Ich weigerte mich, unsere durch Generationen treuen Arbeiter dafür namentlich zu benennen, und schlug vor, daß ich statt dessen die Schafherde zur Verfügung stelle, die über die Stellen getrieben werden sollte und dadurch die Minen ebenfalls zum Hochgehen bringen konnte. Das deutsche Militär nahm diesen Vorschlag an. Solange wir ein Militärregime im besetzten polnischen Gebiet hatten, konnte man Einfluß nehmen, und es ging kriegsmäßig, aber gerecht zu.

Am 8. September bekamen wir zehn Offiziere und dreihundertfünfzig Mann Einquartierung. Eines unserer Pferde wurde requiriert. Ich fuhr mit einem Militärkrad nach Wollstein und Nelke.

Im Haus zogen wir nun wieder aus dem Keller heraus in unsere Zimmer. Die Kinder, sehr lieb und artig, hatten alles gut überstanden. Nur die große Angst um Dietz verließ mich keine Minute. Wo mochte er sein? Ob er noch lebte?

9. September 1939. Das viele Militär zieht bis auf zwei Mann ab. Jedoch bekommen wir nachts erneut zehn Mann Einquartierung ins Haus. Zum Schlafen bleibt wenig Zeit.

Am 10. September lasse ich mit unseren Gespannen Holz aus

dem Wald holen, um die gesprengten Brücken auszubessern. Unsere Arbeiter sind bis auf die beim polnischen Militär eingezogenen alle wieder da. Jedoch waren bei dem Treck der Leute nach dem Osten einige unserer Pferde verlorengegangen. So beschließe ich, zur Durchführung der Herbstbestellung Pferde zu kaufen. Ich fahre deshalb nach Wollstein zu dem Kommandanten Major Sch. Dieser bittet mich, mit unseren Gespannen Stroh für das Militär zu fahren, und verspricht mir, beim Kauf von Pferden im Bezirk behilflich zu sein.

Und wirklich gelingt es, bei polnischen Bauern zwei kleine Schimmel, eine Art Panjepferde, aufzutreiben, für die ich den geforderten und angemessenen Betrag in Zloty bezahle. So waren unsere Gespanne zur Herbstbestellung wieder vollzählig.

Inzwischen ist die Militärverwaltung durch eine Zivilverwaltung von NSDAP und SD abgelöst worden, und ein ständig betrunkenes Subjekt wird zum Landrat ernannt.

Am 15. September kommt jener SD-Nachbar A., der bei der Molkereiaffäre schon die üble Rolle gespielt hatte, überraschend nach Lehfelde und erklärt mir, daß mein Mann nicht mehr aus dem Krieg wiederkomme und er nun die Bewirtschaftung des Gutes übernehmen werde. Er war kein Landwirt, hatte lediglich eine Banklehre gemacht. Ich weigere mich, da ich mich durchaus imstande fühle, selbst zu wirtschaften, und weise darauf hin, daß unser alter Inspektor Kleß auch wieder zurückgekehrt ist und mir hilft. Daraufhin zieht er mit einem ihn begleitenden Offizier wieder ab, der für seine extrem nationalsozialistische Gesinnung bekannt war. Als im OKH bekannt wurde, daß dieser Offizier Nachbar A. bei dem Besuch bei mir begleitet hatte, wurde er sofort versetzt, und man entschuldigte sich bei mir.

Mir ist aber sofort klar, in welcher Gefahr ich mich befinde, und ich alarmiere einen Freund von Dietz, einen Gutsbesitzer, Herrn Wilhelm Forstmann aus Porthof, der mir am nächsten Tag mit einem von dem Wollsteiner Batallion geschickten Militärkrad und mit einem Rechtsanwalt als Fahrer zu Hilfe kommt.

Inzwischen überstürzen sich die Ereignisse. Die Provinz Posen wird Deutschland eingegliedert, Ostpolen kommt zu Rußland. Es wird ein Generalgouvernement mit Krakau als Hauptstadt geschaffen. Am 19. September zieht Hitler umjubelt in Danzig ein.

Ich erkenne sofort, daß A. auf alle erdenkliche Weise versuchen will, sich mit unserem vorbildlich gehaltenen landwirtschaftlichen Betrieb, benachbart dem seiner Frau, zu arrondieren. Dietz ist weiterhin verschollen. Die Heimat, das Erbe der Kinder, nunmehr in fünfter Generation im Osten, in Gefahr. Meine Angst wächst.

Als Herr Forstmann bei mir war, hatte ich erstmalig innerhalb unseres Freundeskreises über meine Begegnung mit Hitler gesprochen, und es wurde beschlossen, daß ich einen Brief an Hitler schreiben sollte, worin ich auf meinen Besuch bei ihm nach der Taufe der *Nürnberg* hinwies und die Enteignungsabsicht des Nachbarn A. erwähnte.

Ein Militärauto bringt mich mit einem Militärausweis über die ehemalige deutsch-polnische Grenze nach Unruhstadt, wo ich den Brief aufgebe. Bei uns wurde jede Post kontrolliert und der Brief, an die Reichskanzlei des Führers adressiert, wäre nie angekommen.

Am 27. September kapituliert Warschau. Der Krieg ist zu Ende. Polen ist besetzt und besiegt.

Am 27. September 1939 ist Dietz wieder da! Welch ein Glück! Wortlos fallen wir uns in die Arme. Die Kinder sagen ganz verwundert, als sei das alles selbstverständlich, strahlend: »Unser Papi ist wieder da«. Dietz war zunächst in seine Garnison nach Gnesen (Gniezno) einberufen worden und wurde dort bei Kriegsausbruch zum Glück nicht an der Front, sondern als Verpflegungsoffizier beim Train eingesetzt. Sein Regiment war in Richtung Warschau zur Verteidigung der Stadt gezogen und ständig von deutschen Fliegern angegriffen worden und hatte große Verluste gehabt. Die Eintragung der Nationalität Deutscher in seinem Militärpaß war ihm fast zum Verhängnis geworden. Eine Militärstreife hatte ihn erschießen wollen, was auch geschehen wäre, hätte nicht ein Mann aus seinem Zug für ihn gutgesagt.

Inzwischen war die polnische Front vor Warschau zusammengebrochen, Pferd, Wagen und Proviant waren verloren, und er kam in Kontakt mit den deutschen Truppen. Da gelang es ihm, sich mit diesem polnischen Kameraden nachts zu den deutschen Linien durchzuschlagen. Nun versuchte Dietz, bei den Deutschen den polnischen Kameraden zu schützen. Nach kurzem Verhör und aufgrund der Eintragungen im polnischen Militärpaß, es waren alle Wehrpflichtigen der deutschen Volksgruppe eingezogen, wurde er sofort freigelassen und noch einige Tage als Dolmetscher beschäftigt. Dann endlich bekam er die ersehnten Entlassungspapiere vom deutschen Militär und wurde in einem deutschen Militärauto bei uns abgesetzt. Dietz war sehr glücklich, daß der Betrieb so gut lief, und daß wir keine Kriegsverluste gehabt hatten, und alle Leute, Deutsche wie Polen, waren froh, daß er gesund aus dem Krieg zurückgekommen war. Was Nachbar A. beabsichtigte, mit dem wir bis Ausbruch des Krieges »lose« verkehrt hatten, war für Dietz schwer zu verstehen. Wir fuhren gleich am nächsten Tag, wiederum mit Militärausweisen, zu unserem Nachbarn Richter auf deutscher Seite, der, wie schon erwähnt, als Reserveoffizier als erster bei uns einmarschiert war. Als er hörte, was Nachbar A. plante, brachte er uns mit dem Landrat des Kreises Züllichau zusammen. Dort erfuhren wir, daß willkürliche Bereicherungen, Racheakte und viele Grausamkeiten unter dem Deckmantel der nationalsozialisti-chen Ideen bereits erfolgt waren. Wir hielten dies jedoch nur für eine kurze Zwischenepisode.

Am 29. September meldtete sich Dietz in Siedlic bei der Gendarmerie zurück und nahm am Nachmittag als Deutschtumsführer des Kreises Wollstein an der Beerdigung des von den Polen in den letzten Tagen vor Einmarsch der Deutschen ermordeten Herrn Hoepner teil.

Am Sonnabend, dem 30. September, erschienen nachmittags bei uns zwei Zivilbeamte, die uns ohne nähere Angaben aufforderten, im Auto mit nach Wollstein zu kommen. Zu unserem großen Erstaunen hielten sie zunächst bei der ehemaligen Mühle, in der die leitenden Polen, wie die Geistlichen und Ärzte, eingesperrt waren, und erklärten Dietz für verhaftet. Dann brachten sie mich in das Stadtgefängnis von Wollstein in eine Einzelzelle, und ohne mir vorher die Möglichkeit gegeben zu haben, einige Sachen mitzunehmen, erklärten sie, daß sie auch für mich einen Haftbefehl hätten. Gründe gaben sie nicht an.

Ich sah mich in meiner Zelle um, in der sich lediglich eine Holzpritsche mit einem schmutzigen Strohsack, ein Stuhl und ein Eimer für meine Bedürfnisse befanden.

Am nächsten Tag war Sonntag und Erntedankfest 1939, das erste Erntedankfest, seit wir wieder deutsch waren. Statt in die Kirche zu fahren, wie sonst üblich, befanden wir uns beide im Gefängnis, verhaftet von den Deutschen. Natürlich hatte ich keine Ahnung, warum, und fragte mich nur: WIE KONNTE DAS GESCHEHEN? Als Tochter meines auch von den Nazis so hoch geachteten Vaters, als Frau eines durch Generationen eingesessenen Deutschen, der fast in allen deutschen Organisationen eine führende Position hatte, saß ich ohne Angabe von Gründen im Stadtgefängnis!

In der Zelle war es kalt, und ich hatte weder ein Laken noch Kopfkissen, nur eine schmutzige, aus verschiedenen Fetzen bestehende dünne Decke. Da ich bereits am nächsten Tag Fieber hatte, holte der Gefängniswärter einen Arzt. Der Wärter, der ein Verwandter von einem unserer Arbeiter war, wußte gar nicht, was er mit mir anfangen sollte.

Der Arzt Dr. Popke veranlaßte sofort, daß mir Decke, Kopfkissen, Handtuch aus Lehfelde gebracht wurden, und beantragte auf meine Bitte einen Rechtsbeistand.

Zu essen bekam ich trockenes Brot, Zichorienkaffee und eine dünne Suppe. Da ich keinen Tisch hatte, mußte ich zum Essen auf der Pritsche sitzen. Zum Waschen führte mich der verdutzte Wärter abends, wenn das Gefängnis abgeschlossen war und es niemand sah, hinaus an einen Wasserhahn. Außerdem zeigte er mir die Blumen, die die Offiziere der Garnison und Freunde für mich abgaben. Es hatte sich herumgesprochen, daß wir verhaftet waren. Am 1. Oktober kapitulierten in Hela die letzten polnischen Truppen. Das erzählte mir der Wärter. Ich lag erstarrt auf meiner schmutzigen Pritsche und sah ein Stückchen von dem blauen Oktoberhimmel durch die Gitterstäbe. Ein böser Traum? Ein Vorgeschmack von dem, was in den nächsten Jahren über Deutschland und die von ihm besetzten Gebiete kommen sollte?

Am 3. Oktober hörte ich auf dem Flur die Stimme von Dietz, der verhört wurde, ohne ihn sehen oder sprechen zu können. Dietz war in der Mühle mit vielen Polen in einem großen Raum untergebracht, wo er eine siebzig Zentimeter schmale

Pritsche mit unserem polnischen Kaplan teilte. So konnte immer nur einer schlafen.

Bei den Verhören war er von dem von den Nazis eingesetzten »Landrat« mit vorgehaltener Pistole bedroht worden. Der gleiche »Landrat« kam nachts betrunken in mein Gefängnis und schlug und marterte die Gefangenen. Ich hörte sie schreien. Er soll dann bis zum Morgen betrunken in der Gosse der Straße gelegen haben. Daß er bald darauf seines Amtes enthoben wurde, entschuldigt dies nicht.

Am Nachmittag kamen zwei Kriminalbeamte in Zivil, die mich von 16.30 bis 20.30 Uhr – also vier volle Stunden – verhörten.

Bereits nach einer Stunde Verhör ging einer der Beamten und kaufte von seinem Geld Zigaretten und Kuchen für mich. Ich hatte den Eindruck, sie waren ebenso sprachlos wie ich über das, was hier passiert war.

Endlich erfuhr ich nun durch das Verhör, warum ich verhaftet war und was man mir vorwarf. Zunächst ging es um die Molkereiaffäre, bei der wir uns an der völlig nutzlosen Provokation durch Weggießen der Milch nicht beteiligt hatten. Dann warf man mir vor, die beiden Panjepferde von den Polen gekauft und diese bezahlt zu haben. Polen durfte man kein Geld geben, sie waren »enteignet«. Ferner hatte ich auf Einladung von Oberbürgermeister Liebel in Nürnberg das Parteifeld besichtigt, obgleich mein Mann einen nichtarischen Großelternteil hatte. Ich konnte also ein deutsches Kriegsschiff taufen und einen Nachmittag bei Hitler verbringen, aber nicht die Parteibauten betreten!

Die unsinnigste Anschuldigung war, daß wir Beziehungen zum Prinzen Bernhard der Niederlande unterhielten. Ich hatte ihn nie gesehen. Da das Gut Woynowo im Besitz der Mutter des Prinzen Bernhard Lippe-Biesterfeld etwa dreißig Kilometer von Lehfelde entfernt auf deutscher Seite lag, hatten meine Schwiegereltern und Lippes sich zu deutschen Zeit auf Jagden gesehen, und mein Schwiegervater, der während des Ersten Weltkrieges stellvertretender Landrat war, hatte die Prinzessin öfters beraten. So hatten wir manchmal von Lippes gesprochen. Außerdem war Prinz Bernhard, ebenso wie mein Mann, im Internat des Arndt-Gymnasiums in Berlin-Dahlem gewesen, aber zu anderen Zeiten. Mein Mann war Jahrgang 1903, Prinz Bernhard Lippe 1911. Nachdem Prinz Bernhard nach den Niederlanden geheiratet hatte, brach der Kontakt ab.

Dafür hatte ich also unter so entwürdigenden Verhältnissen, untergebracht und verpflegt wie ein polnischer Verbrecher, vier Tage im Gefängnis gesessen!

Die Beamten bedauerten sehr, daß ich nochmals in der Zelle schlafen müsse, da sie die nötige Unterschrift zur Entlassung am selben Abend nicht mehr bekommen könnten.

Am nächsten Tag, dem 4. Oktober, kamen sie mittags wieder und luden mich und meine aus Lehfelde mir gebrachten Habseligkeiten in ihr Auto und fuhren mich nach Lehfelde, wo sie mit mir Kaffee tranken. Wir vermieden beiderseits, über die Dinge zu sprechen. Ich erfuhr durch sie, daß sie nun alles tun würden, damit auch Dietz aus der Haft entlassen würde.

Welch ein Glück, die Kinder wieder um mich zu haben! Unsere deutschen Leute waren völlig verstört. Keiner hatte gewußt, was zu veranlassen war. Kurz, es war höchste Zeit, daß ich zurückkam.

Am nächsten Tag kommt unser Freund Richter aus Karge, der von unserer Verhaftung gehört hat, um die Lage zu besprechen und mich nach Karge mitzunehmen.

Kurz vor Abfahrt nach Karge mit Militärausweis, es war wie zur polnischen Zeit, eine Kontrolle an der alten Grenze, hatte mir ein Bote einen Brief vom Chef der Präsidialkanzlei, Meißner, gebracht, in dem der Eingang meines Briefes an Hitler und dessen Weiterleitung bestätigt wurde. Wir beschließen, daß ich sofort zu Großadmiral Raeder nach Berlin fahren soll. Am 6. Oktober fahre ich über Karge, wo Richters mir deutsches Geld borgen – bei uns galt immer noch das polnische – nach Züllichau und von da aus mit dem Zug nach Berlin.

Ich komme gegen Abend in Berlin an und gehe sofort in das Privathaus von Großadmiral Raeder, der mir persönlich öffnet und mich hereinbittet. Er hört sich unsere auch für ihn unfaßbaren Erlebnisse an und sagt mir, daß er auf Hitler in solchen Dingen keinen Einfluß habe! Der einzige Mann, der helfen könne, sei Admiral Canaris, der Chef der Abwehr. Dieser war, wie schon berichtet, 1914 mit meinem Vater zusammen im Auslandsgeschwader des Grafen Spee gewesen.

Kapitän zur See Bürkner holt mich im Auftrag von Großadmiral Raeder in einem Wehrmachtsauto ab, und abends um 20.30 lande ich in den Diensträumen der Abwehr.

Bürkner vernimmt mich kurz, sagt mir zu, daß er morgen früh Canaris Bericht erstatten werde, und verspricht, sich sofort um die Freilassung von Dietz zu kümmern. Er bringt mich ins Eden Hotel am Zoo, wo wir immer wohnten, und da ich nicht genügend Geld bei mir habe, sagt er für mich gut.

An diesem Abend hielt Hitler seine Rede, in der er den totalen Sieg über den »lächerlichen lebensunfähigen polnischen Staat« verkündete.

Am 7. Oktober empfing mich auf der Abwehrstelle am Tirpitzufer Oberst Hans Oster, die rechte Hand von Admiral Canaris. Dieser mir sofort sehr sympathische, rassige, schlanke

Offizier fragte mich genau aus. Er betrachtete es als das Wichtigste, Dietz vor weiteren Gefahren zu schützen.

Ich bleibe die folgenden Tage im Hotel Eden. Oberst Oster telefoniert täglich mit mir und beruhigt mich über die Lage von Dietz, der nun auch entlassen werden soll. Ich treffe mich mit meinen Freunden und Verwandten.

Am 11. Oktober kommt unser Freund Rämisch, um mir zu helfen, von Dresden nach Berlin, und bringt mich zu Professor Sajitz, der mich 1932 operiert hatte, einem Mediziner, der damals schon zum Widerstand gehörte und solche Fälle sammelt. Er schickt mich zu seinem Rechtsanwalt Schmidt, der von allen Unterlagen, die ich habe, Fotokopien macht und diese verwahrt. Vom 11. bis 14. Oktober gehe ich täglich zu Professor Sajitz, der sich rührend um mich kümmert.

Noch immer sitze ich in dem Luxushotel, fern von meinen Kindern, und Dietz im Gefängnis. Eine groteske Situation.

Am 14. Oktober werde ich in die Diensträume der Abwehr, Tirpitzufer 80, bestellt, wo ich durch den Reichsgerichtsrat Dr. Hans von Dohanyi, in Anwesenheit des für Posen zuständigen Abwehroffiziers Major Nehring, genau verhört werde zu allen Punkten, die ich bereits bei meiner Vernehmung durch die Kriminalbeamten erwähnte. Aus den näheren Fragen geht einwandfrei hervor, daß alles dies sinnlos zusammengetragene Denunziationen von Nachbar A. sind. Wir waren bei anderen Nachbarn öfters mit ihm zusammen eingeladen gewesen, und er hat lange vorher alles weitergemeldet, was ihm »verdächtig« erschien. So taucht unter anderm die Frage auf, ob auf dem polnischen Schiff, das wir auf unserer letzten Reise nach Frankreich benutzt hatten, auch jüdische Emigranten gewesen seien. Dies hatten wir damals erzählt, weil wir auf dem Schiff ohne Kontakt mit anderen waren, da die Leute

Angst gehabt hatten, daß wir Nazispitzel seien. An solchen Kleinigkeiten merkte ich, wer dies alles gegen uns zusammengestellt hatte.

Herr von Dohnanyi ist sehr sachlich und fragt mich genau aus. Auch die Frage des nichtarischen Großelternteils wird genau von ihm untersucht. Einer unserer Deutschtumsführer war in der gleichen Lage gewesen. Bei diesem hatte man es durchgesetzt, daß er zum »Ehrenarier« erklärt worden war. Er hatte seine Ämter weiterbehalten. Wahrscheinlich hat A. dies mit dem sofortigen Verhaften bei uns vermeiden wollen.

Die Verhandlungen zogen sich sechs Stunden hin. Alles wurde zu Protokoll genommen und mußte von mir unterschrieben werden. Die Tatsache unserer Inhaftierung und der beabsichtigten Enteignung hatte die militärischen Stellen sehr erschreckt und ihnen gezeigt, womit man noch rechnen müsse. Zu meiner großen Freude teilte Dohnanyi mir mit, daß es ihnen gelungen sei, Dietz freizubekommen. Er sei wieder in Lehfelde und bewirtschafte das Gut.

Hans v. Dohnanyi galt als brillanter Jurist. Er war in den ersten Nazijahren persönlicher Referent des Justizministers Dr. Franz Gürtner gewesen, was uns später noch sehr nützlich sein sollte. In dieser Zeit hatte er bereits eine Chronik der Naziverbrechen zusammengestellt. Dann wurde er an das Reichsgericht Leipzig berufen. Dort war er der jüngste Reichsgerichtsrat. Sein Vater war der bekannte ungarische Komponist und Pianist Ernst v. Dohnanyi. Die musikalische Begabung hat sich auf seinen Enkel Christoph, den heutigen Dirigenten, übertragen. Verheiratet war er mit Christine, einer Tochter des bekannten Professors der Psychiatrie und Direktors der Charité Berlin, Karl Bonhoeffer. Eine großartige Frau! Unglaublich, was diese Frau seelisch und körperlich durchgestanden hat. Ihre beiden Brüder, der Theologe Dietrich und der Syndikus der Lufthansa Klaus, sind später auch verhaftet und hingerichtet worden. Die gleiche Moral und Charakterfestigkeit, die wir in den Schriften von Dietrich Bonhoeffer bewundern und nachlesen können, strahlte von der ganzen Familie aus. Es waren Menschen, die mich stark beeindruckt und geprägt haben. Hans v. Dohnanyi war der klügste Mann, dem ich im Leben begegnet bin. Dabei wirkte er auf mich vorsichtig, eher verschlossen.

Vom 6. bis 16. Oktober, zehn volle Tage, war ich nun in Berlin im Hotel Eden gewesen mit der großen Angst um den im Gefängnis sitzenden Dietz und der Sehnsucht nach den Kindern. Damit mir nichts passierte, ließ Admiral Canaris mich im Abwehrauto von Major Nehring nach Lehfelde zurückbringen. Am 16. Oktober waren wir vier nun endlich wieder vereint! Welch ein Glück nach diesen Wochen!

An den folgenden Tagen kommen die verschiedenen Abwehroffiziere aus Posen zu uns, und die in Wollstein stationierten Wehrmachtsoffiziere bekommen den Befehl, sich um uns zu kümmern. Der so lange vorher vom SD geschulte Nachbar A. tat weiterhin alles, um in den Besitz unseres Gutes beziehungsweise zu dessen Verwaltung zu kommen.

So erfährt am 2. November 1939 der in Wollstein stationierte Hauptmann Keck, Reserveoffizier und Oberforstmeister von Beruf, als er eine Waldjagd bei uns beantragt, daß die Beschlagnahme des Gutes beschlossen sei und wir mit den Kindern ins Generalgouvernement deportiert werden sollten. Hauptmann Keck verständigt sofort die Abwehr in Berlin. Admiral Canaris ordnet an, daß uns von den in Wollstein liegenden Truppen eine Wache ins Haus gelegt wird, bestehend aus einem Offizier, einem Unteroffizier und sechs Mann. Diese sollten uns gegebenenfalls mit Gewalt gegen die Übergriffe des SD verteidigen.

Ab 2. November zieht also eine Wache von zwei Mann mit Gewehr vor unserem Haus auf, die sich ständig abwechselt. Wir dürfen nur von einem Offizier begleitet auf unserem Besitz reiten oder fahren.

Auch die anderen Offiziere aus Wollstein kommen fast täglich zu uns. Bei uns geht ein normaler Tageslauf vor sich. Dietz bewirtschaftet das Gut, wir verfügen über unsere Bankkonten. Aber wir fahren und reiten ständig von Offizieren begleitet. Abends spielen wir meist Skat, um uns abzulenken. Wäre es ein Theaterstück, man könnte es für eine Posse halten!

Leider war es bitterer Ernst. Inzwischen war ein deutscher Gutsbesitzer, Herr v. Gierke in Polanowice, auch aufgrund von Denunziationen von einem betrunkenen »Hoheitsträger« erschossen worden. Mein Urgroßvater* hatte das Gut an Gierkes verkauft, und da die Gräber meiner Ahnen sich im Park befanden, hatte ich weiter Kontakt zu Gierkes gehabt. Am 16. November kommt Major Nehring nach Lehfelde, um mir mitzuteilen, daß ich am nächsten Tag mit einem Abwehrauto nach Berlin zu einer Unterredung bei Admiral Canaris gebracht werden soll.

Am 18. November, ein unvergeßliches Erlebnis, werde ich erstmals von Admiral Canaris in seinem Zimmer in der Abwehrstelle Tirpitzufer empfangen.

Bei diesen Besprechungen meldete man sich zunächst unten beim Pförtner an, der telefonisch feststellte, ob man erwartet

---

* Karl Ferdinand Friedrich v. Pelet-Narbonne, 1812–1885, Besitzer von Polanowice Kreis Hohensalza

würde. Ein altmodischer Aufzug brachte einen in den zweiten Stock, wo man von einer Sekretärin, meistens waren es Offizierstöchter, in Empfang genommen wurde. Die Räume waren spartanisch einfach eingerichtet.

Außer Schreibtischen, Stahlschränken und Tresoren waren nur die unbequemsten Stühle darin. In dem Zimmer von Oster hing als einziges Bild eine Fotografie des an der Front in den Tod gegangenen Generalobersten Freiherrn von Fritsch. Das Zimmer von Admiral Canaris war etwas größer als die Durchgangszimmer von Dohnanyi und Oster und hatte zwei Sessel und ein Sofa. Canaris setzte sich immer in den Hintergrund und führte den Gast auf den gut beleuchteten Stuhl, so daß er alle seine Gemütserregungen beobachten konnte. In seinem Zimmer waren meist ein oder zwei seiner Dackel.

Auf seinem Schreibtisch stand eine kleine Skulptur aus Stein mit drei Affen, die sich Ohren, Augen und Mund zuhielten. Ein Symbol für »Nichts hören, nichts sehen, nicht reden«.

Ich hatte für Canaris eine Abschrift meines Briefes an Hitler, den Meißner mir bestätigt hatte, mitgebracht, und er fragte mich genau nach meiner damaligen Unterredung mit Hitler aus. Wir erwogen im Beisein von Dohnanyi und Oster, eventuell Streicher als Fürsprecher für eine weitere Unterredung bei Hitler einzuschalten. Wir verwarfen diesen Plan dann wieder, denn bei negativem Ausgang wären alle weiteren Wege verbaut gewesen. Canaris schlug vor, daß er auf der Tatsache aufbauen wolle, daß er ein Kriegskamerad meines Vaters sei, daß ich die *Nürnberg* getauft habe und er sich daher für mich so einsetzte. Da aber der SD der Gegenspieler war und er auch auf dem Gebiet der Abwehr mit Heydrich, dem Chef des SD, zusammenarbeite, wolle er die Sache mit diesem besprechen. Dazu gehöre, daß er meinen Mann zunächst gar nicht erwähne, sondern versuche, dies auf meinen Schultern auszutragen, und ich dann immer die weiteren Verhandlungen führe. Das sollte ich mit meinem Mann abstimmen. Heydrich, Canaris und Oster waren alle drei passionierte Reiter und trafen sich oft bei den täglichen morgendlichen Ritten. Dabei wurde versucht, derartige für das Ganze unbedeutende Dinge zu bereinigen. Heydrich war früher Marineoffizier gewesen und auf dem gleichen Schiff wie Canaris. Heydrich und Frau Canaris hatten zusammen musiziert. So bestanden Beziehungen, wenngleich sie in ihren politischen Auffassungen weit voneinander entfernt waren.

In unserer Angelegenheit lag der Fehler – man hatte eine Denunziation nicht überprüft – auf seiten des SD. Canaris hatte durch seinen mutigen Einsatz eine zweite Verhaftung oder Deportation von uns verhindert. Aber mit dem Stellen einer Schutzwache und dem Befehl, gegebenenfalls uns mit der Waffe gegenüber dem SD zu verteidigen, überschritt er seine Machtbefugnisse. So waren wir nun zu einem Streitobjekt zwischen SD und Abwehr geworden.

Am nächsten Morgen hinterlasse ich wieder bei Prof. Sajitz die mitgenommenen Unterlagen. Anschließend habe ich nochmals eine Besprechung bei Oberst Oster. Dann bringt mich ein Militärauto nach Posen, wo ich im Hotel Continental wohne und eine Unterredung mit Major Nehring habe. Ich habe mir nie Aufzeichnungen über die einzelnen Gespräche gemacht, da es mir klar war, wie gefährlich das für die Menschen und Dienststellen sein konnte, die mir und so vielen anderen halfen.

Ich hatte die größte Hochachtung vor diesen Menschen, die ihr Leben und das ihrer Familien riskierten, um das größte Unheil abzuwenden und die Ehre Deutschlands wiederherzustellen. Ich habe nie wieder einen Kreis christlich wie moralisch so wertvoller Menschen getroffen mit so viel Zivilcourage, an der es den Deutschen so oft fehlt. Das gleiche gilt für ihre Ehefrauen, die nicht nur die Gefährdung ihrer Männer in Kauf nahmen, sondern, wie sich bald herausstellen sollte, auch ihrer selbst, und was wohl das schwerste für eine Frau ist, die ihrer Kinder. Sie haben alle in ihren Abschiedsbriefen aus der Haft bekundet, welchen Rückhalt ihnen der christliche Glaube in den Gewissensnöten des Widerstandes und bei der Annahme ihrer Schicksale gegeben hat.

Wir übersahen die Lage damals noch nicht. Wir wußten weder von geplanten Attentaten auf Hitler, noch von den Judenvergasungen, wir kannten nicht die Vorgänge in den Konzentrationslagern. Aber wir sahen das Unrecht um uns herum, das an den Polen begangen wurde, und oft gerade an denen, die sich besonders hilfsbereit und loyal zu den Deutschen verhalten hatten. Wir schämten uns, wir wollten helfen und konnten, um unsere Lage und die der Menschen, die uns halfen, nicht noch mehr zu komplizieren, nichts tun.

Ein besonders schreckliches Erlebnis aus diesen Tagen, als wir von einem Offizier begleitet ritten, ist mir im Gedächtnis. Auf dem Wege zu unserem Vorwerk Nelke zu Pferde begegnete uns ein Panjewagen, auf dem unser polnischer Gutsnachbar aus Obra Wybranowscy saß, der zur Deportation oder Erschießung von SD-Leuten fortgebracht wurde. Wir grüßten uns, und ich erstarrte innerlich vor Scham. Er konnte nicht wissen, daß es uns fast auch so ergangen war!

Unsere andere polnische Nachbarin, Gräfin Irena Mycielska in Komorowo, wurde mitten im Winter mit ihrer geistig behinderten Tochter aus ihrem Schloß geholt und einige Tage in ihren kalten Schweinestall gesperrt, ehe sie, wie damals üblich, in Viehwaggons mit zwanzig Kilogramm Gepäck ins Generalgouvernement transportiert wurde.

Ich war so stolz darauf gewesen, Deutsche zu sein, nie so bewußt deutsch gewesen wie in den vergangenen polnischen Jahren. Jetzt war das Gegenteil der Fall, ich schämte mich, Deutsche zu sein.

Mein kleiner Kalender meldet widersprüchliche Dinge von diesem ersten Kriegswinter. Äußerlich ging es bei uns noch wie im Frieden zu. Keine Luftangriffe. Wir hatten ausreichend, fast friedensmäßig zu essen. Wir bekamen Besuch aus dem Reich. Wir feierten gemütliche Adventsabende mit den Offizieren und unserem Besuch. Ein besonders schönes Fohlen wurde von meiner geliebten Araberstute Fasana geboren. Weihnachten fuhren wir im Schlitten zur Kirche, schmückten anschließend die Urnen und Gräber in der Familienkapelle. Bescherung gab es wie immer für die im Haus beschäftigten Leute, Deutsche und Polen. Diese aßen zusammen an einem runden Tisch und bekamen die gleichen Zuteilungen, obgleich dies offiziell verboten war. Polen und Deutsche hatten verschiedene Kleider- und Lebensmittelkarten und durften nicht gemeinsam feiern.

Silvester stellten wir Schlitten für alle im Haus wohnenden Soldaten und unsere deutschen Hausangestellten zur Verfügung. Es waren polnische Kutscher, die sie fuhren.

Äußerlich war unsere kleine Welt noch in Ordnung. Aber in Wirklichkeit wußten wir nicht, was der nächste Tag uns bringen konnte. Noch immer hatten wir keinen Ausweis als Deutsche und hätten ohne den Abwehrausweis, von Canaris unterschrieben, nicht ins »Altreich« fahren können. Dieser hatte uns einen Ausweis gegeben, auf dem stand:

Nach den friedlichen Weihnachts- und Neujahrstagen bekomme ich die Nachricht von Major Nehring, daß ich zu einer Besprechung am 10. Januar bei Admiral Canaris in Berlin sein soll. Wieder sind bei der Besprechung Oster und Dohnanyi dabei. Noch immer liegt die Wache bei uns im Haus, noch immer sind wir nicht sicher vor Enteignung und Verschleppung. Wieder werden die verschiedenen Möglichkeiten für eine Lösung besprochen und ich zu äußerstem Stillschweigen ermahnt.

Abends bin ich bei Major Nehring im Haus eingeladen, dann kehre ich nach Lehfelde zurück. Telefongespräche mit der Abwehr kann ich immer nur von Posen vom Oberkommando auf einer direkten Abwehrleitung führen, nie von Lehfelde aus. All dies erschwert unser Leben sehr, und die Sinnlosigkeit der Situation liegt täglich schwer auf uns.

Am 30. Januar 1940 fahre ich wieder auf Veranlassung der Abwehr nach Berlin. »Lange kalte Reise«, vermerkt mein Taschenkalender. Ich komme, wahrscheinlich waren es die Kriegsverhältnisse, erst um Mitternacht dort an und wohne im Eden Hotel.

Am 2. Februar teilt Dohnanyi in einer zweistündigen Besprechnung mir mit, daß es Canaris gelungen ist, von Heydrich die Zusage zu bekommen, daß wir nicht deportiert werden und infolgedessen die Wache abgezogen werden kann. Vom 2. November 1939 bis zum 3. Februar 1940, also drei volle Monate, hatte die Wehrmacht uns eine Schutzwache ins Haus gelegt. Und das mitten im Krieg!

Waldemar Kraft, einer unserer Deutschtumsführer, der spätere Bundesminister, äußerte: »Wenn wir die Arbeitsstunden und Unkosten zusammenzählen, die wir sinnlos in den Fall Lehfeldt gesteckt haben mit allen ihren Folgen, hätten wir dafür einen ganzen Flugplatz bauen können!«

Ich kehre nach Lehfelde zurück. Die Wache wird abgezogen. Die Tage nehmen ihren normalen Verlauf. Wolfgang wird in Wollstein eingeschult. Unser deutscher Förster Reich wurde inzwischen zum Militär eingezogen und fällt später im Rußlandfeldzug. Ein polnischer Förster, der ihn ersetzt, darf kein Gewehr führen. Unsere 8000 Morgen große Jagd ist ohne Betreuung und jemanden, der ein Gewehr führen darf. Noch haben weder Dietz noch ich einen Jagdschein, da wir beide keinen Deutschtumsausweis haben, der die Grundlage zur Führung der Waffe ist. Nur die Offiziere schießen ab und an Wild für uns.

Am 10. April geben wir die Fragebogen für unsere Volkstumsanträge ab. Diese Volkslistenbescheinigungen, die man auf Antrag bekommt, sind in vier Klassen eingeteilt. Volkstumsausweis A bedeutet, daß man voll anerkannter Deutscher ist, Besitz haben kann im Warthegau, wie die Provinz Posen jetzt genannt wird. Ferner ist dieser Ausweis nötig, um einen Jagdschein zu haben und jederzeit ohne Sondergenehmigung ins »Altreich«, also in das frühere Deutschland, fahren zu können. Dann gibt es den Ausweis B. Damit wird die deutsche Volkstumszugehörigkeit zuerkannt, aber keine Berechtigung erteilt, Besitz im Warthegau zu erwerben oder eine Waffe zu führen, womit auch die Möglichkeit entfällt, einen Jagdschein zu bekommen. Die Ausweise C und D waren geschaffen, um deutschfreundliche Polen, die einen deutschen Eltern- oder Großelternteil hatten und sich für Deutschland entscheiden wollten, mit besseren Lebensmittelmarken und kleinen Vergünstigungen zu versorgen. Diese Polen konnten auch zum deutschen Militär oder dessen Hilfsorganisationen eingezogen werden. Es wurde in den späteren Kriegsjahren nach den großen Menschenverlusten, die wir hatten, ein Druck auf die Polen ausgeübt, daß sie sich um die Ausweise C oder D bemühten*. Natürlich stießen die deutschen Behörden, nachdem sie die Halbpolen vorher enteignet und schikaniert hatten, auf wenig Gegenliebe bei diesen.

Nachdem wir nun unsere Anträge für die Volkstumsausweise A abgegeben haben, fahren Dietz und ich nach weiterer Rücksprache mit der Abwehr und dem OKH in Posen nach Berlin, und ich werde im Luftfahrtministerium bei Bodenschatz, dem Adjutanten von Göring, vorstellig, da Göring gleichzeitig Reichsjägermeister ist. Nähere Notizen mache ich mir aus Vorsicht nicht.

Das Weltgeschehen nimmt inzwischen seinen Lauf. Am

---

* Ausweis D besonders für Oberschlesien.

9. April werden Norwegen und Dänemark besetzt, am 10. Mai erleben wir im Radio den Einmarsch der Deutschen in Belgien, Holland und Luxemburg. Also doch Zweifrontenkrieg und Überfall auf neutrale kleine Staaten, mit denen wir nicht im Krieg stehen! Das alles bedrückt uns unendlich. Der Siegesjubel erfaßt dank der guten Propaganda von Goebbels neunzig Prozent des deutschen Volkes und nimmt den Gegnern dieses Unrechts die Möglichkeit, zu handeln.

Am 2. Juni 1940 kommt Oberst Oster mit Major Dr. Kreßner und Hauptmann Busch von Berlin zu uns im Auto, um sich vom Stand der Dinge zu überzeugen und Dietz kennenzulernen. Wir besprechen die Lage. Obwohl äußerlich alles normal verläuft, haben wir nichts in der Hand und sind rechtmäßig nicht berechtigt, unseren Besitz zu verwalten und über unsere Konten zu verfügen. Wir beschließen, wegen des uns fehlenden Jagdscheins die Angelegenheit über Göring neu aufzurollen. Diesem Plan steht entgegen, daß Nachbar A. inzwischen Kreisjägermeister geworden ist und alle Hebel in Bewegung setzt, um die Ausgabe eines Jagdscheines an uns zu verhindern, die gleichzeitig bedeuten würde, daß er nicht unseren Besitz übertragen oder zumindest zur Verwaltung bekommen kann. Oberst Oster besichtigt unseren Betrieb, wir gehen auch durch Park und Gemüsegarten. Vor allem interessiert sich dieser qualifizierte und passionierte Pferdemann für unsere Pferdezucht. So gehen wir auch durch die Ställe und auf die Koppeln und beurteilen gemeinsam die Nachzucht. Ich will ihm für seine Frau Geflügel mitgeben. Dies lehnt er ab und bittet statt dessen um einen Sommerstrauß. Heute noch sehe ich die Szene vor mir, wie ich ihm in unseren Staudenbeeten einen schönen großen Strauß zusammenstelle. Oft habe ich später nach seiner Verhaftung an diesen Besuch gedacht. Als er vom Dienst suspendiert wurde, aber noch nicht verhaftet war, hat er uns eine Fotografie von sich geschickt auf einem großen Fuchs, seinem Reitpferd. Dies Foto habe ich jetzt in dem Buch des niederländischen Botschafters de Beus wiedergefunden: *L'invisible informateur*.* In diesem Brief schrieb Oster uns im ersten Teil, daß er hoffe, bald rehabilitiert zu werden. Im zweiten Teil meldete er sich sozusagen bei uns ab für dieses Leben. Dietz und ich sahen uns erschrocken an. »Das ist ein Abschiedsbrief«, sagten wir beide. Besonders gerührt war ich, daß er das Foto zu Pferde, unsere gemeinsame Passion, beilegte. An dieser Stelle möchte ich auf Oberst Hans Oster, geb. 1887 als Sohn eines Pfarrers, zuletzt Generalmajor bei der Abwehr und Chef der Abteilung Z (Organisation und Verwaltung), besonders eingehen.

Dieser gutaussehende, drahtige, sehr sportlich wirkende Mann war mir zunächst der Sympathischste, weil er aus seiner Empörung über unsere Verhaftung keinen Hehl machte. Er war auch der Liebenswürdigste aus dem Dreieck Canaris-Dohnanyi-Oster. Er war aber auch der Offenste, da er mir gegenüber Bemerkungen machte, wie sehr er das System des Nationalsozialismus verachte. Die große Fotografie des Generalobersten von Fritsch zeigte jedem Besucher seine Denkungsweise. Er war ein moralischer und christlicher Mann, der sicher schwere innere Kämpfe ausgetragen hatte, bis er sich zur Beihilfe zum Attentat und zum Verrat der Angriffe auf die neutralen Staaten entschlossen hatte. Oster glaubte, den Siegeszug der deutschen Armee und weiteres Unrecht und Überfälle auf neutrale Staaten verhindern zu müssen, weil Hitler damit nach außen hin immer mehr Ansehen gewann. Eine Basis für die Absetzung von Hitler und Beendigung dieses

* Paris 1980 (Oster-Biographie aus den Kriegsjahren 1939/40).

furchtbaren Krieges konnte nur geschaffen werden, wenn der erste trügerische militärische Erfolg gebremst wurde und auch die Armee Rückschläge erhielt. Daß die Gedanken richtig waren, spürten auch wir. Nach jedem militärischen Sieg hatten wir es schwerer, glaubten die kleinen Nazis uns noch mehr Schwierigkeiten machen zu können, weil das nationalsozialistische Gedankengut richtig sei und wir keine überzeugten Nazis. Oster entschuldigte sich, daß er mich nicht in sein Haus einladen könne wie die anderen Abwehroffiziere, weil das zu gefährlich für mich sei. Ich bezog das zunächst auf seine Aufgaben innerhalb der deutschen Spionage, stellte aber nachträglich fest, daß er in der Zeit, wo ich laufend von ihm beraten und empfangen wurde, bereits Kontakte zu ausländischen neutralen Diplomaten hatte, um die Überfälle auf Dänemark, Norwegen, Holland und Belgien zu verhindern. So sind mir viele seiner Äußerungen erst später nach Lesen der Literatur klargeworden und beim zeitlichen Vergleich mit meinem Kalender. Zum Glück hatte ich in den Kalendern immer nur die Tatsache und die Zeit der Besprechungen vermerkt, nicht den Inhalt. Es erschien mir als junger, unpolitischer Frau, die ich von Attentatsgedanken nichts wußte, zu gefährlich, mir inhaltlich nähere Aufzeichnungen zu machen. So kann ich der Nachwelt weniger von den sicher hochaktuellen und interessanten Gesprächen berichten. Ich bin aber sehr froh, daß ich niemanden belastet habe, sondern nur später bei der Entnazifizierung manchem helfen konnte.

Tatsächlich sind Canaris, Oster und Dohnanyi im April 1945 ohne Gerichtsverfahren aufgehängt worden, nachdem man in einem Panzerschrank in Maybach II bei Zossen Akten gefunden hatte, die dort versteckt waren und die Namen und Verhandlungen für die Verschwörung gegen Hitler enthielten.

Einen Teil der Papiere, so auch die über unseren Fall, hatte man in ein Forsthaus bei Lüneburg verlagert. Das erzählte uns in den fünfziger Jahren der Sohn von Oberst Oster, der beim Bundesverteidigungsministerium war. Diese sollen aber nicht mehr aufgefunden worden sein.

Am 4. Juni bekomme ich eine Ablehnung für meinen Jagdschein. Ich fahre nach Posen und nach Besprechung mit den dortigen Abwehroffizieren und Major Prinz Reuß, der auch in Zukunft für uns zuständig bleiben wird, fahre ich zum Gaujägermeister Bethke. Dieser war Polizeioberst aus Danzig und ein persönlicher Freund von Greiser. Er war ein vernünftiger, objektiver Mann, der von A. nicht viel hielt, schon weil dieser früher nie Jäger gewesen war und nun aufgrund seiner nationalsozialistischen Einstellung zum Kreisjägermeister ernannt wurde. Oberst Bethke hat uns in der folgenden Zeit ständig in der Jagdscheinangelegenheit geholfen und ist unser Freund geworden. Nach dem Zusammenbruch wurde er verhaftet und aufgrund seiner Stellung und Zugehörigkeit zur Partei jahrelang von den Russen eingesperrt. Wir haben dann alles versucht, um für ihn gutzusagen, und haben ihn nach seiner Freilassung bis zu seinem Tod in Kaiserslautern besucht.

Bethke wies uns zum Referenten für Volkstumsfragen beim Gauleiter Greiser, Dr. Coulon, und dem im Innenministerium zuständigen Dr. Frühsorge. Kurz, alle zuständigen Stellen wurden zunächst in Posen angesprochen.

Negativ für uns wirkte sich der Waffenstillstand mit Frankreich aus. Wieder verfiel Deutschland in einen Siegestaumel. Als ich in Posen keinen Erfolg hatte, fuhr ich Anfang Juli nach Berlin. Durch Vermittlung von Oberst Oster und Waldemar Kraft, der damals Leiter der Ostdeutschen Landbewirtschaftungsgesellschaft war, erreichte ich eine Unterredung bei

Oberstjägermeister Scherping. Dieser war ein sympathischer, ruhiger Herr, der mir seine Unterstützung sofort zusagte, zumal er von Oberst Bethke einen positiven Bericht bekommen hatte. Jedoch erklärte er mir, kaum Einfluß auf die politischen Dinge zu haben.

Dietz hält inzwischen in Posen ständig Kontakte zu unseren Deutschtumsführern wie Dr. Swart, Dr. Kohnert, W. Kraft und Dr. Sondermann.

Mitte Juli kam die Familie Horzetzky zu uns, und Herr Horzetzky trat die Stelle des Gutsinspektors an. Seine Tochter Brigitte wurde unsere Sekretärin. Horzetzkys blieben bei uns bis zur gemeinsamen Flucht 1945. Sie waren auch bei unseren Freunden Kuczkowski in Clementinenhof und sind uns heute noch freundschaftlich verbunden.

Der Juli 1940 brachte viel Besuch aus dem Reich. Es war, als ob die Unsicherheit unserer Existenz gar nicht bestünde. Schilling kam aus Bremen, die Schwester von Major Dr. Kreßner, die bekannte Bildhauerin aus Dresden mit Sohn Michael. Eine Landwirtschaftskommission, bestehend aus Herrn Harnack und Herrn Trede, quartierte sich bei uns ein. Herr v. Oertzen-Pempowo, Herr v. Sydow und Herr Goessing körten in Lehfelde die Stuten und wohnten bei uns. Ich führte das Fohlen Mohammed, von dessen Geburt als besonders schönes Fohlen ich schon berichtet hatte, an der Hand vor und hatte ihm beigebracht, auf die Aufforderung: »Sag mal Guten Morgen« mit dem Vorderhuf zu kratzen. Ein zehn Wochen altes und so an den Menschen gewohntes Fohlen erregte bei den Fachleuten Freude und Aufsehen. Es war wie im tiefsten Frieden!

Am 2. August hatte ich die erste Besprechung mit Oberregierungsrat Siegmund, dem ersten Adjutanten von Gauleiter

Greiser. Anschließend ging ich zur Berichterstattung zu Dr. Kreßner von der Abwehr. Dann besuchte ich Dr. Swart. Dieser hatte die geldlichen Zuwendungen, die die Deutschen zur polnischen Zeit aus dem Reich bekommen hatten verteilt und weitergeleitet und überhaupt eine sehr bedeutende Rolle innerhalb des Deutschtums gespielt. Dietz hatte viel mit ihm zusammengearbeitet, als er Vorsitzender der WELAGE des Kreises Wollstein war. Aber keiner wußte einen Rat und hatte genügend Einfluß, um diese verfahrene Angelegenheit zu einem Ende zu bringen, die, je länger sie dauerte, desto sinnloser erschien. Unsere ehemaligen Deutschtumsführer hatten bei den Nazibehörden wenig Einfluß. Man brauchte sie nicht mehr und versuchte sich ihrer zu entledigen. Sie waren den Nazis zu christlich und nicht rigoros genug gegen Polen und Juden eingestellt.

Am 30. August fuhr ich allein nach Berlin und wurde nachmittags von Herrn v. Dohnanyi empfangen, der mich noch am gleichen Abend bei Justizrat Dr. Rudolf Dix angemeldet hatte. Dieser war eine sehr imponierende Erscheinung, wie er da hinter seinem großen Schreibtisch saß, auf dem eine Sammlung von vielen Pfeifen stand. Er empfing mich freundlich, jedoch mit der Objektivität eines Juristen. Ich mußte mir, wie meist bei Juristen, seine Zuneigung erst erobern.

Am nächsten Tag ging ich zunächst wieder zu Dr. R. Dix und wurde dann mit ihm, Dohnanyi und Herrn Jenke bei Admiral Canaris empfangen. Das war das dritte mal, daß Canaris persönlich sich Zeit für unsere Angelegenheit nahm. Nun wurde besprochen, daß Dietz das Gut Lehfelde auf mich überschreiben sollte, um weiteren Schwierigkeiten aus dem Weg zu gehen. Schließlich hatte die Abwehr in einem Zweifrontenkrieg andere Aufgaben, als uns vor SD und SS zu schützen. Im Anschluß an diese Unterredung fuhr ich mit Justizrat Dr. Rudolf Dix in sein Büro, wo ich seinen Bruder, Rechtsanwalt Dr. Helmut Dix, kennenlernte, der Notar war und bei dem die Umschreibung gemacht werden sollte.

In beiden Nächten, in denen ich bei meiner Tante Wrochem wohnte, hatten wir Fliegeralarm und kamen kaum zum Schlafen.

Am folgenden Tag schrieb ich einen Antrag an Göring und schilderte ihm, daß ich als Tochter des gefallenen Kommandanten des Kreuzers *Nürnberg*, der in allen nationalsozialistischen Büchern als vorbildlich bezeichnet war, so auch im *Mythus des 20. Jahrhunderts* von Rosenberg, nun ein volles Jahr nach der Besetzung der Provinz Posen weder einen Volkstumsausweis, noch einen Jagdschein besäße. Den Antrag ließ ich mir am nächsten Tag im Büro Dr. Dix korrigieren und abschreiben.

Anschließend an meinen Besuch in Berlin wurde mir von Oberstjägermeister Scherping telefonisch übermittelt, daß der Jagdschein genehmigt sei. Ich fuhr nach Posen, um Bethke zu orientieren. Aber statt des Jagdscheins bekamen wir vom Landratsamt aus Wollstein die Ablehnung der Verlängerung unserer Jagdpacht, die wir seit Jahrzehnten hatten.

Damit ging ich wieder zu Bethke nach Posen, der mir bei einer Beschwerde an Scherping half, und fuhr zu einer Besprechung zum Landesforstmeister Nüßlein nach Berlin, telefonierte mit Oberst Oster und war abends bei Dr. Dix.

Auch Oberst Bethke teilte mir einige Tage später mit, daß der Jagdschein genehmigt sei, wieder wurde er mir durch das Landratsamt nicht ausgestellt. Inzwischen verschärfte sich der Krieg, und die Luftangriffe auf Berlin werden so stark, daß Frauen und Kinder aus Berlin evakuiert werden. Meine

Freundin Ruthilt Brandt-Mannesmann kommt mit drei Kindern und Mädchen Eli zu uns, und wir richten ihr unser Fremdenzimmer und eine Küche im oberen Stock ein.

Am 28. Oktober werde ich nochmals im Beisein von Oster und Dohnanyi von Admiral Canaris empfangen. Diese hatten nun auch den Adjutanten von Göring, Oberst Bodenschatz, eingeschaltet. Abends bin ich mit Dietz wieder bei Dr. Dix. So geht auch das Jahr 1940 zu Ende, ohne daß sich etwas an unserer Situation geändert hat. Unsere Nerven sind arg mitgenommen.

Der Krieg und die Luftalarme gehen weiter. Die Zeitungen melden den Tod vieler Freunde in Polen und durch Fliegerbomben. Offiziell fielen diese für »Führer und Reich«. Gleich nach Neujahr 1940/41 setzen schwere Schneestürme ein. Die Züge verkehren nicht mehr. Wir spannen die Pferde vor Schlitten, um zu unserem Vorwerk Nelke zu fahren. Eine Notiz in meinem kleinen Kalender meldet, daß wir Seife kochen aus den Kadavern eingegangener Tiere. War es schon so weit im Januar 1941?

Am 18. Januar 1941 werde ich telefonisch benachrichtigt, daß ich am 20. Januar beim Gauleiter Greiser in Posen sein möchte.

Dietz und ich fahren zusammen nach Posen und versuchen, uns bei Oberst Bethke, dem Freund Greisers, Rat zu holen. Bethke, der ein idealistischer Nationalsozialist war, erschien die Angelegenheit, dieser Kampf gegen uns, nur weil wir zum Streitobjekt der beiden Mächte Wehrmacht und Partei geworden waren, beschämend, und er versuchte uns immer wieder zu helfen.

Am Nachmittag begab ich mich dann zum Reichsstatthalter und Gauleiter Greiser.

Dieser empfing mich zur festgesetzten Zeit und eröffnete mir, daß man das Tauziehen um uns beenden wolle, da alle Beteiligten bei Ausweitung des Krieges andere Aufgaben hätten. Es werde uns nichts passieren. Wir könnten weiter auf Lehfelde wirtschaften. Um eine Erklärung ihrerseits nachträglich für all das Geschehen gegen uns zu haben, solle ich mich scheiden lassen. Mein Mann und meine Kinder könnten weiter in Lehfelde leben, und das Gut solle auf mich übertragen werden. Wenn ich darauf nicht eingehe, müsse er uns mit den Kindern ins Generalgouvernement deportieren lassen. Ich hörte mir alles ruhig an und stellte meinerseits einige präzise Fragen. Dann erklärte ich ihm entschlossen und gefaßt, daß ich mich nicht scheiden ließe, um einen Schein für die NSDAP zu wahren, da ich meinen Mann liebte und eine gute Ehe führe.

»Dann muß ich Sie ins Generalgouvernement umsiedeln lassen«, war seine Antwort. »Tun Sie, was Sie glauben tun zu müssen«, antwortete ich ihm und verabschiedete mich. Dies schien ihm zu imponieren. Offensichtlich hatte er dies nicht erwartet. Etwas verdutzt verabschiedete er sich höflich von mir. Die Unterredung hatte eine Stunde gedauert, und einer seiner Adjutanten war dabeigewesen.

Als ich nach Verlassen der Gauleitung, nun schon weniger gefaßt, zum Generalkommando zu Fuß hinüber ging, wußte man dort schon von dem Inhalt der Unterredung und daß Greiser davon sehr beeindruckt gewesen war. Offensichtlich hatte die Abwehr in der Gauleitung auch einen Mittelsmann gehabt. Ich berichtete von dieser Unterredung Herrn v. Dohnanyi in Berlin auf der geheimen telefonischen Abwehrleitung.

Wir blieben über Nacht in Posen und suchten am nächsten Tag Herrn Bethke, Prinz Reuß und Dr. Kohnert auf.

Also blieb alles beim alten, und der Kampf und die Unsicherheit gingen weiter.

Vom 20. bis 21. Januar war ich wieder in Berlin, um mit Oster und Dohnanyi die Lage zu besprechen. Diese schickten mich ins Innenministerium zu Dr. Globke, der die Ausführungsbestimmungen für die Nürnberger Gesetze gemacht hatte. Ebenso hatte Dohnanyi mich bei Dr. Loesener angemeldet, der für die Einbürgerungen zuständig war. Bei Dr. Globke erfuhr ich zu meinem Erstaunen, daß, wenn ein jüdischer Vorfahr eine Stiftung auch im Namen seiner arischen Frau an eine jüdische Organisation gemacht habe, diese Ehefrau dann auch als jüdisch gelte. Ebenso verhielt es sich, wenn ein Arier auch nur vorübergehend zum jüdischen Glauben übergetreten war. Das nordisch arische Blut rollte dann offenbar nicht mehr in seinen Adern.

Ein erschreckendes Beispiel für Hitlers partielle Geisteskrankheit, die von Professor Bonhoeffer, dem Chef der Psychiatrie an der Charité in Berlin, schon um 1935 vermutet worden war. Damals bestand der Plan, Hitler festzunehmen und ihn in eine Anstalt einweisen und behandeln zu lassen. Es kam nicht dazu. Die »Vorsehung« bewahrte ihn davor und stürzte Deutschland ins Chaos.

Am 14. Februar 1941 bekomme ich endlich den von Scherping am 2. September 1940 bewilligten Jagdschein durch das Landratsamt in Wollstein ausgehändigt. Fünf Monate hatten Landrat und SD ihn nicht ausgestellt! Es war kein Grund, froh zu sein, denn einige Tage später bekommt Dietz die Ablehnung der Einbürgerung. Auch ich war noch ohne Ausweis. Als man mir im März endlich meinen Volkstumsausweis aushändigt, sehe ich, daß es der Ausweis B ist, der nicht zu Besitz und zur Führung einer Waffe berechtigt. Erneute Beschwerde!

Da ich aber den Jagdschein in den Händen halte, gehe ich auf Jagd und bekomme von Dietz die schöne Gordonsetterhündin Halka geschenkt, die bei Herrn v. Oertzen in Pempowo gezogen und abgeführt wurde. Wir haben ständig Einquartierung, die oft wechselt. Neben all diesen Ereignissen gab es etwas viel Wichtigeres. Am 22. Juni ist der Krieg gegen Rußland ausgebrochen!

Am 11. Juli 1941 geht Dietz zufällig auf das Gericht, um unsere Grundbuchakte wegen einer Wegbegradigung einzusehen, und stellt zu seinem großen Erstaunen fest, daß unser Besitz, der gerade erst auf Wunsch der Partei auf mich übertragen werden sollte, seit längerem vom SS-Bodenamt beschlagnahmt ist. Niemand von uns ahnte etwas davon. Außerdem verfügten wir frei über unsere Bankkonten bei der Wollsteiner Bank. Ich schoß inzwischen Wild auf einer Jagd, deren Grund und Boden uns gar nicht mehr gehörte! Es war schwer, irgendeinen Sinn in diesem Chaos zu suchen.

Wieder unendliche Besuche, Unterredungen, die ich gar nicht mehr aufzählen will. Bald darauf ein Brief, daß die »Bewirtschaftung des Gutes vom SS-Bodenamt aufgehoben« sei. Diese hatte nie stattgefunden.

Am 10. November 1941 Eintragung ins Grundbuch beim Amtsgericht. Aufgrund der Schenkung von Dietz an mich vom 4. Juni 1941 bei Notar Dr. Dix wird das Gut Lehfelde (neuer Naziname Niederkiefern) mit Vorwerk Groß Nelke auf meinen Namen eingetragen.

Erst am 26. November 1941 wird mir endlich der Volkstumsausweis A ausgehändigt, der die endgültige Staatsangehörigkeit dokumentiert.

Ein zweijähriger Kampf hat seinen Abschluß gefunden. Der kommandierende General Petzel in Posen schickt uns ein

Ostdeutsche Landbewirtschaftungsgesellschaft
m. b. H.
(Ostland)
Generalverwalter für die öffentl. Landbewirtschaftung
in den eingegliederten Ostgebieten

Der Kreislandwirt des Kreises __Wollstein__
Fernruf __76__

AKTENZEICHEN (bei Antwort angeben) 40 00 / 31 03 Rei/Bu.

Betrifft : Öffentliche Bewirtschaftung
des Gutes Niederkiefern.

Vorgang : Mein Schrb.v. 11.7.1941.
- 31 03 Rei/Bu. -

Wollstein, den 12. Juli 1941.

Herrn Dr.
Dietrich L e h f e l d t

in N i e d e r k i e f e r n
=================================

Durch die Dienststelle des Beauftragten der Ostdeutschen Land-
bewirtschaftungs-G.m.b.H. bei Herrn Reichsstatthalter in
Wartheqau wurde mir heute fernmündlich der Auftrag erteilt,
von der Übernahme des Gutes Niederkiefern in die öffentliche
Bewirtschaftung Abstand zu nehmen. Die für Mittwoch, den 16.
ds.Mts. festgesetzte Übernahme des Betriebes Niederkiefern
durch mich entfällt daher.

Ostdeutsche Landbewirtschaftungsgesellschaft m. b. H.
Der Kreislandwirt
des Kreises Wollstein

Passurtz

Kopierdruck-Essen

Der Reichsstatthalter
im Reichsgau Wartheland

Chef des Führungsstabes und
persönlicher Referent.

P.2292/41.

Posen, den   18. August 1941
Schloßfreiheit 13
Fernsprecher Nr. 1023/24

An Frau L e h f e l d t ,

L e h f e l d e/Niederkiefern,
- - - - - - - - - - - - - - - -
Kreis Wollstein.

Mit Beziehung auf die wiederholten Rücksprachen
über die Beschlagnahme Ihres Gutes teile ich Ihnen mit, daß
der Leiter des Bodenamtes in Posen, SS-Standartenführer Hammer
dem Herrn Reichsstatthalter unter dem 14.August Abschrift
seiner Verfügung an das Amtsgericht Wollstein übersandte, wo-
nach die Beschlagnahme auf dem Grundaktendeckel des Grundbu-
ches gestrichen werden soll.

Ich nehme an, daß die Aufhebung der Beschlagnahme
inzwischen erfolgt ist.

i.V.

Schmidt

SA-Sturmbannführer und Referent.

118

Der Inhaber dieses Ausweises ist in die

Deutsche Volksliste

unter Nr. 1885 aufgenommen worden und besitzt die

deutsche Staatsangehörigkeit.

Name: L e h f e l d t

bei Frauen Geburtsname: v. Schönberg

Vorname: Walburg

geb. am: 17. April 1912

in: Kiel

Beruf: Ehefrau

Wohnort: Niederkiefern

Straße:

Wollstein, den 13. Nov. 1941.

Nur gültig mit Lichtbild

Die Zweigstelle
der Deutschen Volksliste

Landrat
(Dienstgrad)

Walburg Lehfeldt
geb. von Schönberg
(Eigenhändige Unterschrift)

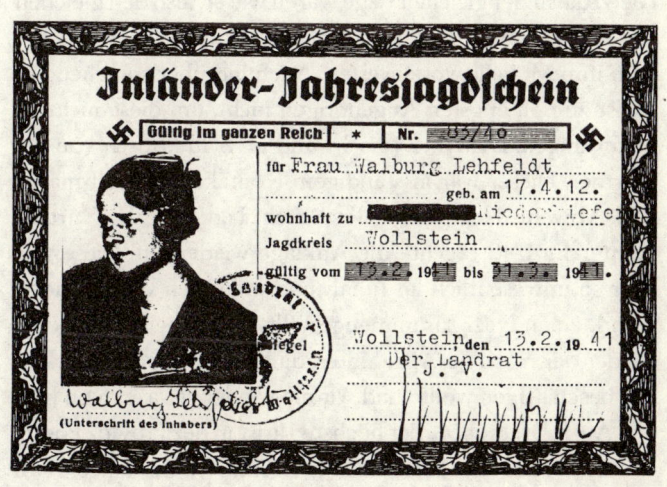

119

Glückwunschschreiben, in dem er meinen Mut und meine Umsicht hervorhebt. Ebenso gratuliert Großadmiral Raeder uns. Leider sind alle diese Briefe und Dokumente bei unserer Flucht verlorengegangen. Diese Briefe waren nicht nur Anerkennung für uns beide, sondern besondere Mutbeweise der hohen Militärs, die bei der späteren Entnazifizierung als Beweisstücke hätten dienen können, wie zum Beispiel bei Raeder.

Ganz besonders möchte ich in diesem Zusammenhang Justizminister Dr. Gürtner erwähnen. Er hatte auf Veranlassung seines jahrelangen persönlichen Referenten Dr. Hans v. Dohnanyi ein Anklageschreiben gegen Dietz aus dem Verkehr gezogen. Es handelte sich um den Nachweis der arischen Abstammung in Form eines Fragebogens, der Erklärungen an Eides Statt forderte. Da alle Anschuldigungen sich als unbegründet herausgestellt hatten und auch die Verwandten von Dietz, die in der gleichen Lage waren wie er, also den gleichen Großvater hatten, unbehelligt im »Altreich« lebten, versuchte man ihm Meineid vorzuwerfen. Auch hierüber sprachen wir selbst zu den engsten Angehörigen nicht, um diese nicht zu beunruhigen. Die Akte verschwand im Schreibtisch von Dr. Gürtner. Dieser war in ständigem Kontakt mit Wehrmacht und Abwehr. Nach dem plötzlichen Tod von Dr. Gürtner Winter 1941/42 tauchte die Anklage wieder auf. Diese war aber so unwesentlich im Inhalt und unlogisch von irgendeinem kleinen Nazi zusammengestellt, wahrscheinlich steckte wieder der Nachbar A. dahinter, daß sich niemand mehr damit beschäftigen wollte und wir nie wieder etwas davon hörten. Auch Dr. Froböß, der höchste Jurist in der Provinz Posen, versuchte, uns – trotz seiner hohen Ämter in der Partei – wo immer möglich behilflich zu sein.

Das Amtsgericht.

Es wird gebeten, bei allen schriftlichen Anträgen die nachstehende Geschäftsnummer anzugeben.

Wollstein , den 10. November 19 41

Fernsprecher: 58

Geschäftsnummer:

Niederkiefern Bd. I   Bl. Nr. 1
          Gut

An

Herrn Dr. Dietrich Lehfeldt

in   Niederkiefern.

Kreis Wollstein

Am 10. November   1941 ist nachm.

ist Frau Walburg Lehfeldt geb. von Schönberg in Nieder=
kiefern

auf Grund der Auflassung vom 4.Juni 1941

als Eigentümer in   der in Niederkiefern u. Groß-Nelke

belegenen im Grundbuche von Lehfelde (Niederkiefern)Gut Band I
Blatt Nr.1, Lehfelde Band I Blatt 4, Groß-Nelke Band II
Band III   Blatt Nr. 81 u. Band V Blatt 164   Blatt 64

bisher auf den Namen des Dr. Dietrich Lehfeldt aus Niederkiefern

eingetragenen Grundstück e in das Grundbuch eingetragen worden.

*) Nur bei Mitteilung an dinglich Berechtigte auszufüllen.

*) Die vom Pfleger aufgewendete Kostenberechnung zur Grundbuchanlegung der Wertmarken
Gemeinschaft — nebst Zubehör — beträgt   mit Ankaufswerte
Preisüber Zubehörs   nebst Zummirzahn.

Sie erhalten diese Bekanntmachung — als Erwerber — als Veräußerer — mit
Ausfertigung   Mitteilung   über   Ihren
Eintragung.

Auf obigem Blatte ist ferner folgender Vermerk eingetragen:

<u>III Abteilung, Spalte   9 - 11:</u>

Zu   Nr. 21 bezw. 21 bezw. 7 bezw.3 bezw. 1: 85.000 Zloty ge=
löscht am 10. November 1941.

Auf Anordnung

Sein Geschäftsangestellter

G.S. Nr.5. Bekanntmachung an Erwerber, Veräußerer und dinglich Berechtigte beim Übergang des Eigentums an sämtlichen Grundstücken eines Grundbuchblatts.

Buchdruckerei Reinhold Kühn A.G., Berlin SW 68

121

Im Mai 1942 wurde Heydrich, der Gegenspieler von Admiral Canaris, von den Tschechen ermordet. Seitdem hatte niemand mehr Interesse an unserem Fall, und wir hatten bis zu unserer Flucht keine politischen Schwierigkeiten mehr. Allerdings hatte Dietz nur einen wohl eigens für diesen Fall geschaffenen Ausweis, daß er »Nichtpole« sei. Er bekam aber alle Lebensmittelkarten und Fahrausweise wie ich. Durch diesen merkwürdigen Ausweis konnte er in den letzten Jahren nicht eingezogen werden und blieb bis zu unserer Flucht Betriebsleiter. Wir rührten daran nicht mehr.

Wir hatten den Zusammenbruch, wie so mancher andere, viel eher erwartet und machten uns Gedanken über das Danach. Rückblickend ist mir auch nicht klar, ob es wirklich Hitler war, der den Schlußstrich in der Sache gezogen hat. Als ich wegen

---

Der Landrat
des Kreises Wollstein

Wollstein, den 22. November 1941.
(Wartheland)

Gesch.-Nr. L.I.

Herrn
Dr. Dietrich L e h f e l d t

in Niederkiefern /Kreis Wollstein.

Auf seinen Antrag bei dem Herrn Reichsstatthalter wird dem Landwirt
Dr. Dietrich L e h f e l d t , geboren am 2o. März 19o3, wohnhaft
in Niederkiefern, Kreis Wollstein, gemäß dem Runderlaß des Herrn
Reichsminister des Innern vom 14.11.194o - I / 5504 VIII/4o-5ooo Ost-
betr. Bescheinigungen über die Nichtzugehörigkeit zum polnischen
Volke- bescheihigt, daß er nicht polnischer Volkszugehöriger ist.

Landrat   E.

5000 8 41 B/0247

122

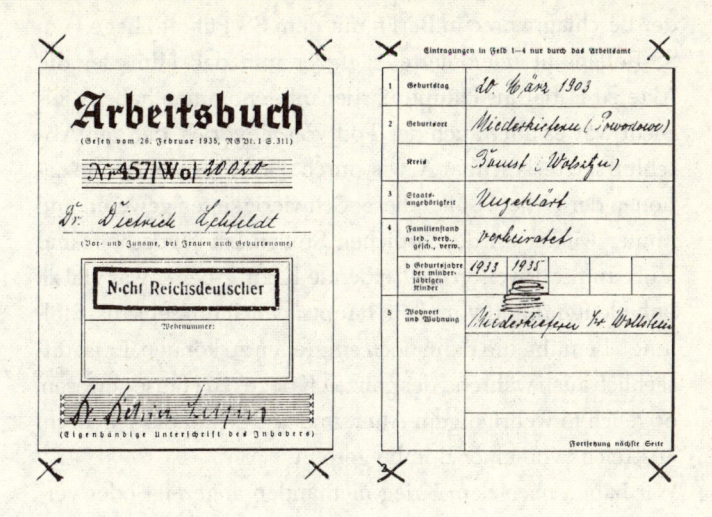

Arbeitsbuch
(Gesetz vom 26. Februar 1935, RGBl. I S. 311)

Nr. 457|Wo| 20020

Dr. Dietrich Lehfeldt

(Vor- und Zuname, bei Frauen auch Geburtsname)

Nicht Reichsdeutscher

Nebennummer:

(Eigenhändige Unterschrift des Inhabers)

Eintragungen in Feld 1–4 nur durch das Arbeitsamt

1	Geburtstag	20. März 1903
2	Geburtsort	Niederkiefern (Powodowo)
	Kreis	Bomst (Wolsztin)
3	Staatsangehörigkeit	Ungeklärt
4 a	Familienstand a led., verh., gesch., verw.	verheiratet
b	Geburtsjahre der minderjährigen Kinder	1933 1935
5	Wohnort und Wohnung	Niederkiefern Kr. Wollstein

Fortsetzung nächste Seite

Gefangenlager Rawa.

Rawa, d. 25. 9. 1939.

Der Volksdeutsche *Dr. Dietrich Lehfeldt*
geb. 20. 3. 03 in *Lehfelde*
ist nach seinem Heimatort *Lehfelde Kr. Wollstein*
in Marsch gesetzt.

Er hat sich bei der dortigen Ortskommandantur
sofort zu melden.

i. A.

Hauptmann d. Sch. u. Lagerkommandant.

der Beschlagnahme in Berlin mit dem SS-Führer Hiege vom SS-Bodenamt telefonierte, sagte er mir, daß Himmler die Akte zu Hitler ins Hauptquartier mitgenommen habe. Vielleicht war es aber auch der Tod von Heydrich, der den Abschluß setzte. Nachbar A. war durch seine diversen Denunziationen der Urheber aller dieser Schwierigkeiten gewesen und immer wieder an den örtlichen Stellen bei Jagdschein und Volkstumsausweisen die treibende Kraft. Aber er war viel zu unbedeutend und vor allem hauptsächlich um seine uk-Stellung* bemüht, um dann noch eingreifen zu können. Er ist tatsächlich auch während des ganzen Krieges zu Hause gewesen, obgleich in wehrfähigem Alter, und wurde auf der Flucht im »Altreich« von einer Bombe getötet.

Wir haben nach dem Krieg niemanden angezeigt oder verfolgt. Die Schande, die diese Menschen über uns Deutsche gebracht hatten, war dadurch nicht auszulöschen. Wir haben nur versucht, einigen bei der Entnazifizierung zu helfen, die sich uns gegenüber neutral oder hilfsbereit verhalten hatten. In welcher großen Gefahr wir uns befunden haben, ist uns in vollem Umfang erst später klargeworden, als wir die Berichte von den Konzentrationslagern und den Umsiedlungen der Polen hörten und Bilddokumente sahen. Wir, als Deutsche, deren Kinder nicht Polnisch sprachen, hätten eine eventuelle Umsiedlung ins Gouvernement, zumal im Winter, nie überlebt. Wir hatten dorthin keinerlei Beziehungen, und die Polen würden uns als Spitzel der Nazis betrachtet haben.

Natürlich waren die Wehrmachtsstellen und vor allem die Abwehr über die Vorkommnisse damals schon orientiert. Das erklärt auch, warum sie so viel Arbeit und Mühe in unseren

* unabkömmlich in der Heimat

Fall gesteckt haben. Man sammelte solche Fälle und verschaffte sich Bilder von der Reaktion der einzelnen Nazimachthaber. Auch wurde bei den vielen Besprechungen, die ich auf den Wehrmachtsstellen hatte, nicht nur über uns gesprochen, sondern man fragte mich aus, was sich bei uns ereignete. Ich weiß noch von einem furchtbaren Erlebnis, wo in einem Dorf ein Deutscher umgekommen war und dafür, wie üblich, mindestens zehn Polen, die sie beliebig gegriffen hatten, aufgehängt wurden. Man holte den polnischen Priester und zwang ihn, den Strick zu ziehen. Gleichzeitig hatte man die Lehrerin der Schule aufgefordert, mit ihren Kindern zu der Hinrichtung zu gehen, um diesen zu zeigen, wie man in solchen Fällen verfuhr.

Die polnischen Kinder hatten zunächst keine Schule gehabt und durften später nur lernen, bis hundert zu rechnen und zu zählen und einige Worte in Deutsch zu schreiben. Polen sollte ein Sklavenvolk werden, das beliebig an verschiedenen Orten zur Arbeit bei den Deutschen eingesetzt werden konnte.*
Man konnte sich nur schwer in die Gedankengänge der Nazis hineinversetzen. Am 8. November 1941, als unser treuer Kutscher Wadzui auf dem Bock unseres Pferdewagens sitzt und in Wollstein auf uns wartet, sieht ihn der damalige Oberamtsrichter Sasse, springt auf den Bock und reißt ihm die Mütze vom Kopf. Auf dieser Mütze trug Wadzui eine deutsche Kokarde, die sein Vater Janek als Soldat im Ersten Weltkrieg bekommen hatte, als er für die Deutschen kämpfte, und die er und sein Sohn seither stolz an jede neue Kutschermütze gesteckt hatten. »Polenschweine dürfen keine deutschen Ehrenzeichen tragen«, war die Begründung von Sasse. Ich beobach-

---

* Siehe Albert Speer, *Der Sklavenstaat,* Frankf., Berlin 1981

tete diese lächerliche Szene, als ich aus einem Laden kam. Dieser Richter hat uns nach dem Krieg gesucht und Dietz um Hilfe bei seiner Entnazifizierung gebeten. Ich besinne mich nicht, wie Dietz reagiert hat. Solche Fälle passierten uns später laufend.

Erläuterung zu den Dokumenten S. 118, 119: die verschiedenen Umbenennungen des Guts Lehfelde. Um das Gut Lehfelde enteignen zu können, wurde es von den Nationalsozialisten in Niederkiefern umbenannt.

Kriegsjahre 1942–1945

Nachdem unser Existenzkampf positiv ausgegangen war, nahmen wir mehr und mehr Verbindungen mit den Familien Dohnanyi und Bonhoeffer auf. Wenn wir in Berlin waren, trafen wir uns öfters in der Marienburgerallee 43 bei Bonhoeffers. Dort lernten wir auch die Brüder Dietrich und Klaus und den Vater Professor Bonhoeffer und seine Frau kennen.

Als wir anläßlich eines Besuches in Sacrow bei Dohnanyis den großen Garten sahen, beschlossen wir, ihnen für die drei heranwachsenden Kinder unsere Milchziege Eulalie zu schicken, damit sie täglich Milch hätten. Ein großer Holzverschlag wurde von dem Stellmacher gezimmert. Wir suchten den Zug heraus, mit dem Eulalie so schnell wie möglich in Sacrow ankam, damit sie keine Schmerzen mit dem prallen Euter hatte und benachrichtigten Dohnanyis, daß sie gleich nach Ankunft gemolken werden müsse.

Kuhmilch mußte auch bei uns im Großbetrieb bis auf eine kleine, pro Person beschränkte Menge, abgegeben werden. Ziegenmilch hingegen war abgabefrei und unbewirtschaftet. Die Arbeit mit der Ziege wurde in der Familie Dohnanyi eingeteilt. Die schweren Arbeiten, wie Futter und Streu heranholen und Ausmisten im Stall, mußte Klaus besorgen. Christoph war der Ziegenhirt, der Eulalie zum Weiden anpflockte und sie zum Bock führte, wenn sie gedeckt werden sollte. Die weiblichen Mitglieder der Familie waren für das Melken zuständig. Eulalie brachte brav jedes Jahr Zicklein zur Welt, und durch diese fruchtbare Tätigkeit füllte sich ihr Euter wieder. Als sich eines Tages Schwierigkeiten bei der Geburt des Zickleins herausstellten, riefen Dohnanyis in Angst um ihre Eulalie Vater Bonhoeffer an. Der Chef der Charité und Professor der Neurologie kam zur Hilfe. Er soll etwas ratlos vor den komplizierten Geburtswehen gestanden haben. Jedoch Eulalie überstand auch dies.

Ebenso schickten wir Dohnanyis weibliche Puten, die Eier legten. Hühner mußten auch in der Stadt angemeldet und ein Teil der Eier abgegeben werden. Daß Puten zwar wenige, aber große und schmackhafte Eier legten, war den Nazis von Berlin offensichtlich nicht bekannt. So waren diese abgabefrei. Da Puten gern weit zur Nahrungssuche gehen und dabei auch fliegen, brachte dies Probleme mit sich. Die Dohnanyi-Kinder mußten den Puten die Flügel stutzen, damit sie nicht in Nachbars Garten flogen und dort den Garten »abweideten« oder die Eier dort legten. Puten legen ähnlich wie Perlhühner nicht in ein bestimmtes Nest.

Ab 1942 lebten wir wie alle anderen Deutschen. Als die ständige Angst um das »Morgen« und die nackte Existenz nachgelassen hatte, wünschte ich mir ein Kind. Zu sehr hatte ich darunter gelitten, ständig unterwegs, immer angespannt zu sein und indirekt so viele andere Schicksale in der Hand zu haben. Wenn ich so plötzlich nach Posen oder nach Berlin bei den Bombenangriffen fahren mußte, war ich immer in Sorge um die Kinder, besonders wenn diese krank waren. Endlich wollte ich nur Frau und Mutter sein und nicht ein Spielball in einem politischen Machtkampf.

Mein Wunsch ging in Erfüllung. Am zweiten Weihnachtstag 1942 wurde in einem Notzimmer des Kreiskrankenhauses in Wollstein unser Sohn Bernd geboren. Aber meine seelischen und körperlichen Kräfte hatten zu sehr gelitten. Bernd war ein Siebenmonatskind und wog nur 2200 Gramm. In dem Krankenhaus gab es keinen Brutkasten, und der kleine Kanonenofen in dem Kämmerchen, in dem ich mit dem Baby lag, ging über Nacht aus. Bernd wurde mit einer Pipette durch die Nase ernährt. Nachdem er von Pastor Engel in meinem Zimmer getauft worden war, starb er nach drei Tagen und wurde zu Silvester im Garten des Erbbegräbnisses in Lehfelde beerdigt, ohne daß ich dabei sein konnte. Ich litt schwer.

Das Leben war hart. Nachdem ich am 2. Januar 1943 einen Fliegeralarm im Krankenhaus in Wollstein mitgemacht hatte, holte Dietz mich mit dem Pferdewagen nach Haus. Der Tod eines Säuglings konnte nur die Eltern erschüttern. Denn zur gleichen Zeit fanden in der Schlacht von Stalingrad Hunderttausende von deutschen Soldaten den Tod oder gerieten in Gefangenschaft. Alle Krankenhäuser waren überbelegt mit Schwerverwundeten. Ich war sehr schwach und elend und konnte mich nicht erholen. So beschloß Dietz, sich seinen Freunden Kuczkowski anzuschließen, die seit Monaten Zimmer in Zürs im Allgäu bestellt hatten. Es klingt unglaublich, daß man damals noch zum Wintersport fahren konnte. Mit uns im »Zürser Hof« wohnte auch Obergruppenführer Lorenz, der für die Auslandsdeutschen zuständig war, mit seinen zwei hübschen Töchtern, die eine davon die spätere Olympiareiterin Rosemarie Springer. Es war typisch für diese Zeit, daß jeder noch einmal das Leben genießen wollte und den Kopf in den Sand steckte. Wir fuhren Ski. Abends feierten die führenden Nazis wie Lorenz und die Antinazis wie wir mit unseren Freunden, zu denen auch Bunnemanns aus Bremen gekommen waren. Währenddessen nahm die Tragödie von Stalingrad ihr Ende. Ich weiß, wie ich darunter litt und wie wir uns

immer wieder fragten: »Können wir überhaupt hierbleiben?«
Die Nazis im Hotel hatten Extrazuteilungen, aber auch wir
lebten nicht schlecht, das war das Unheimliche. Wir ließen
uns Würste, Fett, Schinken und so weiter aus Lehfelde schik-
ken und luden unsere Freunde, zu denen auch Mädlers aus
Leipzig zählten, auf unser Zimmer ein. Diese »organisierten«
Getränke, die es eher gab als Eßwaren. Typisch für unsere Le-
benskunst und Überlebensangst. Alles wurde »organisiert«,
aber auch alles geteilt. Wir waren eine große Gemeinschaft
vor dem Inferno. Daß das bittere Ende noch so lange auf sich
warten ließ, daß so viele unserer besten Deutschen noch geop-
fert werden mußten, das hatten wir nicht gedacht.

Als wir Ende Februar nach Hause kommen, häufen sich die
Hiobsnachrichten. Stalingrad gefallen. Hunderttausende
deutscher Soldaten marschieren in die Gefangenschaft, wo
der Tod des Verhungerns und Erfrierens sie erwartet.
Großadmiral Raeder, der uns so viel geholfen hatte, wird
entlassen. Der Attentatsversuch des Herrn v. Tresckow miß-
lingt, ohne daß er publik wird.

Der Mann meiner Freundin Brandt-Mannesmann, die schon
einmal bei uns evakuiert war, fällt in Rußland, und sie kommt
zu uns mit vier kleinen Jungen, ihrem alten Schwiegervater
und zwei Mädchen. Ich räume die Gastzimmer alle um und
aus und fahre nach Berlin, um ihr zu helfen.

Meine beiden Kinder erkranken an Ziegenpeter mit hohem
Fieber. Ärzte und Arzneien gab es für so etwas kaum. Ich selber bekomme eine eitrige Augenentzündung, conjunctivitis,
und kann die Augen nicht mehr öffnen. Wolfgang erkrankt
anschließend an Lungenentzündung mit Rippenfellentzün-
dung und schwebt tagelang in Lebensgefahr.

So kommt Ostern heran. Der Schauspieler Rolf Moebius, der

seit dem Ausbruch des Krieges mit Rußland seine Urlaube von der Front bei uns verbringt, trifft von der Ostfront ein. Im April 1943 wird auch Oster, nunmehr Generalmajor, vom Dienst suspendiert. Am 2. Mai bekommen wir einen Brief von Bärbel von Dohnanyi, daß ihre beiden Eltern und der Bruder ihrer Mutter, Dietrich Bonhoeffer, am 5. April verhaftet worden sind. Dietz und ich fahren am nächsten Tag nach Berlin, um Dohnanyis zu helfen und gehen zunächst zu Justizrat Dr. Rudolf Dix. Er meint, es hätte den Anschein, daß wir die einzigen Freunde von D. seien, die anderen hielten sich im Hintergrund, um nicht belastet zu werden. Aber auch wir können nichts tun, als Dohnanyis mit Lebensmitteln zu versorgen, die die Kinder den Eltern in die Gefängnisse bringen. Doch ihr Schicksal belastet uns schwer. Da saß nun die arme Bärbel mit ihren sechzehn Jahren und mußte die beiden Brüder versorgen. Klaus war damals fünfzehn und Christoph vierzehn Jahre alt. Dazu das Haus, der große Garten und die Ziegen und Puten. Wie sollte ein Schulmädchen, das sie noch war, all das bewältigen! Aber das schlimmste war, daß die Kinder in zwei verschiedene Gefängnisse gehen mußten, in denen die Eltern saßen, um ihnen Wäsche und Lebensmittel zu bringen.

Der Vater Hans v. D. blieb bis zu seiner Hinrichtung im April 1945 in den verschiedenen Gefängnissen und nach seiner schweren Krankheit auf deren Krankenstationen. Die Mutter, Christine v. D., wurde nach sechs Wochen wieder entlassen, da man ihr nichts nachweisen konnte. Was haben diese drei Kinder durchstehen müssen! Die Kinder waren es auch, die die Kassiber herausschmuggelten, um die noch in Freiheit lebenden Freunde zu orientieren. Diese Kassiber werden teilweise erst jetzt durch Professor Toedt, Heidelberg, und seine Mitarbeiter entziffert und ausgewertet.

Zunächst war Herr v. Dohnanyi durch ungeschickte Aussagen und Denunziationen eines wegen Devisenvergehens verhafteten V-Mannes, des Konsuls Schmidthuber, in Untersuchungshaft genommen worden.

Am 23. Mai fahren wir wiederum nach Berlin. Frau v. Dohnanyi war gerade aus der Haft entlassen, und wir sind abends Gäste in ihrem schönen Haus in Sacrow. Daß der Krieg verloren war und wir uns eine Existenz im »Altreich« (wie man Deutschland mit den Grenzen von 1939 nannte) schaffen mußten, war uns klar. Frau v. Dohnanyi bot uns an, Koffer bei ihnen in Sacrow einzulagern, falls wir vor der russischen Armee flüchten müßten. Sie hielt ihr Haus für sicher vor Plünderungen durch die Besatzungsarmeen, als Frau eines Mannes, der so vielen Antinazis geholfen hatte und so viele Beziehungen über Schweden, die Schweiz und den Vatikan aufrechterhielt.

Um uns eine Bleibe zu schaffen, fuhren wir von Berlin nach Hannoversch-Münden, wo wir auf die Ziegelei Bonaforth eine Hypothek eintragen ließen. Mit dem damaligen Besitzer, der leider nicht verkaufen wollte, sprachen wir ab, daß wir dorthin flüchten und die Ziegelei übernehmen könnten.

Nach unserer Rückkehr kamen unsere Freunde Kuczkowski aus Clementinenhof zu uns, mit denen wir genau unseren Fluchtweg per Treckwagen besprachen und die uns zunächst aufnehmen wollten.

Im Juni besuchte uns Justizrat Dr. Rudolf Dix, der spätere Verteidiger von Hjalmar Schacht im Nürnberger Prozeß, mit seiner Frau in Lehfelde. Wir ritten zusammen aus und saßen jeden Abend mit langen, ernsten Gesprächen beieinander. Jeder versuchte jedem zu helfen, denn wir ahnten nicht, wie es enden würde. Nur daß es in einer Katastrophe enden mußte, war uns klar. Am 6. Juli 1943 bekam ich einen Brief von Generalmajor Oster mit der bereits erwähnten Fotografie von ihm zu Pferde.

Wir alle rechneten mit einem bitteren Ende für Deutschland und damit, daß wir persönlich, so weit im Osten, bei Einmärschen der russischen Armee Lehfelde vorübergehend würden verlassen müssen. Wir wußten, daß wir ausgeraubt und unsere Gebäude zerstört werden würden. Aber wir hofften, nach Beruhigung der politischen Verhältnisse wieder auf unseren Besitz zurückkommen zu können, den wir in dieser Grenzzone seit vier Generationen zu deutscher wie polnischer Zeit besessen hatten und der für uns »Heimat« war.

Nur so sind unsere widersprüchlichen Handlungen in den Jahren 1943 und 1944 zu verstehen. Wir packten Koffer, schickten diese ins »Altreich«, wir eröffneten Bankkonten in Dresden und westlich der Elbe, und gleichzeitig pflanzten wir viele Obstbäume und Beerensträucher in Lehfelde!

Während im »Altreich« täglich Fliegeralarm war, ganze Städte vernichtet wurden, die Menschen stundenlang anstehen mußten für die Lebensmittel auf Karten, lebten wir ein fast normales Leben von Gutsleuten. Gewiß waren auch für uns viele Dinge rationiert, aber Engpässe ließen sich umgehen. Die Milch von unseren achtzig Kühen wurde uns wie jedem anderen Haushalt zugeteilt. So schafften wir Milchziegen an, deren Milch frei war, tauschten die Milch um und butterten von dieser. Wir hatten immer das Haus voller Flüchtlinge und Besuch, und als meine Freundin Brandt-Mannesmann mit ihrer großen Familie zu uns kam, haben wir zeitweise am Tage vierundzwanzig Personen verpflegt. Wir kochten Sirup aus unseren Zuckerrüben und erhielten Zucker für die Abgabe der Zuckerrüben zugeteilt. Ebenso bekamen wir ausreichend Rapsöl bei Abgabe der Rapskörner. Wir schossen Wild, soviel wir im Haushalt brauchten. Bei der großen Jagd von rund 0000 Morgen hatten wir bisher einen Teil des Abschußwildes verkauft. Das taten wir jetzt nicht mehr. Ich zog eine Menge Geflügel auf, und zu Weihnachten bekamen unsere Freunde eine Gans oder Ente oder Pute geschickt. Jede Schweine- oder Hammelschlachtung mußte angemeldet werden, aber außer dem üblichen Kontingent gab es »Notschlachtungen«.

Die Zahl der Nazis nahm beträchtlich ab, kaum einer glaubte mehr an den deutschen »Endsieg«. Im Gegenteil, man versuchte sich Beziehungen zu verschaffen zu dem, was man später einen »Persilschein« nannte. So wendete sich das Blättchen für uns.

Unser Fortbewegungsmittel auf dem Feld und in die Kreisstadt waren die Pferde. Das Auto war uns gleich nach der Besetzung von den Deutschen weggenommen worden, und wir hatten den ganzen Krieg über keines. So war es auch natürlich, daß wir täglich über die Felder ritten. Wir nahmen auch die Kinder Wolfgang und Karin auf ihren Ponies mit. Dies galt nicht als Luxus. Sie fuhren jeden Morgen mit dem Ponygespann nach Wollstein in die deutsche Schule, gemeinsam mit den anderen deutschen Kindern.

Im September 1943 kaufte die Wehrmacht drei Pferde von uns auf dem Remontemarkt. Wir konnten die kräftigeren Remonten zur Feldarbeit für uns behalten. Die guten Stuten wurden gekört und blieben im Gestüt.

Im Oktober veranstalteten wir eine Waldjagd, auf der wir mit neun Schützen sechzig Hasen, drei Fasane und einen Fuchs schossen.

Im November ließ ich das Haus noch durch die Maler renovieren und in alle Gastzimmer fließendes Wasser für die Flüchtlinge und Gäste legen.

Wieder kommt im November Moebius auf Urlaub. Der Stellmacher baut ein großes Puppentheater, und Dietz und Moebius spielen für Kinder und Gäste Theater. Ich berichte dieses äußerlich fast friedliche Leben, weil nur so zu verstehen ist, daß ich mir wieder, besonders nach dem Verlust des kleinen Bernd, ein Kind wünschte. Ich würde so ein kleines Wurm schon durchbringen durch den Zusammenbruch, nachdem wir von 1939–1941 so viel durchgestanden hatten.

Es war noch möglich, daß ich mit den beiden Kindern im Januar 1944 für vier Wochen nach Spindelmühle im Riesengebirge fuhr und die Kinder mit unserem Pflichtjahrmädchen Lena Kretschmar dann noch länger blieben. Ich unterrichtete früh die Kinder selbst, dann liefen wir zusammen Ski. Wir hatten Lebensmittelmarken für die Reise bekommen, und was wir sonst brauchten, ließen wir uns aus Lehfelde schicken. Erst im März gingen die Kinder wieder in Wollstein zur Schule und hatten sich prächtig erholt.

Nur um uns herum auf dem Lande im Osten waren noch erträgliche Verhältnisse. Die Bombardierung der Städte wurde immer schlimmer. Die Fronten brachen zusammen. Dohnanyi weiter im Gefängnis, und im Juli 1944 wird auch Oster verhaftet. Wir hören nur sehr wenig und spärlich von Angehörigen der Widerstandskämpfer. Wir wissen nichts von den geplanten Attentaten. Die Verbindung untereinander bricht durch die Evakuierungen und die Verhaftungen ab. Nur an Frau v. Dohnanyi schicken wir weiter Lebensmittel, zumal wir von der Verhaftung ihrer beiden Brüder Bonhoeffer hören. Aus den Jahren, in denen ich als Kind im Augusta-Stift in Pension war, besaß ich noch einen Spankorb mit zwei Vorhänge-schlössern, in dem ich die schmutzige Wäsche nach Hause geschickt hatte. Dieser Korb hatte damals eine große Rolle gespielt, denn meine Mutter legte bei der Rücksendung der sauberen Wäsche immer Kuchen oder Schokolade bei. Dieser ehemalige Wäschekorb wurde nun der unauffällige Transportkoffer für die Lebensmittel, die wir an Dohnanyis schickten. Würste, Speck, Geflügel und Baumkuchen, aus besonders vielen Eiern gebacken, waren der Inhalt, der dann in die Gefängnisse zu den verhafteten Mitgliedern der Familie Dohnanyi-Bonhoeffer gebracht wurde.

Frau v. Dohnanyi tat für unsere Kinder, die jünger waren als ihre, bei der Rücksendung Spielsachen hinein. So haben meine Enkel heute noch die Blockflöte von Christoph, der nunmehr als ehemaliger Dirigent der Hamburger Oper und Chef des Cleveland Orchesters in den USA dieser Flöte im wahrsten Sinne des Wortes »entwachsen« ist. Diese Flöte aber – auch meine Enkel haben nun schon Silberflöten – wird bei uns in Ehren gehalten.

Am 20. Juli 1944 erleben wir das Attentat auf Hitler und hören von den schrecklichen Folgen. Vieles, was ich in Berlin bei der Abwehr bemerkt hatte, wird mir nun klar. Viele Menschen, die ich abgesehen von den Hauptpersonen kurz dort getroffen hatte, sind mit in das Attentat verwickelt und an dem Widerstand beteiligt. Wie gut, daß ich über alle meine Erlebnisse beim OKW nie mit jemand anderem außer Dietz gesprochen hatte. Von unseren alten Freunden in der Provinz Posen waren wir in den Kriegsjahren abgeschnitten, weil wir keine Autos mehr hatten, um uns zu besuchen. Viele waren zur Wehrmacht eingezogen und manche bereits gefallen.

Seit das Gut auf meinen Namen eingetragen war und der

Karl v. Schönberg als Kapitän zur See und Ehrenritter des Johanniterordens,
Gemälde, 1914

Alice v. Schönberg, geb. v. Pelet=Narbonne

Eingang zum Gutshof Kreipitsch bei Naumburg/Saale, Heimat des
Vaters der Autorin Karl v. Schönberg

Im Hintergrund Gut Kreipitsch, vorn die Rudelsburg, Schönbergscher Familienbesitz

Rudelsburg und Saaleck/Thür

Walburg v. Schönberg mit
der Kinderfrau Alvine, 1913

Karl v. Schönberg mit
Frau Alice und Tochter
Walburg, 1913

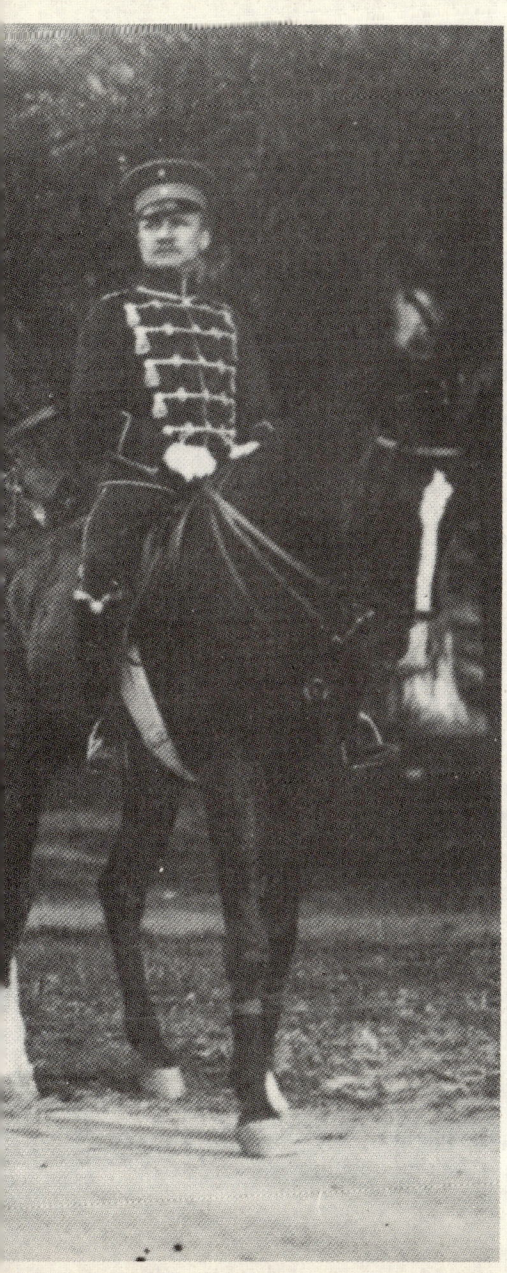

Karl v. Schönberg, Alice v. Schönberg und ihr Bruder Eberhard v. Pelet= Narbonne im Berliner Tiergarten, um 1910

Karl v. Schönberg in der Tropenuniform der Kaiserlichen Marine

Dr. Dietrich Lehfeldt an seinem Schreibtisch auf Gut Lehfelde während des Krieges

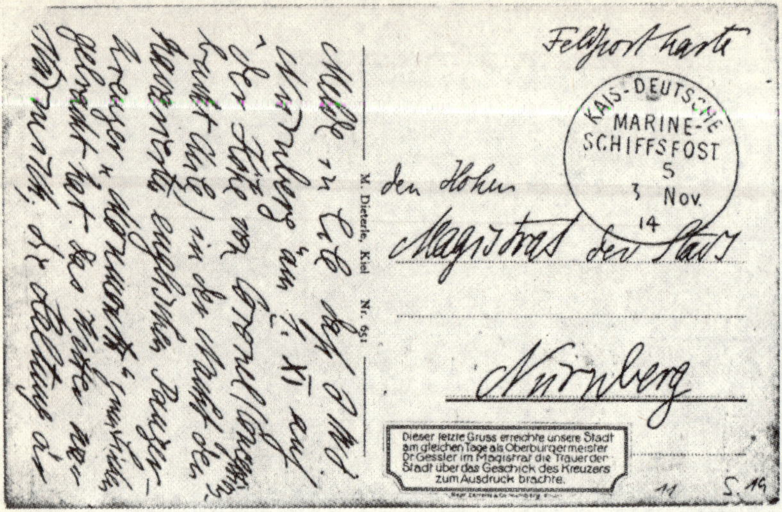

Postkarte des Kapitäns z. S. Karl v. Schönberg an die Stadt Nürnberg nach der
Schlacht bei Coronel

◀ Vorhergehende Seite: S.M.S. Kleiner Kreuzer *Nürnberg*, gesunken am 8.12.
1914 in der Schlacht bei den Falklandinseln

Das Gemälde *Der letzte Mann* von Hans Bohrdt mit der sinkenden *Nürnberg*

Folgende Doppelseite: Das Gut Lehfelde bei Wollstein/Provinz Posen, Auffahrt und Parkseite

Gutshaus Lehfelde,
Parkseite

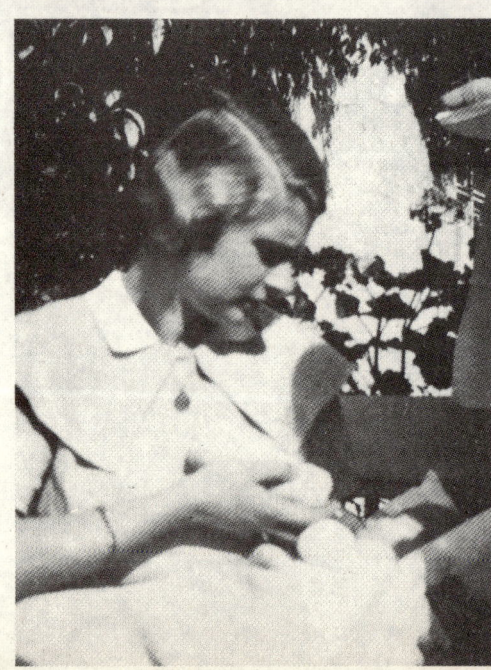

Walburg Lehfeldt und
Sohn Wolfgang, 1933

Walburg Lehfeldt mit den beiden Kindern Wolfgang und Karin, vor Kriegsausbruch 1939

Walburg Lehfeldt mit Ehemann und den beiden Kindern, 1940

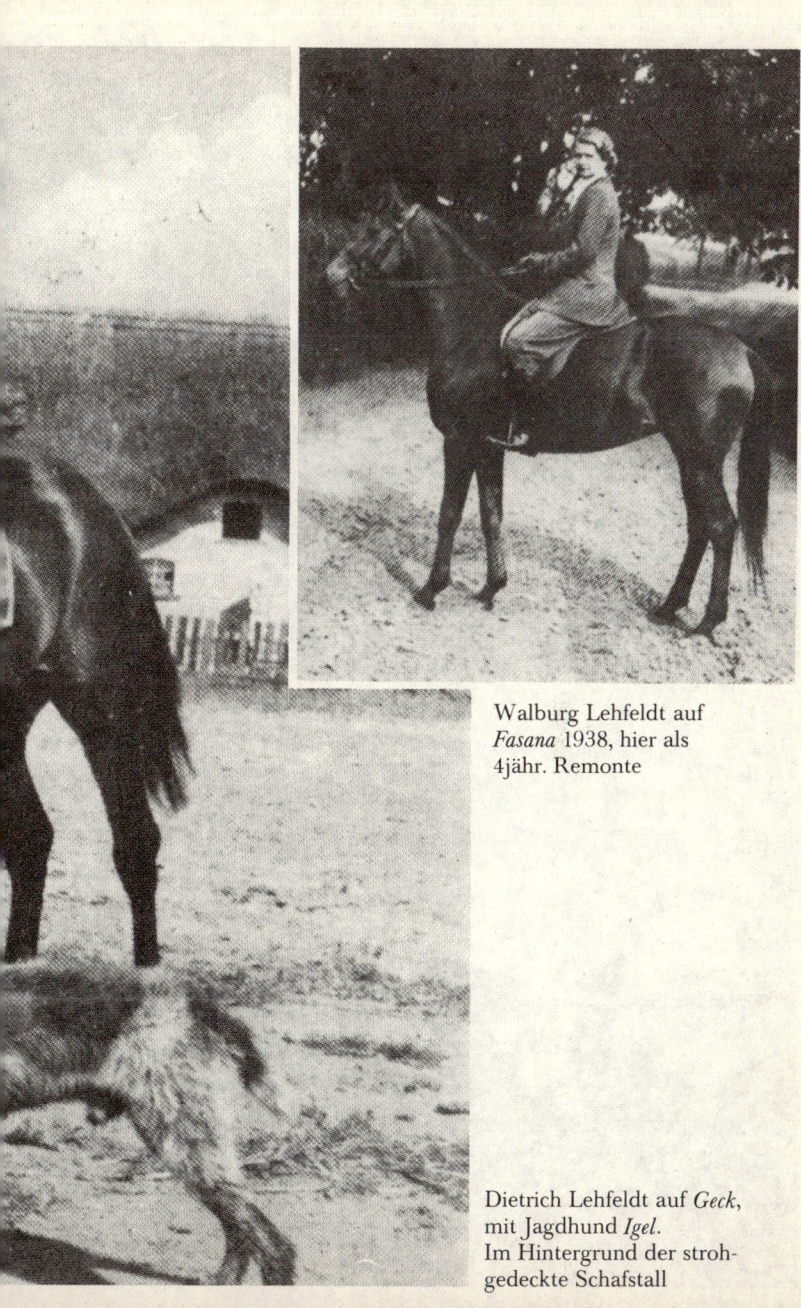

Walburg Lehfeldt auf
Fasana 1938, hier als
4jähr. Remonte

Dietrich Lehfeldt auf *Geck*,
mit Jagdhund *Igel*.
Im Hintergrund der stroh-
gedeckte Schafstall

Typisch für die Land-
wirtschaft im Osten:
die großen Getreide-
schober (oben),
Pflügen mit Ochsen
(unten)

Dietrich und Walburg
Lehfeldt am Kinder-
häuschen im Park

Folgende Doppelseite:
Stapellauf der *Nürnberg*
in Kiel

Pferdewagen, der die
Kinder zur Schule
brachte. Dahinter Rosen-
garten und Kuhstall

Die *Nürnberg* nach der Indienststellung

Die Staatsjacht *Aviso Grille*

Wache der Wehrmacht zum Schutz der Familie Lehfeldt gegen Übergriffe durch den SD, gestellt von Admiral Canaris vom 2. November 1939 bis zum 3. Februar 1940. Die Wache bestand aus einem Offizier, einem Unteroffizier und sechs Mann.

Folgende Doppelseite: Wache vor dem Eingang des Gutshauses. Zwei der Angestellten sind Polinnen. In der Mitte Erna, das deutsche Hausmädchen.

Admiral Canaris,
Chef der Abwehr

General Hans Oster

Christine von
Dohnanyi,
geb. Bonhoeffer

Dr. Hans von
Dohnanyi, 1939

Bärbel von Dohnanyi, im Alter von sechzehn Jahren

Klaus von Dohnanyi, ehemaliger Bürgermeister von Hamburg (kniend) und Christoph von Dohnanyi, Dirigent des Cleveland Symphony Orchestra, mit Ziege *Eulalia* und Zicklein.

Prof. Dr. Karl Bonhoeffer mit seiner Ehefrau Paula, geb. v. Haase, in Berlin 1946.

Justizrat Dr. Rudolf Dix, während der Nürnberger Prozesse Verteidiger von Dr. Hjalmar Schacht.

Generalmajor Hans Oster auf seinem Fuchs *Arpat*

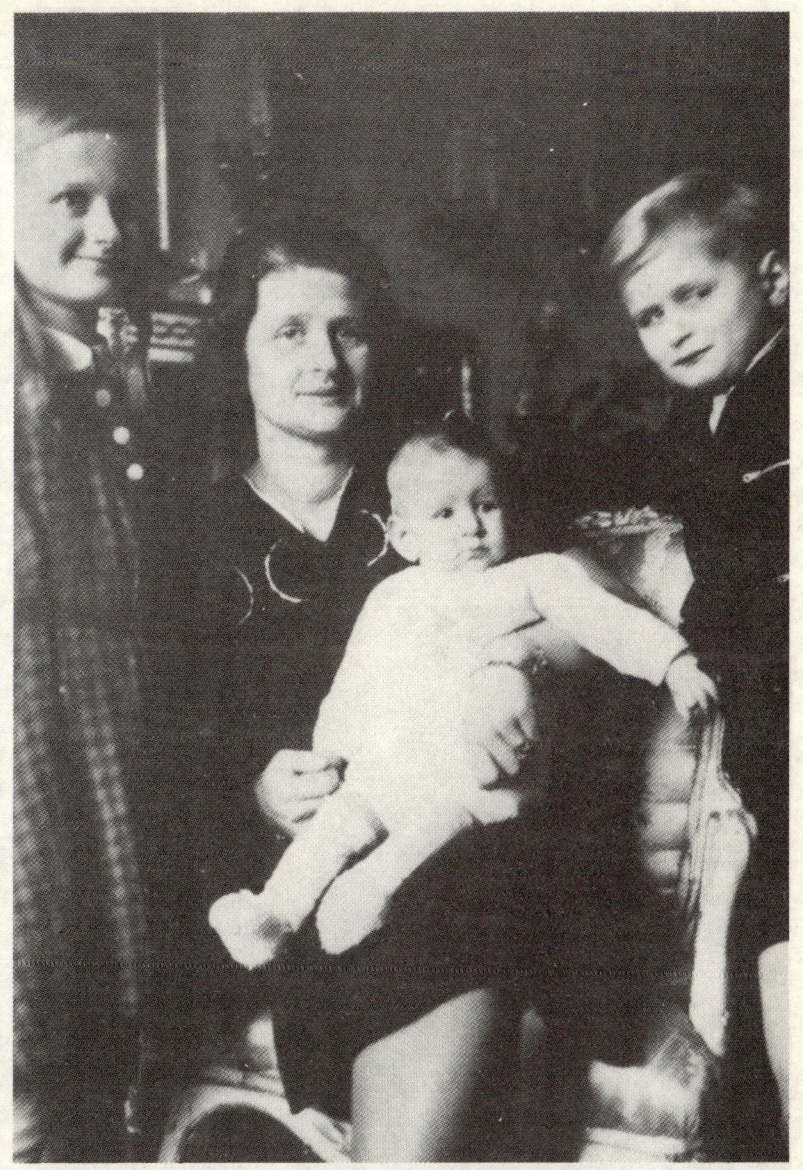

Walburg Lehfeldt mit Wolfgang, Karin und Jobst in Lehfelde, eine Woche vor der Flucht im Januar 1945

Haus Clementinenhof

Rechte Seite oben:
Haus des Vogtes Siebert
Nelker See, hier
schwamm
die Autorin in der Nacht
des 25. August 1945
während ihrer
riskanten Rückkehr.

Der von der Familie
Lehfeldt bewohnte Teil
des Gutshauses Drösch-
kau, Kreis Torgau. Vorn
der Hühnerstall

Walburg Lehfeldt mit
Setterhündin *Asta* und
sieben Welpen, 1948

Von den Lehfeldts 1950 bis 1956 bewohnte Baracke in Bremen,
Kurfürstenallee 2a. Vorn der Hundezwinger

immer noch uk-gestellte Nachbar A. es weder bewirtschaften noch bekommen konnte, hatten wir keine Schwierigkeiten mehr und lebten wie die anderen Deutschen um uns herum. Am 6. August 1944 wurde in Lehfelde mit Hilfe einer Berliner Hebamme, Frau Pahnke, unser viertes Kind Jobst geboren. Das einzige, was wir noch von den früheren Verfolgungen merkten, war, daß am 7. August, also am Tage nach der Geburt des Kindes, als ich im Wochenbett lag, die Polizei aus Wollstein meinen so schwer erkämpften Jagdschein abholte, uns aber alle Waffen und Munition im Haus ließ. Ich hätte also, wenn ich die Gedanken der Nazis nachvollziehe, vom Wochenbett aus Hitler mit meinen Waffen erschießen können, jedoch ohne Jagdschein.

Die Lage war inzwischen viel zu ernst, als daß wir noch etwas dagegen unternahmen. Die Front rückte so schnell näher, daß meine Freundin Brandt-Mannesmann mit ihrer großen Familie trotz Bombardement sich ins »Altreich« absetzte. Täglich kamen neue Flüchtlinge aus den östlichen Teilen Polens, Volksdeutsche aus dem Baltikum und Rußland, die erst vor kurzem für das tausendjährige Reich umgesiedelt worden waren. Wir selber durften weder ins »Altreich« fahren, noch offiziell Sachen verschicken. Das war Defaitismus, Zweifel am Endsieg. Immer noch wurde von einer Wunderwaffe gesprochen, die die große Wende bringen sollte! Da in jedem Betrieb ein Nazispitzel war und Nachbar A. weiter auf seinem Gut saß, wagte ich keine weiteren Koffer für den Treck, den wir seit Herbst 1944 vor Augen hatten, vorzubereiten.

Wir leugneten die Gefahr einfach ab. Ich freute mich an meinem Kind, das prächtig gedieh. Wir feierten eine fast friedensmäßige Taufe, wo ich alles, was wir noch an Vorräten hatten, auftischte und dieses letzte Familienfest in Lehfelde mit allen

Familienstücken und Familientraditionen so schön wie möglich gestaltete. Mein Kalender vermeldet, daß wir wie gewöhnlich fünf Gänse schlachteten, daß wir eine Wildjagd mit acht Schützen abhielten und verschiedene Hauskonzerte gaben. Willi Kröger, ein bekannter Pianist, lebte damals in Posen und kam mit seiner Frau oft nach Lehfelde. Am 16. Dezember hatte wir siebenunddreißig Personen zu einem Hauskonzert. Noch immer kamen auch Gäste aus dem Reich, um sich bei uns auszuschlafen und sattzuessen. Wie soll man der Nachwelt nur diese widersprüchlichen Verhältnisse schildern?

Zwischendurch werden bei uns Schützengräben ausgehoben: Zu dieser Arbeit zieht man die Polen heran.

Weihnachten fahren wir wie immer in die Kirche und verbringen ein ruhiges Weihnachten und Silvester. Für Jobst, der uns viel Freude macht und ein sehr liebes, ruhiges Kind ist, habe ich eine deutsche Kinderschwester, Schwester Grete Schneider, die den Säugling, den ich noch nähre, hervorragend betreut. Für die beiden großen Kinder sorgt das Pflichtjahrmädchen Gisela Stolpe, außerdem ist im Haushalt unser deutsches Mädchen Erna Wittchen, die ein Kind erwartet. Alle Deutschen außer uns hätten nach Haus ins »Altreich« zurückkehren können. Aber keiner verläßt uns, da es nirgends sicher ist. Am 17. Januar 1945 wird der Volkssturm bei uns einberufen. Am 18. Januar hole ich unsere Waffen ab, die in der Zwischenzeit bei einem Bekannten lagerten, und gebe noch durch unsere Sekretärin, die weniger beobachtet wird als wir, Kinderbett und Nähmaschine an Kuczkowski auf. Als erste Freunde kommen Forstmanns am 20. Januar 1945 bei uns durch. Wir besprechen danach mit unseren baltischen Nachbarn Rossbach den Treck genau, müssen aber auf die Treckgenehmigung warten, die wir noch nicht haben.

1. Treck: Januar 1945 Lehfelde–Clementinenhof

Am 19. Januar 1945 war es soweit. Da kamen die ersten Trecks von Freunden aus der Provinz Posen durch, die schon Treckerlaubnis bekommen hatten. Am 20. Januar abends bekamen wir telefonisch den Treckbefehl. Befehl nannte sich das jetzt, was kurz vorher Verrat und Defaitismus gewesen war. In der Nacht vom 20. zum 21. Januar bei minus zwanzig Grad Frost ließen wir die Pferde mit Stolleneisen beschlagen, beluden zwei Kastenwagen, den Plau- und einen geschlossenen Wagen für die Kinder. Wir stellten für die Deutschen in Lehfelde so viele Gespanne zur Verfügung, wie benötigt wurden für die, die nach Westen ziehen sollten. Unser Glück war, daß unsere treuen polnischen Kutscher sich bereiterklärten, mit den von ihnen bisher versorgten Pferden zu fahren und bei uns zu bleiben. Während Dietz sich um Pferde und Wagen, Futter für die Pferde und unsere Leute und die Organisation des Trecks kümmerte, warf ich mehr oder weniger kopflos warme Sachen und Lebensmittel für uns und die Kinder in Koffer und Truhen. Einen Sack mit Silber, sowie einen Teil meines Schmuckes und einen Sack mit Speck und Dauerwürsten gab ich unserem polnischen Verwalter Siebert vom Vorwerk Nelke zur Aufbewahrung. Sehr schwer fiel mir die Trennung von meiner Gordonsetterhündin Halka. Aber im geschlossenen Wagen war kein Platz für den großen Hund, und ich wollte unsere Freunde, die uns aufnahmen, nicht noch mit einem Hund belasten. Alle Bilder und Wertgegenstände blieben im Haus. Der Tisch war gedeckt, es standen Blumen in den Zimmern. Das Haus sah aus, als wohnten wir noch darin. Alle Dokumente blieben im Safe, sie hätten bei den Russen belastend sein können. Die Geburtsurkunden und so weiter hatten wir schon beizeiten verlagert. Jemand regte an, die Ölbilder und die Familienstiche aus den Rahmen zu schneiden und mitzunehmen. Aber ich konnte mich zu der »Zerstörung« nicht entschließen. Ich nahm für den Treck nur die »alten« Teller und Tassen mit, die »guten« hätten kaputtgehen können! So saß ich die letzten Stunden dieser schrecklichen Nacht, die Kinder schliefen zum Glück, ratlos herum. Die größte Sorge machte ich mir um Jobst, der erst fünf Monate alt war! Draußen war es inzwischen minus zweiundzwanzig Grad und unsere Chaussee, die wir vom Haus aus einsehen konnten, war von Trecks und Militärfahrzeugen verstopft.

Unsere baltischen Nachbarn Rossbach und der Arzt Dr. Haynali aus Wollstein kamen zu uns. Gemeinsam starteten wir am Sonntag, dem 21. Januar, in der kalten Morgendämmerung von dem Ort, der noch heute für uns die Heimat ist.

Die beiden Balten Rossbach und Haynali, die schon mehrfach alles hatten im Stich lassen müssen und den Bolschewismus kannten, sagten zu mir: »Dies ist für uns verloren, hier kommen wir nicht mehr hin«.

Mir zog sich das Herz zusammen, ich hatte fast das Gefühl, daß ich sie für diesen Ausspruch haßte. Das durfte und konnte nicht sein. Mit allen Fasern meines Herzens hing ich an Lehfelde, das für mich ein reiches und befriedigendes Leben, die glücklichen gemeinschaftlichen Jahre mit Dietz und die Geburtsstätte der Kinder bedeutete. Warum auch, fragte ich mich, sollen wir nicht wieder zurückkehren, sobald der Krieg zu Ende ist? Seit fünf Generationen sitzen die Lehfeldts hier als angesehene und loyale Bürger, Polen und Deutsche hatten wir gleichmäßig behandelt, niemals an die Nazipropaganda geglaubt, geschweige denn der Partei angehört. Hatte ich nicht im Gefängnis gesessen, weil ich als polenfreundlich galt, Polnisch gelernt hatte und, welche Sünde, den polnischen Bauern die elenden Panjepferde bezahlt, statt sie ihnen wegnehmen zu lassen? Nein, solche Gedanken ließ ich nicht aufkommen, für mich war es ein Ausweichen vor dem Kriegsgeschehen.

Die Untaten der Russen in Ostpreußen wurden durch das Radio täglich durchgegeben, soweit die Nachrichten überhaupt noch bekannt wurden. Kopflos und unbedacht, wie man in so einer Nacht ist, nahm ich einen alten Dolch, den mein Vater aus China mitgebracht hatte, von der Wand, um – sollten wir wirklich von den Russen überrollt und ich vergewaltigt werden – mich zu erdolchen. Daß er zwar wunderschön ziseliert, aber so stumpf war, daß ich noch einen Vorschlaghammer gebraucht hätte, um diesen Plan zu verwirklichen, bemerkte ich in diesen dramatischen Augenblicken nicht. Unser Treck bestand aus dem geschlossenen schwarzen Coupé, mit dem wir in die Kirche zu fahren pflegten, und das Wadziu, unser Kutscher, fuhr. Darin befand sich die gute Schwester Grete mit dem fünf Monaten alten Jobst, Karin und zunächst Wolfgang und ich. Der andere Wagen war unser Plauwagen, mit dem wir mit Besuch zum Baden fuhren, der von Kaziu Kaczmarek abwechselnd mit Dietz gefahren wurde. Darin saßen das Pflichtjahrmädchen Gisela Stolpe, Erna Wittchen und später Wolfgang und ich, denn der geschlossene Wagen war viel zu eng mit dem Körbchen für Jobst. Dann folgten die beiden Kastenwagen, gefahren von Roman Nowicki und Stachu Krakowiak, auf denen sich unsere wenigen Koffer, Betten und vor allem das Futter für die Pferde und die Truhe mit den Lebensmitteln befanden. Angeschlossen hatten sich unser Inspektor Horsetzky mit zwei Wagen und Pferden von uns und die Förstersfrau, Frau Reich, die Balten Rossbach und der Arzt Haynali mit Familie. Wir beschlossen, zusammenzubleiben. Diese natürliche Zusammengehörigkeit wiederholte sich im Laufe des sechstägigen Trecks. Die Abfahrt in der Nacht wurde verzögert, weil die Pferde der Balten nicht beschlagen waren und Stolleneisen bei uns bekommen mußten. So warteten wir auf sie. Inzwischen hatte sich unser Schmied so betrunken, daß das Beschlagen sehr lange dauerte.

Der letzte Anblick von Lehfelde war die verschneite Auffahrt, auf der die tapfere Frau X. stand, die mit ihren fünf Kindern trotz all unserer Bitten und Beschwörungen im Haus blieb, weil sie ihren Mann dort erwarten wollte. Um sie, diese deutsche Flüchtlingsfrau, noch nicht lange bei uns einquartiert, standen weinend und winkend unsere polnischen Leute. Wieder waren wie bei Kriegsausbruch Deutsche und Polen durch äußere Schicksalsschläge und durch die Angst vor der unbekannten Zukunft vereint. Trotz all der schrecklichen Missetaten der Nazis gab es keinen Haß zwischen Deutschen und Polen in den angestammten gemeinsamen Dörfern, auch nicht nach den fünf Jahren Naziherrschaft mit so viel Unrecht und Greuel. Irgendwie gehörte man zusammen, verbunden durch die Arbeit von Generationen. Die schönen jahrhundertealten Eichen im Park standen trutzig und für mich beruhigend unter ihrer Schneelast in der Dämmerung dieses Januartages, als wollten sie sagen: »Wir haben durch die Jahrhunderte schon so viel erlebt, auch dies wird vergehen«.

Auf der Chaussee vor unserem Park in Richtung Westen rollte den ganzen Tag und die Nacht ein unaufhörlicher Zug von

Autos, Lastwagen und Pferdewagen aus den östlichen Kreisen vorbei. Wir konnten uns nur mit Mühe und viel Geduld mit unserer Wagenkolonne hintereinander in den Zug einreihen. Nun ging es fast immer im Schritt. Die Straße war verstopft. Man konnte kaum an den liegengebliebenen Wagen vorbei auf der eisglatten Chaussee in Richtung der ehemaligen Reichsgrenze. So quälten wir uns im Schritt an schrecklichen Anblicken vorbei. Offene Wagen, von vermummten Frauen gefahren, kleine Kinder weinend und wimmernd vor Kälte von alten Menschen gehalten. Die wenigen Männer, die aus den östlichen Kreisen im Treck gestartet waren, hatte man zum Volkssturm eingezogen. Die Frauen, ohne ausreichenden Schutz gegen die Kälte, hatten die Zügel der Pferdewagen ergreifen müssen. Die Schüler der Lehrerbildungsanstalt aus Wollstein, sechzehn- und siebzehnjährige Jungen, gingen zu Fuß mit Bündeln beladen und zogen ihre andere Habe auf Brettern, die mit Schlittschuhen benagelt waren, hinter sich her. Es gab nur wenige Militärfahrzeuge in Richtung Westen, und die Nazibonzen hatten sich mit ihren Autos bereits in Sicherheit gebracht. Pferdewagen und von Menschen gezogene Handwagen und Schlitten kämpften gegen den Schnee und den eisigen Wind an.

Gegen Mittag waren wir in Karge bei Unruhstadt, dem Gut unserer Freunde Richter. Hier machten wir Station und konnten unser Baby Jobst das erste mal trockenlegen. Die Gefahr war furchtbar, daß die nassen Windeln anfroren, wie es auf den offenen Wagen geschah. Richters selber glaubten noch nicht daran, daß sie so bald trecken müßten. Das Gut hatte, als wir 1919 an Polen abgetreten wurden, weiter zu Deutschland gehört. Es war bezeichnend für die Ratlosigkeit der Menschen, man glaubte noch an eine Grenze. Da würden die Russen haltmachen! Nachdem wir Kaffee, Brot und warme Suppe bekommen und uns aufgewärmt hatten, fuhren wir weiter.

Bei Dunkelheit kamen wir nach Züllichau. Vor Einfahrt in den Ort gab es einen uns endlos erscheinenden Stop, so verfroren und verängstigt wie wir waren. Die Wagen wurden von einem einarmigen Offizier und zwei Soldaten kontrolliert, und alle Männer, sofern sie sich nicht wie unsere Kutscher als Polen auswiesen und damit nicht wehrfähig waren, mußten zur Wehrmachtskommandantur. Das war für mich der schlimmste Moment dieses Trecks, weil ich fürchtete, Dietz nicht wiederzusehen. Denn damit wäre ich mit der ganzen Verantwortung für die drei Kinder, die deutschen Leute und die polnischen Kutscher belastet gewesen.

Dietz und Herr Rossbach mußten die Wagen verlassen. Es war dunkel, minus zwanzig Grad, auf der Straße mitten in dem endlosen Zug der Flüchtlinge konnten wir nicht warten. Die Kinder waren hungrig, müde, das Baby mußte gewickelt werden. Würden wir uns je wiederfinden?

Inzwischen hatten wir in Karge auch die von uns gestellten Treckwagen mit unseren anderen deutschen Leuten, wie der Förstersfrau, Hertha Reich, dem alten Gärtner Niedergesäß, Frau Bruß und unserem Inspektor Horzetzky mit Familie, getroffen. Doch diese Männer waren längst über das wehrpflichtige Alter hinaus. So schloß ich mich ihnen an. Wir sollten, weil Züllichau bereits überfüllt war, in ein zwei Kilometer entferntes Dorf geleitet werden. Wir weigerten uns und fuhren auf den Hof der Schule mit der Turnhalle, die zur Unterkunft der Trecks diente. Denn wie und wo sollten wir sonst Dietz und Rossbach wiederfinden? Zunächst versuchten wir, in der Turnhalle unterzukommen, um Jobst zu wickeln. Die Schule und die Turnhalle waren überfüllt mit Menschen und Gepäck. Der Gestank darin war furchtbar. Eine Frau neben mir wickelte ihr Baby aus, um es, wie ich, trockenzulegen. Es war tot, erfroren auf dem offenen Wagen, unterkühlt in den nassen Windeln. Alte, kranke Menschen saßen an den Wänden und stöhnten. Niemand kümmerte sich um sie. Die Menschen waren äußerlich wie innerlich erstarrt. Ich wußte nur eins, hier mußte ich raus, schlimmer konnte es in Züllichau nicht werden. Noch standen alle Häuser unbeschädigt rings um den Platz. Und wirklich. Als ich in ein kleines Haus ging und bat, mein Baby trockenlegen zu dürfen, ließ man uns herein. Die Leute hatten nur zwei Stuben und eine Küche, sie waren freundlich, und ich durfte auch die beiden anderen Kinder hereinbringen. So ließ ich Schwester Grete mit Jobst und Karin und Wolfgang dort und begab mich in die eisige Kälte und Dunkelheit. Wegen Fliegergefahr war alles strengstens verdunkelt. So suchte ich nach Dietz. Und welches Glück, ich fand ihn bei dem Wagen von Rossbachs. Aufgrund des wohl eigens für ihn geschaffenen Ausweises, der lediglich bezeugte, daß er »Nichtpole« war, hatte man ihn wieder gehen lassen. Auch Rossbach war wegen seines Alters und seiner Kriegsverletzungen freigekommen.

Es war unmöglich, einen Stall für die armen Pferde zu bekommen. So ließen wir die Gespanne auf dem Schulhof stehen, deckten die Pferde mit allen vorhandenen Decken zu, und Dietz und die treuen Kutscher hielten abwechselnd Wache, was sehr nötig war, da man teilweise die Pferde an den verlassenen Wagen ausspannte, und ehe die Besitzer zurückkehrten, selbst mit diesen weiterzog.

Die freundlichen Leute, bei denen unsere Kinder aufgenommen waren, hatten Nachbarn gebeten, auch uns auf dem Boden in unseren Fußsäcken schlafen zu lassen. So konnte ich die

Nacht mit einem Dach über dem Kopf verbringen und Dietz und die Kutscher sich aufwärmen, wenn sie nicht »Wache« hielten. Für die Schlittenfahrten hatten wir uns große, lange Fußsäcke machen lassen, die so lang waren, daß man ganz hineinkriechen konnte, und auch unsere Kinder hatten bis auf den Boden reichende Fahrpelze und Fußsäcke und Pelzdekken, in und auf denen wir während des Trecks schliefen und die uns noch viele gute Dienste leisten sollten. In Züllichau trennte sich Frau Reich von uns.

Am nächsten Morgen, Montag, dem 22. Januar 1945, konnten wir zunächst nicht weiterziehen, weil die Milch, die wir in den großen Zinkmilchkannen mitgenommen hatten, gefroren war und sich auch als Eis nicht losschlagen ließ. So zog ich von Haus zu Haus, um für Jobst Milch für die Morgenflasche zu bekommen. Ich hatte ihn noch bis in die ersten Januartage hinein genährt, es war im fünften Monat nach seiner Geburt. Aber die Aufregung der letzten Tage zu Haus hatte die spärliche Milch bei mir versiegen lassen. Endlich bekam ich etwas für das arme Kind, und gegen zehn Uhr konnten wir weiterziehen. Es schneite den ganzen Tag und war minus zwanzig Grad. Mittags machten wir Rast in einem Dorf, wo wir etwas Gerstenkaffee bekamen und unsere Brote aßen. Wir legten Jobst trocken und gaben ihm die Flasche. Dann fuhren wir weiter, bis wir abends in das Dorf Rädnitz kamen. Dort war ein anderer Treck angemeldet, und man wollte uns nicht einweisen, zumal auf unseren Wagen keine Hoheitsträger der NSDAP (Partei) waren, die immer noch bevorzugt behandelt wurden. Schließlich erklärten wir dem Bürgermeister, wir seien der angemeldete Treck, und Pferde und Menschen wurden im Dorf verteilt. Ich hatte mir schon vorher bei ganz armen Bauern ein Quartier besorgt, und Schwester Grete wurde wegen des Säuglings in ein warmes Zimmer eingewiesen. Karin jammerte und weinte in der Nacht, sie hatte starke Ohrenschmerzen. Ich schlief mit Karin und Wolfgang in einem Ehebett und Dietz auf der Erde auf dem Fußsack. Die Leute waren nett und kochten uns eine Klümpchensuppe, das erste warme Getränk oder Gericht. Wir hatten schon zwei Tage nichts Warmes mehr gegessen. Der Gerstenkaffee, den wir früh und abends bekamen, war wegen der Kälte und der ungeheizten Räume nie richtig warm.

Am Dienstag, dem 23. Januar 1945, fuhren wir gegen neun Uhr weiter und überquerten die Oder bei Crossen. Dort trennte sich der Gärtner Niedergesäß mit seiner Frau und Frau Bruß von unserem Treck, weil sie nach Frankfurt ziehen wollten. Wieder schneite es und war so kalt wie die Tage davor. Dietz hatte die Landstraßen, auf denen wir zogen, schon Monate vorher mit seinem Freund Felix v. Kuczkowski ausgesucht und sich bemüht, die Route etwas abseits von dem direkten Weg gen Westen zu legen. So waren die Straßen nicht mehr so verstopft wie an den ersten beiden Tagen. Zu Mittag hielten wir an einer Försterei, die bereits mit vielen Flüchtlingen belegt war. Dort machten wir uns Spiegeleier von unseren mitgenommenen Eiern, die in dem großen Eierkorb aus Nelke in Häcksel verpackt waren, so wie wir sie von dem Vorwerk Nelke immer nach Lehfelde transportierten. Für Jobst wurde die Milch gewärmt. Wie dankbar empfand man das! Inzwischen war die Sonne herausgekommen, und es war schönes, klares Winterwetter. Unsere Freude wurde dadurch getrübt, daß von dem Treck von Horzetzkys und Rossbachs drei Personen ohne Bescheid zu sagen zu Fuß vorausgegangen waren. Da wir uns als eine Gemeinschaft empfanden, mußten diese gesucht werden, was zu unnötigen Aufenthalten führte. Denn selbst, wenn die Schlange der Treckwagen nicht mehr so dicht war, konnten wir uns meist nur im Schritt vorwärtsbewegen. Daher hatten wir die Fußgänger nicht überholen können.

Um für Jobst mehr Platz im geschlossenen Wagen zu lassen, saß ich draußen neben Wadziu auf dem Kutschbock. Als wir durch Guben fuhren, sprach ich mit einem Herrn, Stichling hieß er – oh könnte ich es ihm doch vergelten –, der sich anbot, uns alle in seiner Wohnung unterzubringen! In seiner Küche durften wir uns Bratkartoffeln machen, und in der Wohnstube konnten wir Jobst baden. Es war das erstemal seit der Abfahrt von Lehfelde, daß wir das Baby baden konnten. Aber auch das letztemal während des sechstägigen Trecks. Schwester Grete bekam wieder mit Jobst ein Zimmer für sich. Ich schlief mit Wolfgang und Karin in einem Bett.

Dietz ging mit den Kutschern in die »Gastwirtschaft zum Stern«, wo wir die Pferde untergebracht hatten. Am anderen Morgen bekamen wir noch Kaffee und Milch von den netten Stichlings, und um neun Uhr zogen wir pünktlich weiter. Man mußte das Tageslicht ausnutzen, um vorwärtszukommen. Ohne Mittagessen kamen wir nachmittags nach Peitz. Dort konnten wir unsere Lebensmittelmarken aus Wollstein umtauschen gegen solche, die im »Altreich« gültig waren. Um mit unseren polnischen Kutschern nicht Aufsehen zu erregen, wagte ich nicht, für diese Lebensmittelmarken zu erbitten, was ich später sehr bereute. Wir wurden zunächst bei einem Bauern eingewiesen, der uns nicht haben wollte. Müde und verfroren, wie wir waren, endeten wir dann bei einem umsichtigen Bauern, der unseren Lehfelder Treck mit allen zwölf Personen bei sich unterbrachte. Er machte uns Bratkartoffeln und gab uns eine Suppe. Wir holten unsere Eier zu den Bratkartoffeln hervor. Welch ein herrliches Essen!

Inzwischen hatten wir die Arbeit bei unserem Treck verteilt. Schwester Grete versorgte Jobst, womit sie voll ausgefüllt war, denn Milch gab es nur schwer. Diese mußte vorgekocht werden, die Flaschen so verpackt, daß sie nicht froren, die Schnuller nach Möglichkeit saubergehalten werden. Die Windeln, es gab noch keine Papierwindeln, versuchten wir zu waschen, zu trocknen und Wärmflaschen für das Baby zu bereiten. Es war der großen Umsicht von Schwester Grete zu danken, daß wir das kleine Wurm in den eiskalten, schrecklichen Tagen durchbringen konnten. Ich versorgte Wolfgang und Karin und kümmerte mich um die Unterbringung der anderen Menschen aus unserem Treck. Unser Hausmädchen Erna und Gisela, das Pflichtjahrmädchen aus Berlin, bereiteten unsere dürftigen Mahlzeiten. Dietz hatte die schwierigste Aufgabe, unsere polnischen Kutscher zum Aushalten bei uns zu bewegen und für die braven Pferde zu sorgen, ohne die wir von den Russen überrollt worden wären. Von Peitz aus konnte Dietz zum erstenmal mit Kuczkowskis telefonieren. Dort war das zivile Telefon noch in Ordnung. Felix v. Kuczkowski hatte alles für uns vorbereitet und erklärte sich auch bereit, Rossbachs und Horsetzkys aufzunehmen. Für die kommende Nacht sagte er uns bei Lindners in Reuden an.

Am Donnerstag, dem 25. Januar 1945, starteten wir zeitig aus Peitz. Wir machten Mittagspause in einem Dorf, wo ich mit den Kindern bei einem Bauern, der gerade geschlachtet hatte, Wurstsuppe bekam. Warme Wurstsuppe, man konnte es kaum glauben! Nachmittags landeten wir in Reuden bei Lindners, die mit Flüchtlingen voll belegt waren, uns aber auf telefonische Bitten von Kuczkowski noch ein Zimmer ausgeräumt hatten. So schliefen Dietz und ich zum erstenmal nach fünf Tagen in Betten in einem Zimmer, Wolfgang und Karin auf dem Sofa daneben, und Schwester Grete durfte im Wohnzimmer mit dem kleinen Jobst bleiben. Den Kinderwagen hatten wir auf einem Kastenwagen mitgenommen, er wurde jeden Abend abgeladen, wenn irgend möglich angewärmt. Jobst wurde zur Nacht aus dem viel zu kleinen Wäschekörbchen, in dem er den Tag über in dem geschlossenen Wagen lag, herausgenommen und schlief im Kinderwagen.

Freitag, den 26. Januar 1945, machten wir in Fürstlich Drehna Rast in einem Wirtshaus. Nun war man schon genügend weit von der damaligen Front entfernt, so daß dies möglich war. Wir konnten in die Privaträume der Wirtsleute gehen, und das Baby wurde dort aufgewärmt. In den Gastzimmern wurde nicht mehr geheizt. Gegen fünfzehn Uhr zogen wir nun so zahlreich, wie wir waren, auf den Hof in CLEMENTINENHOF bei Sonnewalde in der Niederlausitz. Dort sollten wir drei Monate verbringen, nachdem wir 210 Kilometer im Pferdewagen im strengsten Winter hinter uns gebracht hatten. Wir bekamen drei schöne Zimmer für Dietz und mich, die beiden großen Kinder und Schwester Grete mit Jobst. Unser Pflichtjahrmädchen Gisela Stolpe fuhr bald darauf mit der Bahn zu ihren Eltern nach Berlin. Die anderen Angehörigen des Trecks wurden auf Nebengebäude und im Dorf verteilt. Unsere Pferde standen in warmen Ställen. Unsere polnischen Kutscher und die Wagen waren ebenfalls untergebracht.

Inzwischen war die Front über Lehfelde hinausgezogen. Die Polen trauten sich nicht nach Haus, da sie von den Schrekkensnachrichten und Greueln gehört hatten, die auch an ihren Landsleuten durch die betrunkenen russischen Soldaten verübt worden waren. So blieben sie bei uns in Clementinenhof und besorgten die Pferde und arbeiteten mit diesen auf den Feldern.

Clementinenhof

Der erste Abend, Freitag der 26. Januar 1945, ist mir unvergeßlich. Wir hatten wieder ein warmes Dach über dem Kopf, reichlich zu essen. Wir wurden im Haus verpflegt, gaben unsere Lebensmittelmarken ab und zahlten dafür eine bestimmte Pension. Erna half mit bei der Zubereitung der Mahlzeiten und besorgte unsere Zimmer. Leider hatten sich Wolfgang, Karin und Jobst auf dem Treck eine schwere Bronchitis geholt und husteten so, daß wir dachten, alle Kinder bekämen Keuchhusten. Es war bei der schlechten ärztlichen Versorgung nicht festzustellen, ob es sich um Keuchhusten oder Grippe mit Bronchitis handelte. Jedenfalls stellten wir in diesem Zustand eine arge Belastung für unsere Gastgeber dar. Aber daß diese schrecklichen sechs Tage mit zehn bis zweiundzwanzig Grad unter Null und den Schneestürmen ohne Folgen bleiben sollten, war nicht anzunehmen.

Im Kinderwagen war viel zu wenig Platz für den armen Jobst. Jemand im Dorf schenkte mir eine eiserne Bettstelle, und Marianne v. Kuczkowski gab mir eine Matratze. So hatte wir wieder ein Kinderbett. In den letzten Tagen in Lehfelde hatte ich, wie schon erwähnt, ein Kinderbett und eine Nähmaschine durch unsere Sekretärin mit der Bahn aufgeben lassen. Sie kamen aber nie an. Die Russen waren schneller als die Frachtgüter.

Am 27. Januar 1945 waren, laut Wehrmachtsbericht, die Russen schon in Lehfelde. Welch ein Glück, daß wir rechtzeitig herausgekommen und wohlbehalten mit unserer wenigen Habe und den Pferden in der Niederlausitz gelandet waren. Wir hatten sechzehn Pferde mitgenommen. Darunter waren der Trakehnerhengst Hans Huckebein – ein direkter Nachkomme des berühmten Tempelhüter –, den Dietz in den letzten Kriegsjahren in Ostpreußen gekauft hatte, der Ponyhengst Lumpi, ein besonders schöner gekörter Kleinpferdehengst mit dem Brand des vierblättrigen Kleeblattes und die von ihm schon mehrfach tragend gebliebene Ponystute Gusti und deren vierjähriger Sohn Olaf. Die drei Ponies gingen zusammen in einem Gespann. Außer dem selbstgezogenen Wallach Geck, der gut geritten und gefahren war, hatten wir nur tragende Hauptstammbuchstuten mitgenommen, in der Hoffnung, wieder eine Pferdezucht aufbauen zu können. Natürlich war meine heißgeliebte Angloaraberstute Fasana auch mitgekommen. Sie war von unserem Trakehnerhengst, der sich während des Trecks losgerissen hatte, tragend und brachte uns später ein schönes Fohlen. Die anderen bereits tragenden Stuten fohlten in Clementinenhof ab, so daß wir im März mehrere Fohlen hatten.

Immer neue Trecks kamen aus Schlesien in Clementinenhof durch. Am 13./14. Februar 1945 erlebten wir durch Lichterschein und Alarm beim Überfliegen der englischen und amerikanischen Flugzeuge bei uns den furchtbaren Angriff auf Dresden. Das schöne Dresden, in dem ich die ersten Schuljahre und die letzten drei Jahre vor dem Abitur verbracht hatte, war nun »ausradiert«, wie es damals hieß. Wir hatten einige Koffer und alle unsere Wertsachen, Schmuck, Tagebücher und so weiter nach Dresden in den Safe der Landständischen Bank gegeben. Auch hatten wir dort ein Bankkonto errichtet in der irrigen Annahme, daß dies sicher sei.

Wieder war dieselbe Lage wie bei uns vor dem Treckbefehl. Wir lebten äußerlich, von einigen Fliegeralarmen abgesehen, die aber ohne Bombenabwurf blieben, wie im Frieden. Dietz, Felix und ich machten einen langen, herrlichen Ritt in die Niederlausitzer Heide. Am gleichen Abend half ich Marianne v. Kuczkowski, ihre Sachen für die eigene Flucht aus Clementinenhof zu packen. Sie erwartete ein Kind und bereitete alles rechtzeitig vor.

Am Freitag, dem 23. Februar 1945, verabschiedeten sich unser Inspektor Horzetzky mit seiner Familie und die Balten Rossbach, die so lange in Clementinenhof geblieben waren, von uns und zogen angesichts der allgemeinen Lage mit unseren Gespannen weiter nach Westen. Wir wollten unsere Freunde, die noch keine Treckgenehmigung hatten, und Marianne in ihrem schwangeren Zustand nicht verlassen. Außerdem war unser weiteres Ziel Dresden gewesen, wo meine Freundin Wittern uns Unterkunft in ihrem Haus angeboten hatte.

Dresden war zerstört, und meine Freundin mit ihrer Mutter in ihrem Haus tot, bis zur Unkenntlichkeit verstümmelt. Das erfuhren wir aber erst später. Ein gnädiges Schicksal hatte uns bewahrt, von Clementinenhof weiterzuziehen.

Eigentlich waren es unsere Pferde, für die es in Dresden keine Ställe gab, die uns gehindert hatten, Clementinenhof zu verlassen. Außerdem fühlten wir Treue und Dankbarkeit unseren polnischen Kutschern gegenüber, die wir nicht in die Ungewißheit nach Polen schicken wollten, solange noch der Krieg wütete.

Inzwischen war die Schule in Goßmar, in die Wolfgang und Karin gingen, geschlossen worden, und ich unterrichtete die beiden Kinder.

Am 18. März 1945 wurde Dietz zum Volkssturm einberufen,

kam aber wieder, denn es gab weder Waffen noch eine Unterkunft. Es war nur noch ein Kriegschaos.

Am 20. März »feierten« wir Dieß' Geburtstag mit der letzten
Flasche selbstgemachten Likörs aus Lehfelde.

Fahrt mit Pferdewagen von Clementinenhof bei Sonne-
walde ins zerstörte Dresden – 21.–24. März 1945

Am nächsten Tag fuhr ich mit einem unserer Ackerwagen und dem Kutscher Wadziu und den beiden Stuten Holle und Liebe bei erstem Tageslicht weg aus Clementinenhof, um nach unseren Freunden in Dresden zu sehen und um unsere wenigen verlagerten Sachen zu uns zu holen. Wir hatten Gelegenheit gehabt, einem offiziellen Umzug von Bekannten aus Wollstein einige Teppiche und Kisten mitgeben zu können. Ich hatte nicht gewagt, Sachen aus dem Haus zu nehmen, wegen der Angestellten. Jedes Verlagern von Sachen war, wie gesagt, »Volksverrat und Zweifel am Endsieg« und wurde mit Gefängnis oder Erschießen bestraft. So hatte ich Sachen meiner Tante v. Wrochem genommen, die sie bei uns verlagert hatte. Im Falle des Todes meiner über achtzig Jahre alten Tante sollte ich diese erben.

Dietz konnte mir diese riskante Fahrt nicht abnehmen, da er zum Verlassen von Clementinenhof eine Sondergenehmigung haben mußte. Alle Männer sollten nach ihrer Einberufung zum Volkssturm ständig abrufbereit sein.

Nun fuhr ich im Pferdewagen wie im Treck Januar 1945 nach dem etwa hundert Kilometer entfernten Dresden. Es war kein Frost, aber sehr stürmisch. Der polnische Kutscher Wadziu begleitete mich, und wir hatten uns für die stundenlangen Fahrten mit allen Pelzsachen versehen. Beim Durchfahren von Elsterwerder gab es Fliegeralarm, und wir mußten in Deckung gehen. Das war mit dem Pferdegespann immer ein

großes Problem, und ich staune rückblickend, wie wir es gemacht haben und daß nichts Wesentliches passierte. Wir kut-
schierten meist abwechselnd.

Nach sechs Stunden kamen wir in Großenhain an, wo wir bei
einer Familie Dr. Globig Rast machten, die den Schlüssel zu
dem Möbelwagen hatte. Ich nahm Teppiche und praktische
Haushaltsdinge wie Plättbrett und so weiter mit. Die Kisten
erwiesen sich als zu schwer, um sie aufzuladen. Als ich sie
öffnete, fand ich das herrlichste Meissner und Rosenthal-Por-
zellan von Tante Leonie v. Wrochem darin. Ich ließ es stehen.
Es könnte kaputtgehen!

Nach Übernachtung in Großenhain, die Pferde und Wadziu
waren im Dorf Zschanitz untergebracht, fuhr ich vor sieben
Uhr früh weg und kam mittags bei unserem alten Freund Rämisch an, der eine Brotfabrik in Radebeul etwas außerhalb von
Dresden hatte. Dort traf ich unseren Freund Rolf Moebius,
der ebenfalls aus Dresden stammte und beim Militär als Leutnant eingezogen war und uns schon in Clementinenhof besucht hatte. Was ich von ihm und Rämisch hörte, war erschütternd. Dresden zerstört, ausgebrannt, das Schweizer Viertel,
wo meine Mutter und ich so viele Jahre gewohnt hatten und
wo das Haus meiner Freundin stand, wohin wir uns hatten
»retten« wollen, bestand nicht mehr. Die Landständische
Bank, in der unsere Sachen lagerten, war völlig zerbombt, die
Safes verschüttet. Diese sind später von den Russen ausgegra-
ben worden und der Inhalt wurde nach Rußland abtransportiert. Die Pferde konnten wir bei Rämisch unterstellen, weil er
einen Betrieb mit Pferden und daher Ställe hatte. Jeden Augenblick konnte ein neuer Angriff kommen. Da außer den beiden kleinen Koffern mit Wäsche nichts mitzunehmen und zu
retten war, beschloß ich, am nächsten Morgen bei erstem

Licht in Richtung Clementinenhof mit der gleichen Zwischenstation Großenhain zurückzufahren. Als wir im Dorf Zschanitz ankamen, war Fliegeralarm. Die Nacht blieben wir in den gleichen Quartieren wie bei der Hinfahrt und fuhren am 24. März 1945 von Großenhain ab. Dort hatte ich so manche schöne Reitjagd beim Reiter-Regiment 12 geritten. Doch daran durfte ich jetzt nicht denken!

Als wir durch einen Wald fuhren, gab es wieder Fliegeralarm. Es war nicht leicht, die Pferde immer zu beruhigen und in der Hand zu behalten. Die Polen waren reine Künstler auf dem Kutschbock!

Abends landete ich dann endlich mit den wenigen geretteten Sachen in Clementinenhof. Ich war dankbar dafür, so unbeschadet durch die Fliegeralarme gekommen zu sein. Mein Bericht deprimierte alle. Auch westlich von uns waren die Städte zerstört. Wir hatten kein Ziel mehr. Wo sollten wir hin? So beschlossen wir, so lange wie möglich in Clementinenhof zu bleiben. Dort war es warm, und wir hatten genug zu essen. Weiter konnte man nicht denken!

Äußerlich erschien das Leben friedensmäßig. Jedoch jede Beschäftigung oder Arbeit war unsinnig. Ich unterrichtete die Kinder, wir gingen spazieren und ritten! Dies war ohne Aufruhr der Dorfbewohner nur insofern möglich, weil die vielen Pferde, die wir noch besaßen, bewegt werden mußten. Es glaubte niemand mehr an den »Endsieg«, und alles erschien gleichgültig. Es stand nur eine Frage im Raum: »Wie rette ich mein und meiner Angehörigen Leben?«

Ich muß nochmals von unseren Pferden erzählen, nachdem sie den Wagen nach Dresden gezogen hatten. Die Stuten wollten bei dem erneuten Aufbruch am 19. April 1945 nicht vom Hof, sondern wieherten nach den Fohlen, und mit ihren prallen

Eutern, die wir zwar abmolken, weigerten sie sich zu ziehen. Hochtragend beim Aufbruch zum zweiten Treck waren Fasana, Holle, Ida und die Ponystute Gusti. Trotz der Strapazen des Trecks im Januar, der Nächte bei eisigem Frost ohne Stall, der ungewohnten Umgebung, ist keine der Stuten krank geworden. Alle haben normal ohne Tierarzt mit Hilfe der Kutscher, wie es bei uns üblich war, auch im zweiten Treck abgefohlt.

Von Ostern 1945, am 1. und 2. April, vermeldet mein kleiner Kalender nur, daß Jobst zum erstenmal in seinem Bettchen saß, und daß wir einen Osterritt zusammen mit Felix v. Kuczkowski machten. Am 13. April 1945 standen die Amerikaner bereits vor Leipzig. Die russische Front war nur wenige Stunden von uns entfernt. Wie sollte es weitergehen?

2. Treck: Clementinenhof – Zschorna

17. April, mein Geburtstag. Minorka bekam ein Stutfohlen!
Am 18. April Durchbruch der Russen an der Neiße. Wir beluden erneut die Treckwagen und fuhren am Donnerstag, dem 19. April 1945, bei Dunkelheit wegen des Fliegerbeschusses vom Hof in Clementinenhof. Wieder ein Abschied für immer, was niemand im Herzen Deutschlands wahrhaben wollte! Fast wären wir nicht mehr weggekommen! Am nächsten Tag mittags waren die russischen Truppen schon in Clementinenhof. Was haben sie wohl mit unseren drei kleinen zurückgelassenen Fohlen gemacht, die erst wenige Tage alt waren? Felix v. Kuczkowski wurde in letzter Minute zum Volkssturm eingezogen. Wir nahmen Marianne und ihre vier Kinder in zwei Gummiwagen, gezogen von einem Trecker, mit in unseren Treck. Diesem Treck schlossen sich auch noch die Wellnitzer Kuczkowskis, Bruder von Felix mit Frau und vier Kindern, an. Unser Ziel war zunächst das Gut Nichtewitz, ebenfalls im Besitz der Familie Kuczkowski, nahe der Elbe gelegen. Doch Liebe und Minorka wollten wegen der Fohlen nicht vom Hof, so mußten wir ein anderes Pferd für Minorka von den Wellnitzern borgen, das endlich den Wagen anzog. Doch bereits einige Kilometer weiter streikte Liebe auch. Sie vermißte ihr Fohlen. So blieb der Plauwagen mit Dietz und den beiden großen Kindern auf der Straße im Dunkeln liegen. Dietz spannte Holle aus, die auch als Reitpferd gegangen war. Diese war hochtragend, kurz vor dem Fohlen. Er galop-

pierte ohne Sattel mit dem Wagengeschirr in der Dunkelheit hinter dem übrigen Treck her, um Hilfe zu holen. Dabei lief Holle im Dunkeln auf einen Wehrmachtswagen, scheute, Dietz stürzte, Holle lief in Richtung Clementinenhof in den Stall. Wir sahen sie nie wieder. So hatten wir die schöne tragende Stute mit Pferdegeschirr verloren. Aber was viel schlimmer war, Dietz hatte sich die Schulter und den Arm verletzt, das Schlüsselbein gebrochen und bekam die schlimmsten Schmerzen. Er hatte zum Glück Teile unseres Trecks erreicht und kam mit meiner zuverlässigen Angloaraberstute Fasana zurück, die wir zu Liebe spannten, so daß wir mit den Kindern gegen Morgen den Treck wieder erreichten. Gegen sechs Uhr machten wir Rast bei Nexdorf. Wir waren nun neun Stunden unaufhörlich getreckt. Wir hielten im Wald und deckten die Wagen mit Sträuchern gut ab als Fliegertarnung. Die amerikanischen Flieger kreisten den ganzen Tag über uns und bombardierten die in unmittelbarer Nähe gelegenen Munitionswerke in Schlieben! Besonders Karin hatte große Angst vor den Fliegerbomben. So mußte man trotz eigener Schrecken Kinder und Pferde immer wieder beruhigen und sich selbst Mut zusprechen. Wir konnten uns nicht auf die Straßen begeben. So kochten wir im Wald mit Hilfe von vier Ziegelsteinen, auf die wir den Kochtopf stellten, Fleisch von einem in letzter Minute in Clementinenhof geschlachteten Hammel mit eingelegten Salzbohnen und Kartoffeln ab. Wir aßen den heißen Eintopf von flachen Zinntellern mit Zinnlöffeln, die ich zu diesem Zweck von Lehfelde aus der alten Eichenanrichte in der Diele mitgenommen hatte. Da das Zinn sehr heiß wurde, erwies sich das als unpraktisch.

Es ist unglaublich, was damals einen »Wert« hatte. Beim Niederschreiben der Rast bei Nexdorf fällt mir ein, daß die vier

Ziegelsteine, die unsere polnischen Kutscher irgendwo mitgenommen hatten, den Neid der anderen erregten. Sie wurden uns am nächsten Tag in einem unbewachten Augenblick gestohlen. Ein anderer Treckwagen hatte plötzlich vier Ziegelsteine und kochte darauf ab. Da alle Ziegelsteine gleich aussahen, konnten wir natürlich nicht beweisen, daß dies »unsere« Steine waren. Ganz besonders konnten unsere Polen nicht die Deutschen des »Diebstahls« bezichtigen. Wir vermißten bei der nächsten Mahlzeit die Steine, und nun kippelten auch unsere Töpfe auf runden Feldsteinen.

Es war warmes Frühlingswetter! Jobst wurde in seinen Kinderwagen gelegt, den wir vom Treckwagen abluden. Wir versuchten nach der durchwachten Nacht auf den Pelzdecken zu schlafen, soweit dies bei den Fliegerangriffen möglich war. Die beiden großen Kinder schliefen auf Heu in einer Wildfutterkrippe, die wir im Wald fanden. Plötzlich kamen mit Kampfgeschrei berittene Russen angaloppiert und umzingelten uns. Wir glaubten uns in der Hand der russischen Armee. Aber es waren nur versprengte Wlassow-Truppen, die sich mit dem Kampfgeschrei selbst Mut machen wollten und uns nach dem Weg fragten. Wlassow war ein russischer Heerführer, der auf deutscher Seite gegen die Bolschewiken kämpfte. Nach Kriegsende haben die Alliierten diese Russen an die Bolschewiken ausgeliefert, die sie alle umbrachten. Mit ihren kleinen schnellen Pferden galoppierten sie in Richtung Westen. Der Schreck saß uns in den Gliedern, und wir konnten nicht mehr schlafen und warteten nun auf die Dunkelheit, um weiterziehen zu können. Dietz wurde von schrecklichen Schmerzen in seiner Schulter geplagt, und ich mußte diese Nacht den Treck führen. Ich radelte neben dem Treck und versuchte, die Wagenkolonne auf den schmalen Straßen zusammenzuhalten. Das war sehr schwierig, da wir von versprengten Militärfahrzeugen, die schon Feindberührung gehabt hatten, dauernd überholt wurden. Die Russen waren wenige Kilometer hinter uns. Überdies mußten wir diese Nacht an dem Flugplatz Lönnewitz vorbei, der ständig bombardiert wurde. In der Höhe des Flugplatzes wurden wir von riesigen deutschen Panzern überholt, die ganz nahe an uns heranfuhren. Es war eine große Tat unserer guten polnischen Kutscher, uns nachts heil daran vorbeikutschiert zu haben.

Gegen Morgen kamen wir endlich nach Nichtewitz. Wir fuhren wegen der Fliegergefahr nicht auf das Gut, sondern tarnten uns und unsere Wagen in einem Wäldchen und kochten dort ab. Die Schmerzen im Arm von Dietz wurden aber so stark, daß wir mit dem Plauwagen ins Dorf zu einer Ärztin fuhren und schließlich auf dem Gut blieben, während alle anderen Wagen in Deckung im Wald standen. Dietz wurde auf eine Liege gelegt, die wir von unserem Wagen abluden. Die Ärztin konnte bei der Verletzung auch nicht viel machen. Die Flieger kreisten pausenlos über uns, warfen jedoch keine Bomben mehr ab, weil die Fronten der Amerikaner und Russen von beiden Seiten so nah waren, daß die Amerikaner Angst hatten, verbündete Truppen zu treffen. In Nichtewitz wurden bei Tieffliegerbeschuß zwei Pferde eines anderen Trecks erschossen. Wir waren in ständiger Todesangst.

Zu unserer großen Freude fanden wir in Nichtewitz Felix v. Kuczkowski wieder, der bereits nahe von Clementinenhof den Russen in die Hände gefallen war, sich aber beim Abtransport als Gefangener in einen Graben hatte fallen lassen. Da er Weg und Steg dort kannte, war er uns mit einem gefundenen Fahrrad gefolgt, denn er hatte unser Ziel – Nichtewitz – selbst bestimmt.

Ich badete im Haus alle drei Kinder, machte für Jobst Flaschen und so weiter zurecht. Dietz wurde nochmals von der Ärztin versorgt. Wir beschlossen zu versuchen, noch in der Nacht über die Elbbrücke zu kommen.

Die Elbbrücke bei Torgau war für Treckwagen gesperrt, um der Wehrmacht Vortritt zu lassen. Aber durch den Kommandeur einer Wehrmachtseinheit, der in Triestewitz bei Frau v. Stammer lag, hatte diese eine Genehmigung zur Überquerung der Brücke mit einem Treck bekommen, in den sie Kuczkowskis und uns einbezog. In Nichtewitz hielt sich die kranke Schwester von Marianne v. Kuczkowski, Frau Stoye aus Leipzig, mit zwei Kindern auf. So packten wir das Nötigste auch für diese zusammen, beluden einen weiteren Pferdewagen und treckten bei Einbruch der Dunkelheit wieder los. Wir erreichten gegen zweiundzwanzig Uhr den Brückenkopf von Torgau an der Elbe. In kalter Nacht bei mondklarem Wetter ohne jede Fliegerdeckung mußten wir bis zwei Uhr nachts warten. Dann erschien endlich der verspätete Treck von Frau v. Stammer mit den nötigen Papieren, die zum Überfahren der Brücke berechtigten. So kamen wir am Sonntag, dem 22. April 1945, über die Elbbrücke bei Torgau. Beim Hinunterfahren von der Brücke rutschte der von Nowitzki gefahrene Wagen mit dem Hengst und einem Wellmitzer Pferd bespannt eine Böschung hinunter, da wir keine Bremsen an den Wagen hatten. Weil auf der Brücke Militärkontrollen waren, hatten beide Kuczkowskis und Dietz sich in den Wagen unter den Betten und Teppichen versteckt, um nicht im letzten Moment zum Volkssturm eingezogen zu werden. So stand ich reichlich verzweifelt, denn wieder leitete ich den Treck, neben dem abgerutschten Wagen. Ich sah den übrigen Treck weiterziehen, der unseren Unfall nicht bemerkt hatte. Schließlich holte ich den Treck mit den versteckten Männern per Fahrrad ein. Dietz kam mir trotz seiner Schmerzen zu Hilfe, und die anderen versprachen, am Stadtausgang von Torgau auf uns zu warten. Durch Öffnen eines Tores und Umfahren der Böschung gelang es uns, den Wagen flottzumachen.

Wir erreichten den Treck wieder. Es war inzwischen hell geworden und höchste Zeit, uns in Fliegerdeckung zu begeben. So fuhren wir bei dem Dorf Beckwitz in den Wald. Ich schob den Kinderwagen mit Jobst ins Dorf, um den Kleinen mit Schwester Grete zurechtzumachen und um Milch zu besorgen. Der Bauer Richter gab uns ein Zimmer für Schwester Grete und das Baby. Ich holte Wolfgang und Karin und schlief mit den beiden großen Kindern auf dem Heuboden des Bauern. Dietz blieb bei den Pferden und Kutschern im Walde.

Die Ponystute Gusti, das Reitpferd der Kinder, fohlte am Tag im Wald. Das schöne, gesunde Fohlen mußten wir leider erschlagen lassen, denn wir konnten nicht mit einem erst einen Tag alten Fohlen weiterziehen. Polen und Italiener, zur Fremdarbeit während des Krieges eingezogen, lagerten dort und baten uns um das Fohlen, um es zu essen. Noch heute mag ich nicht daran denken. Die eigene ständige Todesgefahr wurde einem nicht so bewußt, weil man sich um die Pferde sorgte, die die Grundlage für jedes Weiterkommen bedeuteten.

Am 23. April 1945 fuhr ich allein im Kutschwagen bis in das Dorf Kobershain, um dort Quartier zu machen, denn Dietz konnte sich mit seiner stark geschwollenen Schulter kaum bewegen. Zufällig trafen wir unseren Viehhändler aus Wollstein, der uns sagte, daß das Gut einer Familie Herrman gehöre, die uns vielleicht aufnehmen würde. Ich ging auf gut Glück zu Frau Herrman, die uns eine Waschküche und eine heizbare

Gesindestube zuwies. So hatte ich wenigstens in der Nacht ein Dach über dem Kopf für die Kinder. Wir hatten schon die zweite Nacht im Wald verbracht, wo es sehr kalt und naß war. Es regnete an beiden Tagen. Die Fliegertätigkeit hatte ganz nachgelassen. Als ich die anderen mit der guten Nachricht des Quartiers in der Waschküche erreichte, treckten wir bei Tage los und waren gegen Abend in Kobershain. Wir Frauen und Kinder schliefen wie schon so oft auf der Erde auf den Fußsäkken, und die Männer blieben bei den Wagen im Freien. Frau Thea v. Kuczkowski wurde bei der Ankunft in Kobershain ohnmächtig und bekam dadurch ein Zimmer im Schloß.

Den ganzen Tag hörte man das Schießen von beiden Fronten. Wir waren in dem letzten Kessel zwischen Amerikanern und Russen, und nur wenige deutsche Einheiten verteidigten sich noch. Die Amerikaner überschritten den Fluß Mulde. Die Russen standen inzwischen an der Elbe, die wir am Tage zuvor überquert hatten. In der Nacht war großer Lärm, Männerstimmen und Männerschritte auch in unseren Stuben! Wieder glaubten wir uns in der Hand der Russen. Doch es war deutsches Militär, das am nächsten Tag weiterfuhr. Sie waren auch nicht besser orientiert als wir. Völlige Ratlosigkeit bei der Truppe! Im Radio hörten wir in der Nacht, daß die Mulde und nicht die Elbe die Grenze zwischen russischer und amerikanischer Zone sein sollte. So machten Herrmans in Kobershain auch ihren Treck fertig und fuhren ab gen Westen. Wir blieben zunächst noch dort. Gleich nach der Abfahrt der Besitzer wurde das Schloß geplündert, erst von den eigenen Leuten, dann von dem ständig durchziehenden deutschen Militär und schließlich von Trecks. Es war schrecklich anzusehen. Unwillkürlich gingen unsere Gedanken nach Lehfelde zurück. So war das sicher auch bei uns gewesen!

Wir versuchten herauszubekommen, ob die Amerikaner uns mit unseren Wagen über die Mulde ziehen lassen würden, und stellten fest, daß die Amerikaner in unserer Gegend die Flüchtlinge passieren ließen. Die Deutschen fürchteten törichterweise noch Spionage und wiesen die Trecks streng zurück. Wir waren völlig unsicher, was wir machen sollten. Ein Trekkerführer des Gutes, polnischer Kriegsgefangener, kam aus Wurzen zurück und berichtete unseren Polen, daß dort bereits die Amerikaner seien. Da der Kanonendonner der Ostfront immer näher kam, setzten wir uns in Marsch nach Westen in Richtung Wurzen. Um mit den Pferden nicht in der kleinen Stadt zu liegen, blieben wir fünf Kilometer vor Wurzen auf dem Rittergut Zschorna, um wie wir meinten, dort eine Nacht zu verbringen. Daß wir dort zwei Monate festliegen sollten, ahnten wir nicht.

Wir gingen zunächst in das Gutshaus, das einem Ehepaar J. gehörte, und baten um Quartier für unser Baby Jobst und die kranke Frau v. Kuczkowski, die inzwischen noch mehrfach ohnmächtig geworden war. Frau J. behauptete, das Haus sei voll besetzt, und wies uns den Heizungsraum an, einen fensterlosen Keller, in dem sich auch kleine Gänse befanden. So verzichtete ich auf diese »Freundlichkeit«. Wir fuhren die Wagen auf den Gutshof, stellten die Pferde unter und blieben bei unseren Gespannen. Da kam die alte pensionierte Witwe des Brennmeisters des Gutes und bot uns ihre gute Stube und Küche für die Kinder an. Die Wohnung war über dem Getreidespeicher und nur über eine Hintertreppe von diesem aus zu erreichen. Später, nach der Besetzung durch die Russen, stellte sich das als ein Segen für uns heraus. Die Küche war winzig, und wir konnten dort nur Milch für Jobst warm machen. So kochten wir für uns viele Personen in der Küche des Inspektors. An den beiden nächsten Tagen fuhren wir nach Wurzen, nach Trebsen, nach Eilenburg und suchten überall einen Übergang über die Mulde. Vergeblich, inzwischen waren alle Brücken von den Deutschen gesprengt.

Russen und Polen, die als Kriegsgefangene in der Gegend gearbeitet hatten, taten sich zusammen und plünderten vor allem Pferde, Wagen und Fahrräder, mit denen sie nach Hause wollten. Da Kuczkowskis nicht Polnisch sprachen, wurde ihnen die Lage an der Hauptstraße zu gefährlich und sie zogen am 26. April nach Thallwitz zu der verwandten Familie Bake. Wir wollten nicht in so großer Anzahl dort auftauchen, da Bakes schon viele Flüchtlinge aufgenommen hatten. Wir waren froh über unser kleines, verstecktes Zimmerchen mit Plüschsofa, Tisch und Nippes in einer Vitrine. Wir schliefen, wie schon so oft, alle nebeneinander auf dem Boden in unseren Fußsäcken. Wir waren sieben, Dietz und ich, Wolfgang und Karin, Schwester Grete mit Jobst im Kinderwagen und die hochschwangere Erna. Nach einigen Tagen erbarmte sich Frau J. und gab Schwester Grete und Jobst ein Zimmer im Gutshaus, das im übrigen, bis auf einen Gast, nur mit verlagerten Noten aus Leipzig belegt war. So war es nicht so eng für uns. Die Amerikaner hatten das Dorf besetzt, sie begnügten sich aber damit, Fotoapparate und Waffen durch einzelne Patrouillen einzusammeln. Wir wurden sehr gut von ihnen behandelt, weil unsere Polen uns als polnische Staatsangehörige auswiesen. So konnten wir unsere Fotoapparate und sogar die Jagdwaffen behalten. Aber niemand machte Fotos aus Angst, der Spionage bezichtigt zu werden. Unsere englischen Sprachkenntnisse kamen uns zustatten. Dietz gab freiwillig seine Pistole ab.

Wir besuchten Freunde aus der Provinz zu Fuß oder per Rad

wie Poncets, Wentzels und meine Verwandten Schönberg auf dem Nachbargut Thammenhain. Immer in der Hoffnung, eine Möglichkeit zu finden, uns mehr nach dem Westen absetzen zu können.

Hier muß ich ganz besonders meiner Cousine Rena mit ihren damals fünf Kindern gedenken, die immer die wenigen Lebensmittel, die ihr freigegeben wurden, mit uns teilte. Im Schloß Thammenhain lagen die Russen. So »gehörte« ihnen nichts mehr. Alles im Haus und Garten war Allgemeingut für Russen und Dorfbewohner.

Am 1. Mai 1945 hörten wir im Radio, daß Hitler tot sei. Daß er sich und Eva Braun erschossen und die Familie Goebbels sich mit allen Kindern im Bunker in Berlin vergiftet hatte, erfuhren wir erst später. Die Russen hatten Berlin erobert, aber noch immer war Krieg.

Am Sonnabend, dem 5. Mai 1945, als wir aufwachten, hörten wir russische Stimmen. Unmengen russischer Soldaten zogen durch Zschorna, plünderten im Gutshaus, brachen das Zimmer von Schwester Grete und Jobst auf und stahlen unsere einzige Weckeruhr. So beschlossen wir, das Zimmer dort aufzugeben und Schwester Grete und Jobst wieder in unser winziges, versteckt liegendes Zimmerchen zu nehmen. Am Sonntag wurden uns zwei Pferde, Geschirre und so weiter von den Russen weggenommen, und überall um uns herum wurde geplündert und vergewaltigt. Man hörte die Schreie der armen Frauen. Noch immer ist unser verstecktes Zimmerchen, in dem wir nun alle hocken, unser Zufluchtsort, aus dem wir Frauen uns nicht mehr heraustrauen. Dietz betreut unsere Polen, die bei uns sind und in einer Scheune kampieren, und unsere Pferde. In einer anderen Scheune hausen eine größere Anzahl französischer Kriegsgefangener mit einigen deutschen

Mädchen. Am Montag, dem 7. Mai 1945, wird die bedingungslose Kapitulation in Reims von Generaloberst Jodl und Großadmiral v. Friedeburg und am 8. Mai in Karlshorst bei Berlin von Generalfeldmarschall Keitel und Großadmiral v. Friedeburg und Generaloberst der Luftwaffe Stumpff unterzeichnet. Die Siegesfeiern der Russen beschäftigen diese am 8. Mai und erlauben mir, alle drei Kinder im Gutshaus zu baden. Zunächst ist man wie erlöst, daß das Schießen und Bombardieren aufhört. Was allerdings sich in den nächsten Tagen und Wochen um uns abspielte, war furchtbar. Rauben, Plündern, Vergewaltigen.

Auf dem Hof lag einige Tage eine Truppe von Russen, unter denen sich mehrere Mongolen befanden. Sie nahmen ihre krummen Säbel in den Mund und fragten uns, warum wir die Kapitalisten im Schloß nicht totschlügen. Man konnte sich mit energisch entgegengeschrienem Polnisch etwas verständigen. Vor allem durfte man sich nicht einschüchtern lassen. Bitten und Betteln war unangebracht. Energisches Anschreien auf Polnisch war die einzige Rettung. So rettete Dietz auch meine Angloaraberstute Fasana, die ein Russe hinausführte, indem er ihn anschrie und ihm ein anderes Pferd in die Hand drückte. Wir verloren jeden Tag Pferde und Geschirre, mit denen wir gehofft hatten, uns wieder eine Existenz aufzubauen. Unsere polnischen Kutscher standen uns treu zur Seite, verteidigten uns, unsere Pferde und Sachen. Aber ihre Macht war auch begrenzt, und jeden Tag hatte wir etwas anderes verloren. Wadziu mußten wir mit schwerer Anämie ins Krankenhaus nach Wurzen bringen, und am 24. Mai wurden Roman Nowicki und Stachiu zum Abtreiben von deutschem Vieh nach Osten von den Russen eingezogen. Kaziu spendete noch Blut für Wadziu, den wir täglich im

Krankenhaus in Wurzen besuchten. Am 25. Mai waren wir mit den verbliebenen acht Pferden allein. Auf Befehl der Russen mußten alle unsere Polen fort. Sie nahmen weder Decken noch Lebensmittel von unseren von ihnen bewachten Wagen mit. Nachträglich machte ich mir Vorwürfe, sie nicht besser für die Rückreise versorgt zu haben.

Der Abschied war schmerzlich, besonders für uns. Nun wurde jeden Tag etwas anderes gestohlen, der schöne Landauerwagen, Pferde und so weiter. Wir freundeten uns mit den französischen Kriegsgefangenen in der Scheune an, wobei unsere Sprachkenntnisse sich als sehr nützlich erwiesen. Sie versteckten in der Scheune die Pferde Fasana und Geck und verkauften uns einen großen gummibereiften Planwagen gegen Schnaps und Kaffee. Der Kaffee war ein Geschenk von Edu Schilling aus Bremen in den Jahren in Lehfelde. Daß dieser sich in einen schönen Wagen mit Gummireifen verwandeln würde, war ihm auch nicht geweissagt worden. Dieser Wagen stammte von dem Gelände der Munitionsfabrik, in der die Franzosen gearbeitet hatten, sie hatten ihn »mitgehen« heißen. Wir fuhren nun, ob nach Wurzen zu Wadziu oder zu unseren Freunden nach Thallwitz, Thammenhain oder Holzburg immer mit einem Franzosen auf dem Bock, die Trikolore gehißt. Nur so konnte man sich vor den dauernden Plünderungen und Vergewaltigungen schützen. Dafür brachten wir die Franzosen mit den deutschen Mädchen, mit denen sie in der Scheune zusammenlebten, im Pferdewagen an die Mulde. Diese versuchten dann, in kleinen Kähnen überzusetzen oder durchzuschwimmen. Wir halfen uns, so gut wir konnten. Ich nähte Rucksäcke für die Franzosen.

J.s lebten noch in ihrem Haus und erlaubten mir, den Kinderwagen im Gemüsegarten abzustellen. Ich hatte aber strenges

Verbot, Gemüse oder Obst dort zu ernten und zu kaufen. Da Jobst nunmehr zehn Monate alt war und Vitamine haben mußte, setzte ich mich auf die Erde, ließ mein Taschentuch fallen und barg in diesem, ängstlich nach J.s ausschauend, einige Erdbeeren, die ich dann in unserem winzigen Stübchen zerdrückte und dem Kind fütterte. Ich hatte das Gefühl, daß ich wer weiß etwas stahl, so kostbar waren diese Erdbeeren. Die arme Frau J. wurde kurz darauf von den Russen vor den Augen ihres Mannes vergewaltigt und das Ehepaar später mit all den anderen Gutsbesitzern zum Winter in Viehwagen verladen und nach Rügen transportiert. Die sächsischen Gutsbesitzer, zu denen auch meine Verwandten Schönberg in Thammenhain mit sechs Kindern und ihrer alten Schwiegermutter gehörten, gingen im Winter von Haus zu Haus bei den wenigen Einheimischen in Rügen und bettelten für ihre Kinder. Meine Kusine hat dies ergreifend in einem kleinen Büchlein geschildert. Aber nun zurück nach Zschorna. Am 9. Juni 1945 konnten wir mit Hilfe der Franzosen Erna gerade noch so zeitig ins Krankenhaus nach Wurzen fahren, daß sie dort entbinden konnte. Die kleine Renate gehörte nun auch zu uns. Weil Jobst bei Anfang des Trecks schon fünf Monate alt gewesen war, hatte ich keine kleinen Babysachen mehr und ging im Dorf von Haus zu Haus, um im wahrsten Sinne des Wortes die kleine Renate in Windeln wickeln zu können. Auch ein Kinderkörbchen erbettelte ich im Dorf.

Am 19. Juni holten wir Erna aus dem Krankenhaus. Da in der einen winzigen Stube kein Raum mehr war in der »Herberge«, blieb nur eine Dachkammer in dem Speicher übrig, in der noch Hunderte von Strauchbesen gespeichert lagen, die auf Vorrat angefertigt waren. Dort bereiteten wir der armen Erna auf einer eisernen Bettstelle ein notdürftiges Lager mit dem

Körbchen und ihrem Kind an der Seite. Leider waren in den Besen Unmengen von Spinnen, die sich zum Glück als harmlos erwiesen und Mutter und Kind nicht bissen.

Inzwischen hatte Frau v. Heynitz aus Dröschkau, Kreis Belgern, eine sehr tapfere und resolute Frau und bekannte Pferdezüchterin, sich mit Dietz in Verbindung gesetzt. Sie kam zu Fuß nach Zschorna und besprach unser eventuelles Kommen nach Dröschkau mit ihm. Sie hatte ihn gebeten, auf ihr Gut Dröschkau zu kommen, das seit dem Frühjahr verlassen und unbewirtschaftet an der Elbe lag, und die späte Bestellung, soweit möglich, mit ihren beiden und den uns noch verbliebenen Pferden zu übernehmen. Sie stellte uns eine leere Wohnung in einem Seitenteil des großen Schlosses in Aussicht, wofür wir uns unter den wenigen nicht geplünderten Möbeln des Schlosses etwas aussuchen sollten. Also fuhr Dietz mit einem mühsam gegen Speck eingetauschten Fahrrad nach Dröschkau, um sich den Betrieb anzusehen. Einer der Franzosen begleitete ihn. Um diese Zeit verschwanden deutsche Männer spurlos, ohne daß man wußte, wo sie geblieben waren. Sie wurden nach Rußland zur Arbeit verschleppt. Dietz und der Franzose kamen ohne Fahrräder zu Fuß wieder. Die Russen hatten ihnen diese unterwegs abgenommen.

Wie dem auch war, in Zschorna hielt uns nichts mehr, nachdem Erna wieder bei uns war. Wir waren das ewige Betteln bei der hartherzigen Frau J. und im Dorfe satt und die Enge des winzigen Zimmerchens, auf dessen Fußboden wir nun zwei Monate schliefen. Keiner von uns hatte von April bis Ende Juni ein Bett gehabt. Inzwischen schlief Schwester Grete nachts in der Küche auf der Erde mit Jobst, Erna in der Besenkammer und Dietz und ich mit Wolfgang und Karin auf den Fußsäcken in der guten Stube.

3. Treck Zschorna–Dröschkau von der Mulde zurück an die Elbe

Am 26. Juni 1945 holten wir Wadziu aus dem Krankenhaus, wo seine Anämie sich sehr gebessert hatte. Da er nun als einziger unserer Polen übriggeblieben war, begab er sich nach unserer Abfahrt nach Dröschkau auch auf den Weg nach Lehfelde. Wir dagegen spannten am Mittwoch, dem 27. Juni 1945, Geck und ein gegen ein rostiges Fahrrad getauschtes altes Ackerpferd vor den Gummiwagen, den Dietz fuhr. Ich fuhr einen unserer Ackerwagen, neben mir saß ein Arbeiter aus Dröschkau, der gekommen war, um uns den Weg zu zeigen, und zwei Franzosen, die uns helfen wollten. Dies war sehr nötig, denn das Gelände war hügelig, und unser Kastenwagen, an den der Plauwagen gehängt war, hatte keine Bremsen. So mußte einer der Männer, sobald es abschüssig wurde, nebenhergehen und eine alte Deichsel, die wir zu diesem Zweck mitgenommen hatten, in die Speichen der Holzräder des Kastenwagens stecken. Damit sollte verhindert werden, daß der Wagen den Pferden in die Hinterbeine fuhr und sie dann durchgingen. Das Kutschieren war außerordentlich schwierig, es fehlten unsere guten Pferde. Wir hatten nur Pferde, die noch nie zusammen gezogen hatten und überhaupt nicht zusammenpaßten. Außer dem erwähnten Gespann von Dietz fuhr ich Fasana mit dem Ponyhengst zweispännig, und angehängt als Reservepferd hatten wir ein Panjepony biblischen Alters, das die Russen bei uns hatten stehen lassen, als sie uns eine unserer guten Zuchtstuten wegnahmen. Das Pferd hatte alle Fehler, die Pferde auf den üblichen Tafeln in den hippologischen Büchern haben können. So hatte ich es »Greulich« getauft. Es diente uns treu und ruhig infolge seines hohen Alters, und einige Wochen später fiel es bei der Feldarbeit in Dröschkau tot um. Beschäftigt, mein Gespann über die Straßen zu kutschieren, bot sich mir als zweitem Wagen in diesem, nunmehr dritten Treck ein Anblick, den ich nie vergessen werde. Auf dem großen Gummiwagen, den Dietz fuhr, waren zunächst alle unsere Koffer und Sachen hoch gestapelt. Der Wagen hatte einen mit Planen umgebenen Aufbau. Darin saß Schwester Grete mit Jobst im Kinderwagen neben sich und daneben auf einer Kiste Erna mit ihrem Säugling im Körbchen. Umgeben waren diese beiden Gruppen mit Käfigen, das heißt, Kisten mit winzigen Kaninchen, zwei schwarzen, jungen Zierenten, die nie fett wurden, und zwei kleinen Hühnchen, die die Bauern in Dröschkau uns aus Mitleid verkauft hatten. Es war Siebenschläfer, Mittwoch der 27. Juni 1945, und den ganzen Tag lang goß es in Strömen. Aber Jobst guckte so vergnügt in den Regen und sprach, soweit er dies konnte, mit den kleinen Tieren und lachte vor Vergnügen. Uns war weniger zum Lachen, zumal wir uns auf einem aufgeweichten Sandweg verfahren hatten und hoffnungslos steckenblieben. Auch Umspannen der Pferde half nichts. Dietz stapfte bei dem Guß in das nächste Dorf und holte zwei Bauern mit Ochsen, die uns schließlich herauszogen.

So landeten wir verspätet immer noch bei dem gleichen Regen in Dröschkau, unserer neuen Bleibe für fünf Jahre. Frau v. Heynitz und ihre Schwester, Frau v. Sperber, die aus Ostpreußen geflohen war, hatten alles so gut es ging vorbereitet. Mit Hilfe der Franzosen André und Albert luden wir noch unsere wenige Habe ab, trockneten unsere armen Kinder und sanken auf den vorbereiteten Notlagern in festen Schlaf.

Dröschkau

Das Jahr 1945 brachte jeden Tag neue Schreckensmeldungen. Noch wußte niemand, auch an den obersten Besatzungsstellen nicht, wie es weitergehen sollte.

Der Einzug in Dröschkau bedeutete für uns zunächst eine große Verbesserung. Nach und nach gelang es uns, für jeden ein Bett zu bekommen, was wir monatelang entbehrt hatten, und wir verfügten über genügend Raum. Die Wohnung, in einem Seitenteil des Schlosses gelegen, war früher die Kapelle gewesen, das langgezogene Schloß das Kloster. Wir hatten einen eigenen Eingang vom Park aus, also von der Straße aus nicht einzusehen, was in den unruhigen Zeiten große Vorteile brachte. Die Wohnung bestand aus einer Diele, einem großen Wohnzimmer mit Balkon und Kamin, den wir oft anmachten, einem Schlafzimmer, Küche, Bad, und hinter der Küche war noch eine Kammer. Außerdem hatte Frau v. Heynitz uns an dem Verbindungskorridor zum Schloß ein großes Zimmer ausgeräumt, das Kinderzimmer wurde. So schliefen wir beide im Schlafzimmer, Schwester Grete mit Jobst in der Kammer und in dem großen Zimmer Erna mit ihrem Baby und meinen beiden großen Kindern. Unerhörter Komfort nach den schrecklichen Wochen auf der Erde in der kleinen Kammer. Alle modernen Möbel waren aus dem Schloß gestohlen worden. Man hatte nur die antiken, daher im Sinne der Leute wertlosen »scheußlichen« Möbel stehen gelassen, wie große, schlecht zu transportierende antike Schränke, unförmige Truhen und so weiter. So suchte ich mir auf Veranlassung von Frau v. Heynitz, die sich ihre wenigen Zimmer bereits möbliert hatte, aus leeren Zimmern, Böden und Keller alles Brauchbare zusammen. Antike Sessel mit drei Beinen wurden repariert, Hocker gebastelt. Kurz, der Lebensmut erwachte. Es war einfach der gesunde Trieb, für die Familie wieder ein Heim zu schaffen. Denn sonst war nichts um uns herum, was uns Mut machen konnte. Die Russen kamen nicht so oft durch das abgelegene Dröschkau wie in Zschorna, aber immer noch plünderten sie und verschleppten alle, die sie als Kapitalisten bezeichneten, nach Rußland in die Lager. Die Vergewaltigungen hatten etwas nachgelassen. Doch es passierte nach wie vor, auch ganz öffentlich zum Beispiel in den überfüllten Bahnhofsräumen, wenn die russischen Soldaten betrunken waren. Frau v. Heynitz hatte uns geholt, weil ihr Sohn noch im Krieg war und sie ohne Nachricht von ihm. Seine Frau, geborene v. Harbou, und zwei Jungen lebten mit Frau v. Heynitz zusammen im Haus und hofften auf die Rückkehr des Mannes und Vaters. So war unsere Existenz in Dröschkau befristet und sehr unsicher. Außerdem lebten wir nun schon vier Monate unter den Russen, hatten diese noch im Krieg, 5., 6. und 7. Mai, über uns hinwegrollen lassen, die entsetzlichen ersten Wochen ihrer Besatzung überstanden. Warum sollten wir nicht das gleiche zu Hause erleben, wo die Leute uns schützen und helfen würden, da wir polnische Staatsangehörige waren, der Partei nicht angehört hatten?

Wir dachten an unsere polnischen Kutscher, die uns nur verlassen hatten, als die Russen sie dazu zwangen. Ehe wir wieder aus dem Nichts etwas in Dröschkau aufbauten, wo wir bei der Rückkehr des jungen Herrn v. Heynitz jeden Tag herausgesetzt werden konnten, warum nicht den Aufbau, den Neuanfang auf dem angestammten Besitz versuchen?

Über das, was sich inzwischen in Polen abgespielt hatte, waren wir nicht informiert. Es gab keine Zeitungen, der Rundfunk berichtete nur spärlich kommunistische Propaganda.

So beschlossen wir, daß ich zunächst allein die Lage erkunden sollte. Dietz konnte das als ehemaliger polnischer Offizier, der sich aber immer zum Deutschtum bekannt hatte und für den die Gefahr der Zwangsverschleppung in Arbeitslager bestand, nicht riskieren.

Diese Überlegungen waren nicht so abwegig, wie manche andere Flüchtlinge beim Lesen dieser Zeilen nachträglich meinen mögen. Wir hatten bereits in Zschorna vom Bürgermeister den Befehl bekommen, wieder zurückzutrecken, der dann widerrufen wurde. Da wir wegen der Lebensmittelkarten alle gemeldet waren, hätten wir wenig Möglichkeit gehabt, den Befehl, nach Osten zu ziehen, zu umgehen. Vor allem waren wir völlig ohne Nachrichten aus Polen im allgemeinen und aus Lehfelde im besonderen. So konnten wir nicht ahnen, was mich dort erwartete.

Frau v. Heynitz war vom 11. bis 17. Juni 1945 von den Russen verhaftet gewesen, aber wieder zurückgekehrt. Den ersten Reisetermin konnte ich nicht einhalten, weil unsere gute Schwester Grete Schneider von Felix v. Kuczkowski weggeholt wurde, da seine Frau verfrüht einen kleinen Jungen bekommen hatte und die Schwester nun dort dringend gebraucht wurde. Schmerzlicher Abschied von dieser fabelhaft zuverlässigen und stets bewährten Säuglingsschwester. Leider sind wir später nach der erneuten Flucht nach dem Westen auseinandergekommen. Durch die Veröffentlichung des Buches konnte ich sie wiederfinden und ihr noch einmal für alles danken.

Inzwischen war Claus von Heynitz tatsächlich gesund aus dem Krieg wiedergekommen, beschäftigte sich zunächst aber nur mit Angeln im Dorfteich und dergleichen.

Dietz wirtschaftete weiter so gut es ging auf dem Gut. Die Felder hatten seit dem Frühjahr brachgelegen. Wir hatte zwei Pferde von Frau v. Heynitz und unsere Pferde, von denen aber nur Geck für die Feldarbeit auf dem sehr schweren Elbaueboden geeignet war. Das Russenpferd tat zunächst brav seine Arbeit bis es, wie schon berichtet, umfiel. Fasana war tragend und nur für leichte Arbeit geeignet, und Lumpi, der Ponyhengst, beschränkte sich darauf, Unsinn zu machen und neben einem großen Pferd ab und zu »auszuhelfen«. Trecker gab es nicht, beziehungsweise keinen Treibstoff dafür. Man versuchte aber wenigstens, das im Herbst ausgesäte Getreide wie Wintergerste, Roggen, Weizen einzubringen, soweit die Ernte auf den Feldern durch das Kriegsgeschehen nicht vernichtet oder diese total verunkrautet waren.

Die Sprechstundenhilfe des Arztes in Belgern Dr. Hans Krauß, der uns dann ein guter Freund wurde, erbot sich während meiner Abwesenheit, nach den Kindern zu sehen. Erna arbeitete mit auf dem Feld.

Fahrt Dröschkau–Lehfelde August 1945

So fuhr ich am 22. August, nachdem ich tagelang um den
Stempel der Reisegenehmigung nach Berlin gekämpft hatte,
früh um sechs Uhr von Torgau mit einem der wenigen Züge
zunächst nach Wittenberg. Dort mußte ich sieben Stunden
auf einen überfüllten Zug nach Berlin warten. Der Aufenthalt
in den Wartesälen war immer mit der Angst vor Vergewalti-
gung und Plünderung verbunden. Schließlich endete der Zug
um 22.30 nachts in Berlin, wo man wegen der Ausgangssperre
und mangels Transportmitteln innerhalb Berlins in der Nacht
nicht weiterkonnte. Mein Kalender vermerkt: »Übernachtung im Lebensmittelgeschäft bei fremden Leuten«. Das war
typisch für die Verhältnisse in jenem Jahr, aber auch für die
Hilfsbereitschaft und Kameradschaft der Berliner. Man ließ
eine junge Frau nicht einfach auf der Straße oder in Warte-
räumen, wo die Russen ständig nach Frauen suchten!
Am nächsten Morgen ging und fuhr ich, soweit möglich, zu
den Eltern meines Pflichtjahrmädchens Gisela Stolpe, die bis
Clementinenhof mit uns zusammen gewesen und von dort zu
ihren Eltern zurückgekehrt war. Auf der russischen Kommandantur mußte ich mir meine Reisebescheinigung zunächst
abstempeln lassen. Dann überlegten wir, wie ich herausbe-
kommen würde, wann und wie man nach Polen fahren könnte. Die sehr geschäftstüchtige Frau Stolpe erinnerte sich, auf
dem Schwarzen Markt, dafür gab es ganz offiziell Plätze und
Zeiten im russischen Sektor, mehrfach Polen in Uniform ge-

sehen zu haben. So brachte Gisela mich auf den Schwarzen Markt, wo die Leute teils öffentlich, teils versteckt, ihre Habseligkeiten anboten. Und wirklich, nach einigem Warten entdeckte ich einen jungen polnischen Offizier in Uniform mit der für die Polen typischen Kopfbedeckung, einer viereckigen Mütze, der »confederadka«. Ich sprach ihn polnisch an und zeigte ihm meinen polnischen Paß und erzählte ihm ganz offen, daß wir in Sachsen gelandet seien, ich aber ergründen wolle, ob wir nicht nach Polen zurückkehren könnten. Die Deutschen sollten zwar inzwischen aus den Ostgebieten ausgewiesen werden, aber wir wären doch vor dem Kriege auch polnische Staatsangehörige gewesen und hätten dort gewohnt. Er war freundlich und verständnisvoll und erklärte mir, daß nur alle zwei Tage ein Zug vom Bahnhof Berlin-Lichtenberg nach Posen-Warschau gehe, das nächste Mal morgen. Er fahre auch mit diesem Zug, so könne ich mich ihm anschließen. Es gebe keine Fahrkarten für den Zug, er sei nur für Militär und die polnischen Rückwanderer aus Deutschland gedacht, die im »Altreich« als Zwangsarbeiter eingesetzt waren. Zur verabredeten Zeit um 8.30 Uhr früh war ich auf dem Bahnhof Berlin-Lichtenberg. Keine Aussicht, den Offizier wiederzufinden. Der Bahnsteig war von Menschenmassen mit Koffern und Bündeln so belagert, daß man nur mit großem Geschick irgendwo ein Plätzchen fand. Sobald irgendwelche Waggons auf dem Bahnsteig abgestellt wurden, es waren alles nur Güterwaggons, wurden diese sofort von Menschenmassen gestürmt, aber von russischen Soldaten, die auch in der Menge waren, sofort wieder geräumt oder auf andere Gleise abgeschoben. So wußte niemand, ob der Platz, den man sich erkämpft hatte, wirklich zu dem ersehnten Ziel Polen führen würde. Ich stieg mehrfach ein und wieder aus, schrieb auf den

Knien Briefe und ernährte mich von den Schnitten, die ich mir bei Stolpes gemacht hatte.

Wir hatten aus Lehfelde eine Truhe mitgenommen, die dort auf dem oberen Flur gestanden und zum Einmotten von Gardinen und Decken gedient hatte. In diese warf ich in der Nacht vom 20./21. Januar 1945 Würste und Speckseiten. Diese nahmen leider den Geruch des Mottenpulvers sofort an. Da der Speck jahrelang noch unser kostbarstes Gut für Ernährung und Tausch blieb, wurde der Speck nicht nur ranzig, sondern der Verzehr war auch mit dem Geruch des Mottenpulvers verbunden. Die Truhe habe ich als einziges Möbelstück aus Lehfelde heute noch.

In mein altes, braungraues Jagdkostüm hatte ich im Rocksaum deutsches Geld eingenäht. Ein Kopftuch, zwei Schlüpfer und zwei Paar Strümpfe, Lebensmittel und Zigaretten vom Schwarzmarkt und weitere Schnitten in einem aus Lehfelde mitgebrachten Rucksack vervollständigten mein Reisegepäck. Als einziges Dokument hatte ich meinen »Dowod osobisty«, meinen polnischen Personalausweis, bei mir. Endlich, nachdem ich den ganzen Tag über, das heißt, mehr als zwölf Stunden, auf dem Bahnsteig zugebracht hatte, setzte sich der Zug abends um 21.30 Uhr in Bewegung. Ich hatte mir in einem geschlossenen Güterwagen einen Platz erkämpft, auf dessen Boden außer viel Schmutz auch etwas Stroh lag. Zunächst befanden sich in diesem Waggon nur Polen, das heißt meist polnische Zivilisten, die in Deutschland hatten arbeiten müssen und nun zu ihren Familien zurückkehren wollten. Ein Pole war dabei, der schnell eine führende Rolle bei ihnen einnahm, weil er schon einige Male hin- und hergefahren war, ich nehme an, als Schwarzhändler, und nun die Verhältnisse und die Transportmöglichkeiten nach und in Polen kannte.

Ich sprach zu dieser Zeit fließend Polnisch, doch war mir klar, daß die Polen bald an meinem Akzent, an den Fehlern, die ich machte, und nicht zuletzt an meinem Aussehen mich als Deutsche erkennen würden. Nachdem wir auf der Erde hockend einige Stunden in dem Waggon verbracht hatten, auf Abfahrt hoffend, beschloß ich, die Entscheidung, ob sie mich den Russen ausliefern würden, lieber hier in Berlin herbeizuführen. Hier konnte ich noch aussteigen. Schließlich wurde ich von Mann und Kindern gebraucht. So zeigte ich ihnen meinen Personalausweis, sagte dazu, daß ich Deutsche sei, mein Mann aber als polnischer Offizier gedient, und ich sehr gern in Polen gelebt hatte und nun sehen wolle, ob wir zurückkommen könnten. Man beteuerte, daß man mir helfen würde, und zeigte Verständnis für meine Lage und meine Offenheit. Als ich mich beruhigt etwas ausstrecken wollte, inzwischen war ich sehr müde, kamen mit großem Geschrei russische Soldaten mit Waffen in den Waggon, die »uns Polen« anheischten, uns in die Ecke zu drücken, falls wir nicht hinausgeworfen werden wollten, denn der Zug sei für russisches Militär bestimmt. Bei der Abfahrt ließen sie die Waggontür offen und machten mit irgendwelchem Holz, das wahrscheinlich im Waggon gelegen hatte, unbeschadet der Strohreste offenes Feuer an der Tür und wärmten sich. Die Polen, es waren zu achtzig Prozent Männer, bewährten sich sofort und nahmen mich in ihre Runde auf. Es gab keinerlei Kontakte zwischen den Russen und den Polen. Es war inzwischen ganz dunkel. Wir versuchten, so gut es ging uns zum Schlafen etwas auszustrecken. Ein Russe legte seine Beine mit den Kommißstiefeln mir ungeniert auf den Schoß. Als nächstes besinne ich mich, daß der Zug in der Nacht, wir fuhren die Strecke Küstrin, Landsberg, Friedeberg, Kreuz, irgendwo im Dunkeln hielt und die Russen ausstiegen.

Wir schurrten die Reste des erlöschenden Feuers hinaus. Keiner konnte mehr schlafen nach den Aufregungen, außerdem wurde es schon hell. Die Felder und Ortschaften, durch die wir kamen, sahen schrecklich aus. Die wenigen Bahnhöfe hatte bereits polnische unbekannte Namen, aber an irgendwelchen Reklamen oder Ladenschildern konnten wir erahnen, wo wir in Deutschland waren. Ich unterhielt mich nun mit dem mehrfach auf dieser Strecke gereisten Polen und erfuhr, daß es in Polen bereits Fahrkarten gab und der Kilometer einen Złoty koste. So mußte ich, um von Posen nach Wollstein zu kommen, etwa achtzig Złoty haben. Ich untersuchte den Inhalt meines Rucksacks und verkaufte meine Strümpfe und Schnitten an die Polen, die schon polnisches Geld besaßen, bis ich das Reisegeld zusammenhatte.

Gegen Mittag waren wir in Posen. Nun gab es wieder ein Gefahrenmoment. Mein »neuer Freund« hatte gesagt, daß an der Sperre Kontrollen seien. Er werde aber versuchen, mich durchzubringen, indem er sich intensiv mit der Miliz, die diese Tätigkeit ausübte, unterhielt, und ich solle schnell durchschlüpfen. Tatsächlich gelang das auch.

So ging ich zu Fuß mit meinem Rucksack zunächst zu dem Haus von unseren Freunden, dem polnischen Gynäkologen Dr. Zuralski. Das Haus war durch Beschuß vollständig zerstört und zerfallen und bis auf den Keller ausgeraubt. In einer Nische fand ich alte, an Zuralskis adressierte Postkarten. Keinerlei Zettel, wo diese nun seien. Dann versuchte ich, die Wohnung meines polnischen Schneiders Perkowski aufzufinden. Auch diese Haus war zerstört und unbewohnt. Schließlich ging ich bei glühender Hitze den weiten Weg zu Fuß zu der Villa unseres polnischen Zahnarztes Dr. Spizewski, der in der Nähe des deutschen Diakonissenhauses gewohnt hatte, aber bereits 1939/40 als Intelligenzpole mit seiner Frau ins Generalgouvernement ausgesiedelt, das heißt, mit einem Packen von zwanzig Kilogramm, im Viehwagen abtransportiert worden war. Das war das letzte, was ich von ihm wußte.

Und wirklich, die Villa stand noch, sah gemessen an den anderen Häusern gut aus, und die Eingangstür war offen. Hoffnungsvoll ging ich hinein, und da unten niemand war, stieg ich in die erste Etage, öffnete eine Tür und stand schreckensbleich in einem Raum, in dem russische Soldaten in Etagenbetten lagen. Ich warf die Tür schnell zu und rannte so schnell ich konnte weg und im Zickzack um einige Straßenecken. Jetzt war ich zum erstenmal völlig mutlos. Bisher hatte das Heimweh nach Haus, die Vorfreude, das geliebte Lehfelde wiederzusehen, mir die Kräfte gegeben, das alles zu überstehen. Doch nun waren meine Kräfte erschöpft. Es war glühend heiß, mein Kostüm viel zu warm, ich war müde und durstig, seit der Feldflasche eines Polen im Zug hatte ich nichts mehr zu trinken gehabt. Ich war am Ende. Wo sollte ich die Nacht verbringen? Wo waren unsere Freunde?

Als ich ziellos durch eine abgelegene Straße schleiche, sehe ich plötzlich an einem Haus ein Schild: »Dr. Jan Spizewski Lekarz dentysta«! Der von mir gesuchte Zahnarzt, aus dessen Haus ich soeben geflohen war! Mit zitternden Knien stieg ich in die erste Etage und klingelte. Tatsächlich machte eine ältere Frau mir auf, die ich gleich wiedererkannte und die ich bat, Pan Doktor sprechen zu dürfen. Sie ging in das Zimmer und sagte: »Pan Doktor, eine ihrer ehemaligen deutschen Patientinnen steht in der Tür«. Sie hatte mich auch sofort wiedererkannt. Die Freude, aber auch der Schrecken des uns befreundeten Ehepaares waren groß.» Was um des Himmels willen machen Sie denn hier? Sie müssen sofort wieder weg, wenn Sie nicht eingesperrt und umgebracht werden wollen!« Zunächst gab man mir etwas zu trinken und teilte das Abendessen, soweit sie selbst eines hatten, mit mir. Sie hatten nur zwei Gabeln und Messer, und wir mußten umschichtig essen. Die ältere Frau, die mir geöffnet hatte, war die frühere Sprechstundenhilfe, die sich nun auch wieder bei ihnen angefunden hatte, aber nicht dort wohnte. Sie verließ die Wohnung abends, und man bereitete mir irgendwo ein Nachtlager, das mir so köstlich erschien wie der Erdboden in dem kleinen Zimmer der Brennerswitwe in Zschorna.

Was ich in den Gesprächen erfuhr, überstieg allerdings meine schlimmsten Befürchtungen. Die polnische Miliz, die zur Zeit in Posen unter Leitung der Russen regierte, unterschied sich wenig von der Gestapo. Alle gebildeten Polen, soweit sie den Naziterror überlebt hatten und zurückgekommen waren, wurden als Kapitalisten erklärt, enteignet, eingesperrt oder sogar erschossen. So hatten Spizewkis auch nicht mehr in ihre Villa zurückkehren dürfen. Nur bei Ärzten und Zahnärzten, die dringend gebraucht wurden, machte man eine Ausnahme vom Einsperren. Die polnischen Gutsbesitzer, mit denen Dr. Spizewski auf Jagd gegangen war, waren im Gefängnis oder ermordet. Fast alle im Lande verbliebenen Deutschen waren eingesperrt oder zur Zwangsarbeit verurteilt. Daß Dr. Zuralski in Katyn von den Russen erschossen worden war, wußte man damals noch nicht, wohl aber, daß seine deutsche Frau, die ich in der Richard-Wagner-Straße gesucht hatte, im Gefängnis saß.

Als ich von unserem großen Heimweh erzählte und daß wir seit vier Monaten unter den Russen lebten, meinte Dr. Spizewski: »Wenn Sie den Mut gehabt haben, bis hierher zu kommen, fahren Sie morgen nach Haus, damit Sie selbst sehen, woran Sie sind. Wir helfen Ihnen.« Es ging nur ein Zug am Tage nach Wollstein, dessen Abfahrtzeit er zufällig kannte. Am nächsten Morgen schickte er seine Sprechstundenhilfe, er selbst wagte es nicht, mit mir gesehen zu werden, mit auf den Bahnhof. Diese ließ sich durch Vorzeigen ihres Ausweises einen Stempel geben – nichts ging ohne Stempel der russischen Kommandantur – und kaufte eine Fahrkarte für mich. Diesmal war es ein Abteil dritter Klasse, wie es sie damals noch gab. Es war aber so voll, daß ich mich nur mit Mühe hineinquetschen konnte und froh war, als ich die ganze Strecke nach Wollstein – mehr als drei Stunden für achtzig Kilometer – eingezwängt stehen durfte. Am Abend kamen wir tatsächlich in (Wollstein) Wolstzyn, wie es nun wieder hieß, an. Das gleiche Problem wie in Posen, Kontrolle an der Sperre und hier mit dem Namen Lehfeldt im Personalausweis noch gefährlicher als in Posen. Ich blieb zögernd auf dem Bahnsteig stehen und beobachtete die Leute. Da sah ich ein altes Mütterchen, die sich mit einem viel zu großen Packen abschleppte und nicht weiterkam. Schnell ging ich auf sie zu und bot ihr meine Dienste an, schleppte mit ihr unbeanstandet das Bündel durch die Sperre. Es wurde dunkel, es war Freitag, der 24. August 1945, und es war schon 21.30 Uhr. Dietz hatte mir eingeschärft, auf keinen Fall nach Lehfelde zu gehen, sondern erst beim alten Siebert, unserem polnischen Vogt auf dem Vorwerk Nelke, jetzt wieder Nialek Wielki, die Lage zu klären. So ging ich von Wollstein die Dorfstraße entlang die rund drei Kilometer zu unserem zweiten Hof. Das Dorf Nelke war unzerstört. Da ich nicht wußte, ob der Hof von Russen oder Miliz besetzt war, schlich ich mich in der Dämmerung von hinten, von der Seite des Nelker Sees bei meinem alten Hühnerstall, auf den Hof. Und wirklich, es war geisterhaft, trat der alte Siebert gerade aus seinem Haus und ging auf den Hof. Als ich auf ihn zuging, rief er mich in der Dämmerung an und sagte seltsamerweise auf deutsch: »Wer sind Sie denn?« Ich ging auf ihn zu und stellte ebenfalls auf deutsch die Gegenfrage: »Siebert, kennen Sie mich nicht mehr?« Worauf er ausrief: »Wielmozna Pani; Moj sen, moj sen!« (Die gnädige Frau, mein Traum, mein Traum.) Er zog mich gleich ins Haus mit der Begründung, daß auf dem Hof in unserem Schafstall Russen lägen. Als ich das mir so wohlbekannte Haus betrat, schrie die alte Magd Kazia, die ihm seit dem Tode seiner Frau das Haus führte, auf polnisch – sie konnte nicht Deutsch –: »Die gnädige Frau, Sieberts Traum! Er hat geträumt, Sie kämen nach Haus, und Herr Doktor saß dabei traurig und schweigend am Ofen!« Ich wußte nicht, ob ich weinen oder lachen sollte, so unheimlich war mir das alles.

Kazia bereitete mir ein köstliches Mahl, Schweinefleisch mit Soße und Kartoffeln, und Siebert erzählte, was sich inzwischen bei uns abgespielt hatte. Zunächst sagte er das gleiche wie Dr. Spizewski, daß ich so schnell wie möglich hier wegmüsse, weil es viel zu gefährlich sei. Man würde mich als Deutsche und Kapitalistin einsperren. Alle Gutsbesitzer, auch die zurückgekehrten Polen, seien enteignet worden und wieder von ihren Besitzen vertrieben. Sie dürften als ehemalige »Magnaten«, wie man sie nannte, in Polen bleiben, aber keinen Besitz haben und schon gar nicht dort leben. Er wußte auch, daß unsere Nachbarin Gräfin Schlieffen in Wioska Kreis Wollstein in Polen geblieben war, und nun im Gefängnis in Posen saß. Dort kam sie kurz darauf elend um.

Dann erzählte er mir, als ob dies noch Wichtigkeit habe, daß all unser persönlicher Besitz, den wir ihm in der letzten Nacht übergeben hatten, noch da sei, bis auf meinen Lieblingshund, die schwarze Gordonsetterhündin Halka. Diese sei ihm immer wieder weggelaufen, weil sie uns gesucht habe. So habe er sie einem jungen Polen geschenkt, der sich um sie kümmere. Aber sowohl der Sack mit dem Silber, als der Sack mit dem Speck, die ich ihm übergeben habe, seien versteckt im Gebälk seines Bodens. Nur meinen Schmuck, ich hatte bis auf meinen Siegelring im letzten Moment alle Ringe und Armbänder von den Händen gezogen und ihm übergeben, habe er in einer Ziertasse in seinem Vertiko verwahrt. Erst vorige Woche habe ein Russe daraus trinken wollen, den Schmuck gesehen und eingesteckt. Besonderen Wert legte er darauf, daß das von mir so geliebte Paddelboot auch für mich sichergestellt sei, er habe es in das Gebälk des obersten Speicherbodens bringen lassen.

Er selbst hatte Schlimmes erlebt. Die russische Soldateska, anders konne man diese nicht bezeichnen, hatten versucht, vor den Augen seines Schwiegersohnes, der wie alle seine Verwandten Pole war, seine Tochter zu vergewaltigen. Als der Schwiegersohn, der bei uns auf dem Hof als Vogt gearbeitet hatte, dies zu verhindern versuchte, hatte man ihn erschossen! So war seine Tochter Witwe, der Ehemann und Vater der drei Kinder nach gut überstandenem Krieg sinnlos getötet.

Siebert zog aus seinem Schlafzimmer aus und überließ mir das blauweiß bezogene Ehebett seiner verstorbenen Frau. Ich war zu bewegt, zu aufgerührt, ich konnte einfach noch nicht schlafen. So ging ich in die Dunkelheit hinaus und schwamm in unserem mit so vielen schönen Erinnerungen verbundenen Nelker See. Ein herrliches Mondlicht lag über dem See, Hunderte von Enten, die im Schilf gelegen hatten, flogen auf, unwillig schnatternd ob der ungewohnten Störung. Obgleich keinerlei Grund dafür vorhanden war, im Gegenteil, aber ich habe selten ein solches Glücksgefühl gehabt wie beim Schwimmen in der Nacht bei Mondschein im vertrauten See. Am nächsten Morgen weckte mich Siebert wie verabredet um vier Uhr morgens, und ich kroch in die am Abend bereitgelegten Sachen seiner Magd, das heißt, nahm ihr Kopftuch, ihre Schürze und einen Melkeimer, wie sie das tat, in die Hand, und so ausgerüstet gingen wir über den Hof, und Siebert zeigte mir alles. Die Gebäude waren erhalten, nur gab es kein Vieh mehr. Die Schafherde, vierhundert bis fünfhundert Stück, wo war sie geblieben – ich erinnere mich nicht. Die Ochsen geschlachtet, die Pferde eingezogen. Einige unserer Fohlen waren noch da, die man ein- und zweijährig nicht hatte brauchen können. Siebert hatte zwei Kühe und sagte, was mich tief rührte, »wenn die Herrschaften wiederkommen, gebe ich Ihnen eine meiner Kühe. Ich bin so alt und glaube nicht mehr lange zu leben, ich brauche nur noch eine Kuh.« Desgleichen hatte er in meinem Geflügelstall noch eine ansehnliche Anzahl von Hühnern, Enten und Gänsen, die er gleich als mir gehörend erklärte. Er beharrte darauf, daß ich auf den Oberboden des Speichers stieg, um mich von dem guten Zustand meines Paddel- und Segelbootes zu überzeugen. Ich ließ ihn im Glauben, wir würden wiederkommen. Mir war sofort klar: selbst wenn ich hierher einmal würde zurückkehren können, so gewiß nicht als Besitzerin von Groß-Nelke und schon gar nicht, um auf »unserem See« zu segeln und zu paddeln. Als die ersten Menschen sich auf dem Hof zeigten, noch war das Land nicht endgültig aufgeteilt wie später, sondern es wurde gemeinsam bewirtschaftet, drängte er mich ins Haus. Da mußte ich auf den Boden steigen, um mein Silber und den Speck, nach dem heißen Sommer leicht ranzig riechend, zu bewundern. Nach diesem fast nächtlichen Rundgang legte ich mich wieder unter den Federkissenberg seiner verstorbenen Alten und schlief erschöpft ein.

Siebert dagegen, es war ein Sonntag, ging in die katholische Kirche nach Wollstein, um dort, alles ging im Schutze der Kirche, Erkundigungen einzuziehen, wie ich hier wieder unbeschadet herauskommen könnte. Und wirklich, als er zurückkehrte, sagte er mir, daß der nächste Zug nach Deutschland am nächsten Tag, also am Montag gegen Nachmittag von Posen abgehe. Der polnische Kirchendiener, sein Freund, hatte sich bereit erklärt, mich abends abzuholen, bei sich übernachten zu lassen, mein Billett zu kaufen und mich in den Zug nach Posen zu setzen. Ich war sprachlos.

Noch einmal hatte Kazia das Beste, was im Hause war, gekocht. Ich nahm einige kleine silberne Dinge an mich, ein Schächtelchen, ein Schälchen und einige Bestecke für Dr. Spizewski. Mehr wagte ich nicht im Rucksack mitzunehmen, zumal fast alles Silber mit unserem Wappen versehen war. Allerdings die Leute, denen das auffallen würde, machten keine Kontrolle!

Und wirklich, sobald es dunkel war, erschien der mir unbekannte katholische Kirchendiener mit einem Fahrrad und holte mich ab. Inzwischen hatte ich bereits in Posen auf Rat von Dr. Spizewski das grüne aufgenähte Laub mit Eicheln von den Aufschlägen meines Jagdkostüms entfernt – sehr deutsch, sagte er. Nun tauschte ich mein Kopftuch gegen das von der Magd Kazia, sie gab mir ihre Kleiderschürze und ich ihr meine Strümpfe und noch vorhandene Wäsche, und so in eine polnische Magd verwandelt, ging ich im Dunkeln neben dem Kirchendiener her, der sein Rad nun schob. Vorher hatte ich den treuen Siebert und Kazia zum letztenmal umarmt. Ich sollte sie nie mehr wiedersehen.

An dieser Stelle muß ich von dem Verbleib unseres Familiensilbers erzählen, das wir Siebert in der Nacht von 22. Januar 1945 in einem Kartoffelsack gegeben hatten und das nun im August noch vollzählig auf dem Boden im Gebälk des Vogthauses lag. Es mutet wie ein Märchen an, und ich bin wohl die einzige Person, die ihr Silber aus Polen nach zweiundzwanzig Jahren, also 1967, wiederbekam.

Als Frau Agnes Zuralski, die deutsche Frau des schon erwähnten polnischen Gynäkologen aus dem Gefängnis bei den Russen entlassen war, es muß 1946 gewesen sein, lebte sie in einem Kellerloch mit ihren beiden Kindern Ina und Danek. Eines Tages kam ein junger, unbekannter Pole in den Keller, stellte kurz entschlossen den Sack mit dem Silber auf den einzigen Tisch und sagte: »Mein Onkel, der alte Vogt Siebert in Nelke, den Sie auch kennen, hat das Gefühl, daß er bald sterben muß. Dieses Silber gehört der Familie Lehfeldt und ist ihm zum Aufbewahren übergeben. Es ist der große Wunsch meines Onkels, daß Sie eines Tages Lehfeldts das Silber zurückgeben.« Damit verließ er schnell das Kellerstübchen in Angst, Zuralskis würden ihm den Sack zurückgeben. Denn natürlich waren diese entsetzt. Das bedeutete eine große Belastung für sie.

Als die Tochter 1967 (die Mutter war inzwischen gestorben) endlich die Genehmigung bekam, nach Deutschland auszureisen, nahm sie die Sachen beim Umzug mit. Diese wurden nun von Museumssachverständigen geprüft, ein Teil als »altes polnisches Silber« – es stammte aus Frankreich und Berlin – erklärt und für die Museen behalten, wo es noch sein soll! Aber der größte Teil wurde, absichtlich schwarz gemacht, zerlegt und so weiter, für die Umsiedlung freigegeben. Diesen ungewöhnlichen Einsatz und diese Treue habe ich nie gutmachen können. Aber mit großer Rührung und Dankbarkeit betrachte und benutze ich die Stücke, die zumeist mit unserem Wappen versehen, schon unsere Eltern und Großeltern benutzt haben.

Als ich an jenem Abend neben dem Kirchendiener durch das Dorf Nelke ging, wir sprachen natürlich Polnisch, fragte ich ihn, warum er mir helfen würde, es könne ihm doch sehr schaden, wenn es herauskäme. Da sagte er: »Während des Krieges, als wir nichts zu essen hatten, waren wir gezwungen, bei Ihnen zu stehlen. Wenn Ihr Mann das gesehen hat, hat er nie etwas gesagt. Er ließ es zu, weil es aus Not war. Ich möchte etwas wieder gutmachen.«

Er hatte ein kleines Haus direkt am Wollsteiner See, das mir noch nie aufgefallen war. Als wir hineinkamen in der Dunkelheit, bekam ich Angst. Es waren mehrere mir unbekannte Polen da, die er mir als seine Söhne und Schwiegersöhne vorstellte. Aber wie waren die jungen Polen, die zur Nazizeit so viel gelitten hatten, eingestellt? Ich schlief, wenn man es so bezeichnen kann, im Wohnzimmer auf einem Lehnstuhl, und ich wurde wie verabredet um vier Uhr früh geweckt, bekam noch etwas Verpflegung und marschierte mit meinem Begleiter, nachdem ich ihm zum Dank eine silberne Schüssel dagelassen hatte, zum Bahnhof Wollstein, wo der Zug wie früher auch gegen fünf Uhr nach Posen abging. Wir hatten ausgemacht, daß wir uns scheinbar nicht kennen würden, er würde in die verschiedenen Abteile sehen und kontrollieren, daß nicht jemand drin sei, der mich erkennen könne, mir dann ein Zeichen geben und wortlos verschwinden. Das Billett hatte er schon am Vortag gekauft. Ich habe ihm das Geld niemals wiedergeben können, denn ich besaß kein polnisches Geld.

Ich erfuhr in den Gesprächen, daß es damals schon eine Widerstandsbewegung der Polen gegen die kommunistischen Russen gab, und letztlich haben diese Menschen mich herausgebracht und auch das Billett bezahlt. Es war der Mensch, der zählte, und sein Verhalten in der Kriegszeit, nicht die Nationalität.

Diesmal bekam ich sogar einen Sitzplatz. Ich ging in Posen vom Bahnhof aus gleich zu Spizewskis, die mir Frühstück machten und sich sehr über das mitgebrachte silberne Besteck freuten. Sie waren froh, daß mir nichts passiert war. Wieder war es die alte Sprechstundenhilfe, die mich mittags auf die Bahn brachte und ein Billett bis zur Grenze kaufte. Ein Billett nach Berlin bekam man nur mit Sondergenehmigung der Miliz und der Russen. Der Zug, der gegen Nachmittag gehen sollte, kam nicht. Man verkaufte trockenes Brot auf dem Bahnhof, das ich auch mit den letzten von Dr. Spizewski geschenkten Złoty erwarb. Ich hatte auf dem Bahnsteig, als Magd verkleidet auf der Erde sitzend, beobachtet, daß ein Franzose, man erkannte ihn an einer Armbinde in den französischen Farben, auch auf den Zug wartete. Vorsichtig setzte ich mich an seine Seite, sprach ihn französisch an und fragte, ob er mir einen Gefallen tun könne, was er, erfreut seine Sprache zu hören sofort bejahte. Er sprach weder Polnisch noch Deutsch. Ich erklärte ihm, daß ich Deutsche sei, die hier gelebt habe und die gehofft hatte, zurückkehren zu können, nun aber wisse, daß dies unmöglich sei. Ich hätte keine Papiere für die Reise, und falls ich aus dem Zug geholt werden würde, möchte er meinen Mann benachrichtigen. Dabei übergab ich ihm einen Zettel mit der Dröschkauer Adresse von Dietz. Er versprach, dies zu tun und mich so gut es ging auf der Reise zu beschützen.

Er erzählte, er sei Kriegsgefangener der Deutschen gewesen,

habe aber nicht sofort nach dem Waffenstillstand nach Frankreich zurückkehren können, weil er krank in einem Lazarett gelegen habe. Durch seine polnische Braut war er reichlich mit Lebensmitteln versorgt. Ich »spendierte« das soeben erworbene Brot, und er teilte ein gebratenes Huhn mit mir. Als Gegenleistung bat er mich, ihn in Berlin in den französischen Sektor zur Militärkommission zu bringen, wo er sich die Papiere für die Weiterreise nach Frankreich holen müsse.

Der Zug, der um fünfzehn Uhr hatte fahren sollen, fuhr abends um einundzwanzig Uhr endlich ab. Wieder waren es geschlossene Viehwaggons, das heißt, Güterwagen, in die wir uns zwängen mußten. Außer den vielen russischen Soldaten und einigen Polen waren fast nur verängstigte Deutsche darin, die ausgewiesen wurden oder zu fliehen versuchten. Ich sagte dem Franzosen sofort, daß ich so tun würde, als ob ich nicht Deutsch verstünde, und sprach nur französisch mit ihm. Er hatte eine Militärdecke bei sich, riet mir, ihm meine Armbanduhr zu geben, meine Haare ganz unter dem Kopftuch zu verstecken, deckte mich mit seiner Decke zu und erklärte mich zu seiner »petite amie«. Das war meine Rettung, denn die Rückreise war wesentlich aufregender als die Hinfahrt. Der Zug hielt dauernd, jedesmal kamen andere Russen herein, angeblich um zu kontrollieren, aber in Wirklichkeit mal um Uhren einzusammeln, mal um die Vorräte wegzunehmen, mal um Frauen zu sich in ein anderes Abteil zu holen. Es war schrecklich. Immer blieb ich verborgen unter der Decke, als »seine Braut« erklärt.

An der Grenze von Polen zu Deutschland hielt der Zug lange. Hier wurden Billett und Ausweise kontrolliert. Es war Morgen geworden. Die Kontrollen näherten sich unserem Waggon. Ich stieg aus, um mich in einem Pufferhaus zu verstecken,

da – oh Wunder, sah ich, daß das Zeichen zur Abfahrt gegeben wurde, und sprang schnell in die offene Tür unseres Gü-
terwagens, in dem sich nun viel weniger Menschen befanden.
Unerklärlicherweise stand ein großes Blechfaß jetzt im Abteil,
auf das sich die Menschen als einzigen Sitz setzten, und das an
der offenen Tür stand, so daß man Aussicht bei der Fahrt hatte. Der Franzose hatte durch seine bevorzugte Stellung als
entlassener westlicher Militärangehöriger sofort dort zwei
Plätze erobern können. Nun hielt der Zug wieder bei jeder
kleinen Station in der Ostzone, und ein Eisenbahnschaffner
stieg ein, um Billetts und Ausweise zu kontrollieren. Ich hatte
weder das eine noch das andere, was der Franzose wußte. Mit
preußischer Genauigkeit kontrollierte der Schaffner zunächst
die eine Seite und die Leute, die auf der Tonne auf der Seite
gesessen hatten. Dann begann er wieder in der anderen Ecke.
Ich blieb unauffällig sitzen, während mein Freund aufrecht-
stehend die Tonne einfach um 180 Grad drehte, so daß ich damit in den kontrollierten Teil geriet, ohne mich selbst zu bewegen. Gegen vierzehn Uhr kamen wir in Berlin-Lichtenberg an.
Wieder standen mir die Kontrollen an der Sperre bevor. Der
Franzose wollte mich als seine französische Freundin durchbringen. Aber ehe es dazu kam, rannte vor uns ein Mann, der
offensichtlich auch keinen Ausweis hatte, an der Kontrolle
vorbei durch die Sperre, die Miliz hinterher, um ihn zu ergreifen, und wir schlenderten gelassen im Schutze der Trikolore
seiner Armbinde durch die nunmehr unbesetzte Sperre. Ich
brachte den neuen Freund, er war Koch von Beruf, wie er
erzählte, zum nächsten französischen Posten. So endete die
Reise für ihn und vor allem für mich nach der großen Gefahr
sehr, sehr gnädig. Ich begab mich zu Stolpes und schlief mich
zunächst einmal aus.

Nun galt meine Sorge meinen Freunden Dohnanyi. Was war aus Hans v. Dohnanyi, General Oster, Canaris geworden? Noch immer hatte Frau v. Dohnanyi zwar keine Hoffnung mehr, aber auch keine Gewißheit über den Tod ihres Mannes und suchte ihn mit Hilfe der Besatzungsmächte. Sie hatte ihr Haus in Sacrow verlassen, weil dort die Russen waren, und lebte im englischen Sektor. Sie riet mir, nach Sacrow zu fahren und zu sehen, ob ich noch etwas von meinen Sachen fände, die ich in Koffern dorthin geschickt hatte. So begab ich mich allein am 29. August 1945 auf eine umständliche Fahrt, wie es damals an der Tagesordnung war.

Zunächst fuhr ich nach Wannsee, von dort mit dem Dampfer nach Kladow und ging zu Fuß mit meinem Rucksack nach Sacrow. Das schöne Haus am großen Haemphorn war geplündert, zerstört. Die Türen standen offen. Ich ging durch den verwüsteten Garten, in dem einst unsere Ziege Eulalie und die Puten geweidet hatten, die wir Dohnanyis in den letzten Kriegsjahren geschickt hatten. Zu meiner Freude und meinem Schrecken fand ich im Unkraut des Gartens einige meiner Kindersachen. Die Koffer waren aufgebrochen und die Sachen verstreut worden. So sammelte ich ein, was noch brauchbar erschien und fuhr sehr deprimiert zu Frau v. Dohnanyi nach Dahlem. Dort blieb ich mit ernsten und schweren Gesprächen zum Abend und über Nacht.

Am nächsten Morgen frühstückte ich noch mit Frau v. Dohnanyi. Sie schenkte mir einen Volksempfänger, da sie mehrere Radios von der englischen Besatzung bekommen hatte. Ihr Schicksal und die Ungewißheit um den Verbleib ihres Mannes ging mir sehr nah. Erst später erfuhr man, daß Dohnanyi am 8. April in Sachsenhausen halb bewußtlos auf einer Bahre liegend aufgehängt worden ist. Am 9. April wurde auch auf persönlichen Befehl von Hitler in Flossenbürg an der tschechischen Grenze der Bruder von Frau v. Dohnanyi, Pastor Dietrich Bonhoeffer, zusammen mit Canaris, Oster, Gehre, Dr. Sack und Strünck an den Galgen gebracht. Der Chef der dänischen Abwehr Lunding ist als Zellennachbar von Admiral Canaris Zeuge all der schrecklichen Vorgänge gewesen, mit dem er sich durch Klopfzeichen verständigte. Auf die entsetzlichen Umstände will ich nicht eingehen, ich habe sie auch erst später durch die Familie Dohnanyi und Bonhoeffer und dann durch die verschiedenen Bücher über die Widerstandskämpfer erfahren. Noch immer ist dies für mich unbewältigte Vergangenheit.

Doch zurück nach Berlin. Von Frau v. Dohnanyi aus fuhr ich zu Stolpes, die mich an den Anhalter Bahnhof brachten. Der Zug fuhr nach langem Warten nicht, und ich mußte wieder eine Nacht mit Angst auf dem Bahnhof in Berlin verbringen. Um neun Uhr fuhr ich in einem überfüllten Viehwagen bis Wittenberg. Dort war kein Anschlußzug. Mit viel Mühe bekam ich in der Stadt in Wittenberg ein Nachtquartier. Am nächsten Morgen um sechs Uhr ging es weiter nach Torgau. Dort ging ich zu Bekannten und nahm endlich Kontakt mit meinen Lieben in Dröschkau auf. Dietz schickte mir ein Gespann mit dem Ponyhengst Lumpi an die Bahn in Belgern. Welch eine Freude nach all dem bewegenden Erleben, wieder mit Dietz und den Kindern vereint zu sein. Ein gnädiges Schicksal hatte mich durch all diese Gefahren heil nach Haus geführt.

Dietz und die Kinder schlossen mich in die Arme, und Jobst war ganz goldig und freute sich über den Cockerspaniel von Frau v. Goetz, den mir ihre Mutter mit in Pension gegeben hatte. Ich war wieder in der Familie, umgeben von Pferden und Hunden, ohne Angst und Schrecken. Das große Risiko der Reise hatte sich gelohnt. Wir wußten nun, daß wir auf keinen Fall nach Lehfelde zurückkehren konnten. Irgendwie wurde man innerlich ruhiger. Man war gezwungen, sich auf etwas anderes einzustellen, an Ort und Stelle wieder zu versuchen, etwas aufzubauen, versuchen, zu überleben. Das große Heimweh mußte in den Hintergrund gedrängt werden.

Fünf Jahre unter russischer Besatzung in der Ostzone

Nach meiner Rückkehr aus Lehfelde am 1. September 1945 begann man nun auch in der Ostzone (der »Sowjetischen Besatzungszone«) mit den Maßnahmen, die das kommunistische Regime in Polen auf Veranlassung der Russen bereits durchgeführt hatte.

Am 6. September wurde die Bodenreform veröffentlicht. Die Familie von Heynitz wurde enteignet, und auch wir sollten Dröschkau verlassen. Ein Kommunist aus Liebersee war als Verwalter und Kontrolleur eingesetzt. Dietz, mit der slawischen Mentalität gut vertraut, wußte, daß man nur mit einem Gegenangriff, niemals mit Bitten etwas erreichen konnte, und legte sofort Beschwerde ein. Er bewies, daß wir mit dem Hab und Gut auf zwei Ackerwagen keinesfalls mehr »Kapitalisten« sein konnten, und erreichte tatsächlich, daß Heynitzens noch kurze Zeit bleiben konnten und er zum Treuhänder bestellt wurde.

Das Land wurde vermessen und an die in Dröschkau ansässigen Landarbeiter und die Flüchtlinge, wie wir es waren, verteilt. Am 28. Oktober 1945 im Anschluß an einen »Siedlerball im Dorfe Liebersee« bekamen wir jeder vierundzwanzig Morgen Ackerland und fünf Morgen Wald zugeteilt.

Am 17. Oktober 1945 mußte die Familie v. Heynitz, auf ihrem Milchwagen sitzend, ihren alt angestammten Besitz verlassen und die ihr verbliebene Habe auf einen Handwagen packen, der an den Milchwagen angehängt wurde. Anschließend kamen die Russen und holten die besten Möbelstücke aus dem Gutshaus ab. Da man wußte, daß die Möbel in unserer Wohnung auch Heynitzens gehört hatten, holten die Russen im Oktober zweimal Möbelstücke bei uns aus der Wohnung. Sie waren auch nicht zu stolz, sobald ihnen eine Glühbirne fehlte, in die nächste deutsche Wohnung zu gehen und die Birne einer kinderreichen Familie auszudrehen, einen Besen wegzunehmen oder was immer ihnen gerade in den Sinn kam. Ich war in ständiger Angst, wenn ich allein war, zumal die Zeit der Vergewaltigungen keineswegs vorbei war.

Das wichtigste war, daß man den Winter überleben konnte. So fuhr ich mit zweien unserer Pferde vom 29. September bis 1. Oktober 1945 von der Elbe wieder zur Mulde nach Zschorna und zu meinen Verwandten Schönberg nach Thammenhain und erstand in den Dörfern bei den mir bekannten Kleinbauern zwei kleine Kaninchen, zwei Entchen und zwei Puten. Pro Siedlung wurde ein Schwein aus dem Dröschkauer Gutsbetrieb zugeteilt. Unseres schlachteten wir am 5. November, so mager wie es war. Mitte November fingen wir an, tagelang Zuckerrüben zu putzen, zu schaben und zu schnippeln, um daraus Sirup zu kochen.

Im Garten hatten wir Tabak angebaut und reihten nun die Blätter auf Bindfäden. Pilze und Obst wurden getrocknet, Salat aus Löwenzahn bereitet. Kurz, ich war den ganzen Tag beschäftigt, etwas zum Essen für die Familie heranzuschaffen. Ein großes Problem bereiteten uns unsere Jagdwaffen, die wir, wie in der ersten Bescheinigung für den polnischen Landrat aufgeführt, immer noch besaßen (vgl. Dokument S. 83).

Einen Revolver hatte Dietz bei den Amerikanern abgegeben, die anderen in irgendeinen Teich oder Fluß geworfen, ebenso die viele Munition.

Aber was sollte man mit den großen Waffen, den Flinten und Büchsen machen? Wie diese unauffällig an einen anderen Ort transportieren oder vergraben?

Im Mai waren wir von der russischen Armee überrannt worden, jetzt war der Sommer fast vorbei, und ständig waren wir in Angst, man könne die Waffen finden und uns deshalb erschießen. Schließlich ging Dietz den geraden Weg. Nachdem er Kontakt zu einem der russischen Besatzungsoffiziere bekommen hatte, meldete er einfach die Waffen bei diesem an und bat, sie abgeben zu können. Wie er dies fertigbrachte, ohne daß uns daraus Schwierigkeiten erwuchsen, weiß ich nicht. Darin war er ein Künstler.

Das erste Weihnachten im Frieden nach den sechs Kriegsweihnachten kam heran. Jobst war vorher länger krank gewesen, und die größte Freude war, daß er gerade am Heiligabend aufstehen konnte. Wir gingen zu Fuß in die Kirche nach Staritz. Beim Stellmacher hatten wir einige Klötzchen aus Holz für Jobst erbeten, und Dietz hatte aus Torgau für die großen Kinder zwei Bücher mitgebracht. Sirupplätzchen waren gebacken. Was wollte man mehr? Die Tatsache, daß der schreckliche Krieg zu Ende war, war das größte Geschenk, obgleich die Zukunft mehr als dunkel vor uns lag.

Ein Wunschzettel für Weihnachten 1945 ist in meinem Kalender erhalten, der Heugabel, Rübengabel, Mistgabel, Gartengeräte, Waschbrett, Kaninchenfellspannbrett und Bolzen sowie Aufsatzbretter für den Leiterwagen aufzählt. Das waren die Dinge, um die unsere Gedanken in diesen Zeiten gingen. Eiserne Dorne und Ketten für die Wagendeichseln sind dort auch verzeichnet. Wie viele Menschen wissen nach fünfunddreißig Jahren, also eine Generation später, überhaupt noch, was das ist? Wie schnellebig ist doch unsere Zeit!

1946 – Noch wurde Dröschkau unter Leitung von Dietz mit den Maschinen vom Gut gemeinschaftlich bewirtschaftet. Doch wurden schon die Ställe vermessen und an die einzelnen Siedler verteilt, ebenso wie das wenige vorhandene Vieh. Wir bekamen neben dem sofort nach der Zuteilung geschlachteten Schwein auch eine Kuh. Der uns zugewiesene Stall mußte in Ordnung gebracht, Kleingeräte angeschafft werden. Es entstanden langsam die Siedlungen. Wir kauften kleine Ziegen und Schäfchen. Wieder bewahrte mich ein gnädiges Schicksal. Als ich eines Nachts mit den Kindern allein war in der Siedlung, Dietz war schon in Torgau tätig, hörte ich im Stall unter unserer Wohnung Lärm. Ich verhielt mich mäuschenstill und machte kein Licht an. Dann ein Schuß. Am Morgen stellte ich fest, daß unser einziges Schwein, die Zuteilung für 1946, erschossen und von russischen Dieben weggeschleppt worden war. Diese hatten auch an anderen Stellen Vieh erschossen und gestohlen. Wo die Siedler sich gezeigt und zur Wehr gesetzt hatten, hatte man auf sie geschossen. Die Aufteilung des Landes in Siedlerstellen brachte schwere körperliche Arbeit mit sich. An anderen Orten fehlten Fachleute bei der Bewirtschaftung der Staatsgüter, bei der Verteilung des wenigen Saatgutes, bei der Verwaltung der Gestüte wie des im Kreise Torgau gelegenen Graditz. So nahm Dietz die Stelle als Kreislandwirt in Torgau an, da er sich der täglichen schweren Arbeit als Landarbeiter nicht gewachsen fühlte und so auch mehr Geld verdienen konnte. Ich blieb in Dröschkau mit den Kindern wohnen, denn eine so schöne Wohnung mit Garten hätten wir in Torgau nie bekommen. Vor allem mußte ich für die Ernährungsgrundlage der Familie sorgen. In den Städten hungerte man.

Dietz, der großes Geschick hatte, mit den Leuten umzugehen,

fand zunächst einen alten Arbeiter des Gutes, dann einen schlesischen Landarbeiter, der keine Siedlerstelle bekommen hatte und der sich bereit erklärte, für uns an Stelle von Dietz in der Siedlung zu arbeiten. Dann kamen zu uns Flüchtlinge aus der Tschechoslowakei, Mutter und Tochter, die ein Zimmer im Schloß bekommen hatten und die mir im Haus oder bei der Feldarbeit und beim Melken halfen. Wir wechselten uns ab. Einer blieb im Haus und besorgte Jobst und die Mahlzeiten. Die anderen gingen beziehungsweise radelten jeden Morgen auf das Feld und arbeiteten dort oder auch im Wald beim Holzaufbereiten. Holz, das getrocknet werden mußte, war zunächst unser einziges Heizmaterial. Kohle wurde uns erst später zugeteilt.

Am 14. Februar bekam meine Angloaraberstute ein schönes Fohlen von unserem inzwischen von den Russen gestohlenen Trakehnerhengst Hans Huckebein, das wir Hucke nannten. Der dafür erzielte Kaufpreis als Absatzfohlen im Herbst hat uns dann die nötigen Anschaffungen für die Siedlung ermöglicht. Geld hatten wir nicht gerettet. Die alten Konten waren beschlagnahmt. Fasana konnten wir beim Graditzer Hengst Unkenruf gegen eine sehr hohe Decksumme wieder zulassen. Bei der wertvollen Stute, deren Papiere wir gerettet hatten, lohnte sich das. Die Fohlen dieser Stute und meine irische Setterzucht, von der ich noch sprechen werde, waren unsere Einnahmen in den schrecklichen Jahren.

Im März mußte der kleine Jobst am Bruch operiert werden. Es war schmerzlich für mich, das Kind angesichts der kriegsmäßigen Betreuung und Versorgung in Torgau im Krankenhaus lassen zu müssen. Ich blieb die Tage über in Torgau, um viel bei ihm zu sein, mußte aber immer wieder nach Dröschkau zurück, um nach dem Rechten zu sehen. Am 21. März kalbte unsere Kuh. Ein großes Siedlererlebnis! Die Milch war die Grundlage für unsere Ernährung.

Frau v. Heynitz hatte eine bedeutende Vollblutpferdezucht in Dröschkau aufgebaut. Davon waren die Stute Bramouse mit Fohlen übriggeblieben. Es gelang dank Dietz' Stellung im Landratsamt, zwei Fohlen, die später so berühmten Hengste Bürgermeister und Birkhahn, durch einen Pferdehändler als »Schlachtpferde« herauszubringen, und nach dem Westen an Frau v. Heynitz zu schicken. Von diesen Pferden, die sehr berühmte Renn- und Zuchtpferde wurden, hat Frau v. Heynitz mit ihrer Familie später in Hannover gelebt. Birkhahn wurde, nachdem er 1948 das Derby in Hamburg gewann, ein bekannter Deckhengst.

Unser Ponyhengst Lumpi wurde im April 1946 in Kranichau auf Veranlassung von Gustav Rau gekört, der sein Foto auch in die wieder erscheinende Reiterzeitschrift *St. Georg* brachte. »Er hat einen Aufsatz wie der alte Tempelhüter«, sagte Rau über unseren aus Lehfelde mitgebrachten Ponyhengst Lumpi.

Vom 30. April bis 4. Mai war ich in Berlin. Der Anlaß zu dieser Reise war, daß wir gehört hatten, daß unser Deutschtumsführer zur polnischen Zeit, Dr. Kohnert, von den Engländern verhaftet worden war, weil er gegen seinen Willen von Hitler wegen seiner Verdienste um das Deutschtum zum SS-Oberführer ernannt worden war. Dr. Kohnert, ein Volksdeutscher aus Westpreußen, war wie viele andere bei Kriegsausbruch 1939 in Bromberg von den Polen verhaftet und im Zuge der Verschleppungen des Bromberger Blutsonntags bis in die Gegend von Warschau getrieben worden. Als er mit den anderen Deutschen von der deutschen Wehrmacht befreit worden war, wurde er von einem deutschen Panzer versehentlich angefahren. Auf Veranlassung von Hitler wurde er zu Prof. Sauerbruch geflogen, der ihm das Bein amputieren mußte. Als er aus der Narkose aufwachte, war die Ernennung bereits geschehen, die aber nur ein Titel ohne Funktion war.

Ich hatte in den Jahren 1940 und 1941 Dr. Kohnert, der sich sehr für uns eingesetzt hatte, da er Dietz aus seiner Deutschtumsarbeit kannte, mit Canaris und der Abwehrstelle zusammengebracht und war selbst Zeuge einiger Unterredungen gewesen, bei denen Dr. Kohnert sich entsetzt und beunruhigt über die Grausamkeiten des SD und der SS geäußert und von sich aus Canaris auch um Hilfe für andere gefährdete Menschen gebeten hatte.

Da alle Angehörigen der Widerstandsbewegung, die ich gekannt hatte und die bei den Unterredungen Zeuge gewesen waren, inzwischen von der SS ermordet worden waren, war ich die einzige, die für Dr. Kohnert dies bezeugen konnte. So fuhr ich nach Berlin und versuchte, zunächst über den bekannten Rechtsanwalt und Verteidiger der Widerstandsleute, Herrn Dr. Rudolf Dix, an die englischen Gerichte heranzukommen. Justizrat Dr. Rudolf Dix war auch Verteidiger von Dr. Schacht im Nürnberger Prozeß gewesen. Herr und Frau Dix behielten mich über Nacht bei sich, rieten mir aber, den Versuch des Kontaktes mit den englischen Gerichtsangehörigen über Professor Bonhoeffer zu machen.

So kam es zu einer der für mich erschütterndsten Begegnungen. Prof. Bonhoeffer, Professor der Neurologie an der Universität in Berlin, empfing mich in seiner Villa in der Marienburger Allee in Charlottenburg, an seinem großen Schreibtisch sitzend. Vor ihm standen Fotografien seiner beiden Söhne Klaus und Dietrich Bonhoeffer und seiner Schwiegersöhne Hans v. Dohnanyi und Rüdiger Schleicher. Alle vier wurden im April 1945 kurz vor dem Einmarsch der Alliierten auf Veranlassung Hitlers hingerichtet. Deutschland sollte mit dem Ende des Naziregimes total zerstört werden und keine fähigen Köpfe der Opposition mehr am Leben bleiben.

Die Würde dieses weißhaarigen alten Herrn, der trotz seines eigenen so schweren Schicksals sofort bereit war, zu helfen, hat mich unendlich beeindruckt. Prof. Bonhoeffer telefonierte mit verschiedenen englischen Dienststellen und erreichte, daß ich am 3. Mai im Gebäude des Military Government von Dr. Middletan empfangen wurde. Ich mußte meinen Bericht über die Beziehungen von Dr. Kohnert zur Widerstandsbewegung und zur Abwehrstelle, die ich Dr. Middletan in allen Details berichtet hatte, zusammengefaßt auf englisch zu Protokoll bringen. Während Dr. Middletan sich anfangs sehr reserviert verhielt, da ich davon sprach, daß Dr. Kohnert von den Engländern »imprisoned« sei, wurde er sehr aufgeschlossen und hilfsbereit, als sich herausstellte, daß ich mich in dem Ausdruck geirrt hatte und er nur »interned« sei. Er brachte mich dann bis auf die Straße und wünschte mir »all the luck of the world after such a terrible time«.

Und wirklich, wie Dr. Kohnert mir später erzählte, ist er nach kurzer Zeit zu meiner Person im Internierungslager vernommen und danach freigelassen worden.

Nachdem ich auf dem Invalidenfriedhof noch das Grab meiner Großeltern und meiner Mutter mit dem damals noch unzerstörten Gedenkstein für meinen Vater besucht hatte, fuhr ich wieder nach Hause.

Das Leben in Dröschkau ging nun seinen Lauf, der darin bestand, etwas zum Essen zu beschaffen. Von all den Unbilden dieser schrecklichen Jahre wurden wir nicht verschont. Karin bekam Läuse, und ich hatte Mundfäule, die mir sehr zu schaffen machte. Außerdem mußten wir alle gegen Typhus geimpft werden, und ich wurde danach sehr krank und bekam roten Ausschlag am ganzen Körper.

Ich arbeitete täglich auf dem Feld mit, und tagelang vermeldet mein kleiner Kalender im Mai, daß ich Rüben verhackte. Abends flickten wir die wenigen Säcke, die wir hatten. Solche Dinge waren große Wertgegenstände. Ich müßte dies meinen Enkeln, die so im Überfluß leben, öfters erzählen, damit sie das, was sie als selbstverständlich und ihnen zustehend betrachten, dankbar anerkennen. Aber kann man seine eigenen Erfahrungen auf die anderen Generationen übertragen? Leider nein, glaube ich.

Das Jahr 1947 begann mit einer furchtbaren Kälte. Die kümmerlichen Kohlezuteilungen, ich habe acht Zentner in meinem Tagebuch vermerkt, genügten nicht, um das Wohnzimmer zu heizen. So saßen wir in der Küche und kochten Sirup, unser Ersatz für den fehlenden Zucker. Das Kochen dauert stundenlang und durfte nicht unterbrochen werden, da das erneute Aufwärmen des Sirups zu viel Heizmaterial gekostet hätte. So rührten wir viele Nächte, bis der jeweils auf dem Ofen befindliche Sirup die nötig Dicke erreicht hatte. Mit diesem Sirup süßten wir unsere Speisen, vor allem früh die Gerstengrütze, die mit Wasser gekocht war. Von unserer Kuh mußten wir die Milch abgeben, und der uns zustehende Rest Milch reichte nur für die Kinder oder für ein Kännchen früh in den Gerstenkaffee.

Wir froren und hungerten, und doch – es ging uns unendlich viel besser als den Menschen in der Stadt. Unsere Siedlung hatte eine große Anziehungskraft für unsere Freunde. Als die Verkehrsverhältnisse sich besserten, kam viel Besuch aus der Stadt, der sich Zuckerrüben erbat, selber auf den Feldern

Kartoffeln und Erbsen »stoppelte«, wie man das damals nannte, Kräuter trocknete, Tabakblätter eintauschte und so weiter. Außer unseren Freunden kamen laufend »Tauschweiber«, so nannte man das damals, bezeichnend für die Härte der Zeit. Sie kamen aus den Städten, meist Flüchtlinge, die ihre letzte Habe an Wäsche und Geschirr gegen Lebensmittel anboten. Im April 1947 meldete sich bei uns durch Vermittlung von Frau Kreßner, der bekannten Dresdener Bildhauerin, die mit ihrem Sohn Michael öfter sich Lebensmittel bei uns holte, ein uns bekannter Professor der Kunstakademie aus Dresden, Professor Paul Wilhelm. Er kam zu uns nach Dröschkau und wollte Kinderbilder malen gegen ein Legehuhn. Er fuhr mit dem Raddampfer von Dresden, und wir holten ihn an unserer Anlegestelle an der Elbe ab. Er zeichnete Jobst zwei Tage lang mehrfach, und ich suchte mir dann das einzige Aquarell aus. Dann führte ich ihn in meinen Hühnerstall und bat ihn, mir ein Huhn zu bezeichnen, das ihm gefiel. Da ich nicht die Zeit hatte, meine Hühner täglich nach Eiern zu fühlen, daher auch nicht wußte, welche am meisten legten, schien mir das die beste Lösung. Prof. Wilhelm erbat sich ganz schüchtern noch zehn Pfund Körner zur Ernährung des armen Huhns, das in Zukunft allein in einem großen Ziergarten in Dresden leben sollte, weil ich das einzige Aquarell und nicht eine der Zeichnungen ausgewählt hatte! Wie ich nachträglich erfuhr, hat das Huhn zunächst auch brav gelegt, diese segensreiche Tätigkeit aber eingestellt, nachdem die Körner alle waren und es nur noch den Rittersporn zur Ernährung hatte, der das Hauptmotiv der Aquarelle von Prof. Wilhelm war. Ich freue mich täglich an dem sehr gelungenen Bild, das mich so humorvoll an diese schrecklichen Zeiten erinnert.
Im April bekam ich einen schönen irischen Setterrüden, der ei-

ner Familie zugelaufen war und den wir Hasso tauften. Später schenkte mir Dietz dazu eine Hündin Asta, und mit diesen beiden begann ich eine Setterzucht. Die Hunde wurden eingetragen in ein Zuchtbuch, die Hündin hatte ohnehin Papiere, und Hasso war solch ein Prachtexemplar, daß er ohne Schwierigkeiten angekört wurde. Die jungen Setter brachten sehr gute Preise und waren leicht zu verkaufen. Die Menschen verdienten wieder Geld, aber es gab dafür nichts zu kaufen. Nachträglich ist mir schleierhaft, womit ich diese beiden großen Hunde ernährt habe. Die Hündin blieb infolgedessen auch immer sehr klein und mager, war aber besonders anhänglich, während Hasso, den ich als ausgewachsenen Hund übernommen hatte, oft weglief. Asta, die wir bei unserer Flucht aus der Ostzone im April 1950 bei Kuczkowskis in Torgau zurücklassen mußten, ist uns mit einem Möbeltransport »schwarz« über die Grenze nachgebracht worden. Die Freude des Hundes, uns alle in Bremen wiederzufinden, war rührend. Ich habe im Westen noch einen Wurf junger Setter aufgezogen. Asta ist bis zu ihrem Tode in Bremen bei uns gewesen, innig geliebt von den Kindern, besonders von Karin. Die Frühjahrsbestellung im Jahre 1947 war sehr schwierig, da gutes Saatgut knapp war. So haben wir tagelang die Kartoffeln nach Keimen geschnitten, das heißt aus einer Kartoffel zwei bis drei Saatkartoffeln gemacht und diese dann vorsichtig mit der Hand gesteckt, damit die kostbaren Keime nicht abbrachen. Auf dem Felde bauten wir Mohn und Raps an, um die Früchte im Herbst gegen Öl tauschen zu können. Natürlich wurden viele Mohnkapseln gestohlen.

Der Sommer war ebenso warm, wie der Winter kalt gewesen war, und nach der Arbeit gingen wir zum Schwimmen an die nahe gelegene Elbe. Der Fluß war damals noch sauber, und wir konnten dort besser schwimmen als in dem sehr schmutzigen Dorfteich. Wenn ich geeignete Partner als Begleitung hatte, schwamm ich über die Elbe.

Auf den Dorfteich trieben wir den Tag über die kleinen Enten und Gänse, damit sie sich dort Nahrung suchten. Ab und an kam es vor, daß sie abends nicht an Land kommen wollten. Das Risiko, das mühsam aufgezogene Geflügel über Nacht draußen zu lassen, konnten wir nicht auf uns nehmen. Es wäre gestohlen worden. Also mußten wir in das moorige Wasser und die kleinen Enten und Gänse »anschwimmen«, wenn die üblichen Steinwürfe nicht halfen.

Besonders treu, ebenso wie bei den Erntearbeiten auf der Siedlung, hat mir dabei Wolfgang Buchwald geholfen. Sein Vater, Professor der Physik, lehrte an der Universität in Danzig und nach der Flucht in Jena. »Negus«, wie wir ihn nannten, hatte schon in Lehfelde seine Ferien meist bei uns verbracht. Inzwischen hatten wir auch Kontakte zu unseren englischen und amerikanischen Freunden bekommen und die für uns so lebenswichtigen Care-Pakete kamen an. So konnte ich die Rettung des Wassergeflügels mit Schokolade oder Zigaretten aus den Care-Paketen belohnen.

Im September 1947 machten Dietz und ich unseren ersten Urlaub in Kühlungsborn bei unseren Freunden, dem Ehepaar Prof. Clasen. Er war während des Krieges als Kunstgeschichtler an der Universität in Posen gewesen und oft bei uns zu Besuch. So konnten wir die Einladung, bei ihnen zu wohnen, mit gutem Gewissen annehmen. Wir schickten Körbe voll Kartoffeln und Obst und Gemüse an sie und hatten Lebensmittelkarten bekommen, die dort galten. Noch immer war alles »bewirtschaftet«. Ich besinne mich genau, wie überwältigt ich war, das Meer nach so vielen Jahren des Krieges wiederzusehen. »Also das hat man nicht zerstören können«, dachte ich erschüttert, als die Wellen wie eh und je gegen den damals noch leeren Strand rauschten.

Nach der Rückkehr von dieser Traumreise – als solche empfanden wir sie – mußte ich täglich Kartoffeln auf dem Feld aushacken und diese mit meiner Araberstute Fasana abfahren und einmieten. Viel anstrengender war aber die Zuckerrübenernte auf dem schweren Elbaueboden. So fiel man immer von dem bißchen Himmel auf die rauhe Erde zurück.

Die Kinder Wolfgang und Karin gingen in Liebersee auf die Volksschule und mußten dort Russisch lernen. Um ihnen helfen zu können, denn die deutsche Volksschullehrerin hatte ihre wenigen Kenntnisse auch erst kurzfristig erworben und dementsprechend war der Unterricht, nahm ich bei der baltischen Dolmetscherin von Dietz, russischen Unterricht. Dazu fuhr ich ein- bis zweimal die Woche nach Torgau, was den großen Vorteil hatte, daß Dietz und ich uns auch in der Woche sahen. Er hatte dort ein möbliertes Zimmer bei einer alten Dame, wo ich auf einem krummen Sofa schlafen konnte. Meine Russischkenntnisse blieben sehr kümmerlich, die innere Abwehr gegen alles Russische, das ich ungerechterweise mit kommunistisch und all unseren Unbilden gleichsetzte, war zu groß. Außerdem behauptete meine Lehrerin, daß ich die russischen Worte mit polnischem Akzent aussräche und immer wieder ins Polnische käme, womit sie sicher recht hatte. An den langen Winterabenden, in denen wir aus Sparsamkeitsgründen in »dem« einen geheizten Zimmer um »die« Lampe saßen, versuchte ich, den Kindern Englisch beizubringen.

Im Januar *1948* gaben wir Wolfgang in der Hermann-Lietz-Schule in Gebersee ins Internat, denn die Volksschule in Liebersee ging Ostern zu Ende. Während Wolfgang auf der Volksschule immer gute oder durchschnittliche Zeugnisse gehabt hatte, bekamen wir schon Anfang März die Nachricht, daß wir ihn wieder abholen sollten, da er infolge des schlechten Unterrichts der Jahre 1945–1948 in der Schule nicht mitkomme und sich nicht anpasse.

Auch mit Karin hatten wir unsere Sorgen. Sie hatte eine Nierenschwäche von dem Treck und all den Frosttagen ohne Bett zurückbehalten und Probleme mit der Blase. Wir fuhren mit ihr nach Berlin und fanden nur mit großer Mühe ein Kinderkrankenhaus, wo wir sie zur Behandlung unterbrachten.

Jobst fiel die Steintreppe hinunter und hatte eine große Beule am Kopf und brach sich bei einem Sturz vom Gummiwagen das Schlüsselbein. So verschoben sich die Sorgen. Wir hatten ausreichend zu essen, denn auch die Care-Pakete kamen jetzt mit gutem Inhalt, wir konnten wieder unsere Freunde besuchen und gingen sogar in Berlin und Leipzig in sehr gute Theateraufführungen. Aber die Folgen des furchtbaren Krieges und der Fluchtjahre zeigten sich nun an den Kindern. Im April mußte ich Jobst wieder ins Krankenhaus nach Torgau bringen, wo er an der anderen Seite am Bruch operiert wurde. Wir waren ständig in Sorge um die Kinder. Große Freude brachte uns ein schönes Stutfohlen, das Fasana von dem Graditzer Hengst Unkenruf relativ spät für die Jahreszeit im Juni zur Welt brachte, und das wir Ulrike nannten.

Im Juni holten wir Karin aus dem Krankenhaus in Berlin und brachten Schwester Hilde, die sich besonders um sie gekümmert hatte, zu Besuch mit.

Im Juni 1948 gab es die Währungsreform, zuerst im Westen und dann bei uns. Sie brachte große Aufregungen mit sich. Ich unterrichtete Karin im Hause, um das in Berlin Versäumte nachzuholen, und wir meldeten sie in der Zentralschule in Torgau an.

Wolfgang wurde durch Vermittlung von Buchwalds in Jena in dem bekannten Internat von Dr. Trüper aufgenommen, wo die Lehrer sich individuell auf die Kinder einstellten.

So erfreulich es war, daß wir die Kinder schulisch für die damaligen Zeiten bestmöglich unterbringen konnten und die Kosten dafür durch Dietz' Gehalt getragen wurden, so traurig war es für mich, denn ich war nun die Woche über mit dem kleinen Jobst ganz allein auf der Siedlung, einsam ohne Ansprache und Anregung.

Am 8. September 1948 mußte ich in Dommitsch, wo ein bekannter Breslauer Gynäkologe in einer alten Fabrik eine Klinik eröffnet hatte, einen Eingriff machen lassen. Die hygienischen Verhältnisse waren wie in einem Kriegslazarett an der Front, die äußeren Verhältnisse ebenso, denn ich mußte im Rucksack meine Verpflegung und die Bettwäsche mitbringen. Die Folgen waren furchtbar für mich. Am 16. September klappte ich in Dröschkau zusammen und war teilweise gelähmt. Ich bekam eine schwere Peritonitis, einen Nierenabszeß und Nierenkoliken. Nur der unermüdlichen Betreuung und Pflege von unserem Hausarzt, Dr. Hans Krauß, und Prof. Granzow, einem Danziger Gynäkologen, der noch keine Arbeitserlaubnis hatte und aus Torgau zu uns kam, war es zu verdanken, daß ich nach wochenlangem Kampf mit dem Tode schließlich durchkam. Ich war nicht mehr transportfähig für eine Klinik, und Prof. Granzow schlief teilweise in Dröschkau, während Frau Ellinor Buchwald, die Mutter von Negus aus Jena, Tante Else Schönberg aus Meißen und Gerda Friedrich aus Freyburg zu uns nach Dröschkau kamen und sich in meiner Pflege abwechselten. Penicillin gab es noch nicht. Gegen die Schmerzen bekam ich Morphiumtropfen. Nach neun Wochen konnte ich mich das erstemal wieder selbst versorgen, und erst Anfang Dezember fing ich an, mich zu erholen. Der arme Dietz hatte in jeder freien Stunde nach Dröschkau kommen müssen, um die nötigsten Arbeiten zur Einbringung der für uns so wichtigen Ernte anzuordnen oder selbst zu machen.

1948 war ein schweres Jahr der Krankheiten.

Je mehr die äußerlichen Verhältnisse sich normalisierten, desto mehr wurde uns klar, daß keine Hoffnung bestand, daß es wieder ein vereintes Deutschland gäbe. Im Gegenteil, je mehr die Russen sich aus der Verwaltung zurückzogen und diese den deutschen Kommunisten überließen, desto radikaler wurde es. Eine Zukunft für uns und unsere Kinder gab es in der russischen Zone nicht.

Am 10. April *1949* feierten wir in Staritz die Konfirmation der beiden Kinder Wolfgang und Karin mit zwölf Personen, die wir irgendwie auch unterbrachten, sofern sie nicht, wie die Familie von Dr. Krauß, im Umkreis wohnten. Die Kinder kehrten in ihre Schulen nach Jena und Karin zu Frau v. Goetz nach Torgau zurück, und ich bereitete systematisch unsere Flucht nach dem Westen vor.

Zunächst nahm ich mit allen unseren Freunden, die an einflußreichen Stellen in Westdeutschland saßen, Fühlung auf, fuhr wiederholt nach Berlin und nahm immer Silber, Teppiche und so weiter mit, soweit diese sich in Koffern verpacken ließen, die meine Freundin in Berlin-Marienfelde in ihrem kleinen Haus für uns aufbewahrte.

Aus diesem Grund verkauften wir auch den schönen irischen Setterrüden Hasso, denn mit zwei Hunden konnten wir uns nicht in den Westen absetzen, und suchten einen Nachfolger für unsere Siedlung. Das war offiziell möglich, denn Dietz, der jahrelang als Kreislandwirt in Torgau gearbeitet hatte, sollte ab 1950 einen leitenden Posten im Landwirtschaftsministerium in Halle bekommen und wir dorthin umziehen. So konnten wir auch einige Dinge unter der Hand verkaufen, denn das Inventar einschließlich des Viehs gehörten uns, während das Land aus dem früheren Besitz der Frau von Heynitz uns »zugeteilt« worden war. Dietz erreichte es, daß ich ein Visum für eine Reise nach dem Westen bekam. Da er im Osten zurückblieb, wurde dies auch genehmigt, was sonst kaum geschah. Zunächst fuhr ich zu meiner fast neunzigjährigen Tante Schönberg in Halle und verabredete mit dieser, daß ich ihr einige Kisten schicken würde, die sie als ihren Besitz deklariert an ihren Sohn im Westen weiterleiten sollte. Es war ein damals offizielles Umzugsgut im Rahmen einer Erbschaft.

Dann fuhr ich zu Justizrat Dr. Rudolf Dix, der inzwischen in Frankfurt sich als renommierter Rechtsanwalt niedergelassen hatte. Er war durch den von ihm erreichten Freispruch von Dr. Schacht im Nürnberger Prozeß bekannt geworden. Er brachte mich mit Dr. Jannsen von der Frankfurter Bank und Herrn v. Metzsch vom Rennverein zusammen, immer mit dem Ziel, eine neue Existenzbasis für uns im Westen zu finden. Dies erschien nach Besuchen bei verschiedenen Freunden, die im Kriege oft unsere Gäste in Lehfelde gewesen waren, leichter erreichbar als der Wohnungszuzug für uns fünf Personen.

Unser Freund, Eduard Schilling, Besitzer einer Kaffeefirma in Bremen, ließ mich im Auto bei Dr. Dix abholen und lud mich nach Bremen ein, wo ich eine Woche lang sein Gast im Lloyd-Hotel war. Wir hatten ihn 1938 bei einem gemeinsamen Skiaufenthalt in Sulden von einem 3000 m hohen Paß, mit gebrochenem Knöchel auf Skier gebunden, heruntergezogen.

Danach war er 1939 und 1940 zur Jagd nach Lehfelde gekommen und hatte in unser Gästebuch geschrieben: »Meine Dankbarkeit zu Euch, liebe Lehfeldts, ist groß. Ihr könnt immer mit mir rechnen«. Nun sagte Schilling uns eine Wohnung zu und hoffte, dank seinen Beziehungen und vielen Ehrenämtern auch unsere Zuzugsgenehmigung in Bremen durchsetzen zu können.

So kam ich im Dezember 1949 mit der festen Zusage von Schilling nach Dröschkau zurück. Es galt nun, alles so unauffällig wie möglich vorzubereiten und möglichst viel zu verkaufen, um etwas Geld heimlich mitnehmen zu können. Von unseren Konten durften wir nur ganz kleine Summen abheben, abgesehen davon, daß wir nicht viel Geld darauf hatten. Am 6. Februar gab Dietz die Siedlung in Torgau offiziell ab. Als Nachfolger hatte er einen Flüchtling aus Schlesien gefunden.

Unseren schönen Ponyhengst Lumpi verkauften wir, denn weder diesen noch meine innig geliebte Araberstute Fasana wollte der neue Siedler übernehmen. Es waren keine Pferde, die ihm bei den Siedlerarbeiten nutzen konnten. Außerdem hatte er nicht das Geld, die Pferde zu kaufen.

So verkaufte ich mit Tränen in den Augen meine geliebte Fasana mit Einspännerwagen und Geschirr an einen Bauern zur Zucht.

Ende März waren aufregende Tage für uns. Wir machten genaues Inventar für den neuen Siedler. Ich verkaufte, was er nicht übernehmen wollte, und unterdessen fuhr ich mehrfach für eine Nacht heimlich nach Berlin, um Geld und Sachen in Sicherheit zu bringen. Die Siedlung mit dem Inventar sollte am 5. April an uns bezahlt werden. Jedoch am 29. März bekamen wir eine Warnung, daß unsere Vorbereitungen für eine

Flucht nach dem Westen bekanntgeworden seien und man uns beim Verlassen von Dröschkau verhaften wolle.

So beschlossen wir, auf das Geld für die Siedlung und alles, was wir uns so mühsam erarbeitet hatten, zu verzichten und uns unsere Freiheit zu erhalten. Der 3. April, ein Montag, bot sich dafür an, da Dietz an diesem Tage eine Sitzung in Halle hatte und ganz früh dorthinfuhr. Ich ließ mich mit Jobst auf dem Motorrad von Carl Eugen v. Kuczkowski nach Leipzig fahren, von wo ich den Zug nahm, um nicht auf dem Bahnhof in Torgau beim Lösen des Billetts nach Berlin verhaftet zu werden. Es war kalt, und der kleine Jobst, der vorn auf dem Motorrad von Kuczkowski gehalten wurde, holte sich eine Mittelohrentzündung, die uns zwei Wochen in Berlin aufhalten sollte. Der erregendste Moment war die Überquerung der Grenze von Berlin-Ost nach Berlin-West und die Kontrolle im Zuge. Völlig erschöpft von all den Aufregungen landete ich bei meiner Freundin Elisabeth v. Schroeder in Berlin-Marienfelde. Endlich in der Nacht kam Dietz, der das Ende der Sitzung in Halle abgewartet und sich von Halle aus ebenfalls per Bahn abgesetzt hatte.

Karin hatten wir bei Frau v. Kuczkowski gelassen, die diese am nächsten Tage uns nachbrachte. Wolfgang war ungefährdet im Internat in Jena. Er kam später zu den Weihnachtsferien und konnte so noch sein Schuljahr beenden.

Da waren wir nach so vielen Aufregungen und erneut mit dem Verlust aller Dinge, die wir uns in den letzten fünf Jahren erarbeitet hatten, ohne Stellung, ohne jede Zukunftspläne, aber vereint in Berlin und mußten nun sehen, so schnell wie möglich nach Bremen zu gelangen.

Doch dies war mit vielen, langwierigen Formalitäten verbunden. Wir mußten als politische Flüchtlinge anerkannt werden, unsere politische Zuverlässigkeit wurde von den Alliierten überprüft. Wir brauchten einen provisorischen Paß, um den Flug von Berlin nach Bremen antreten zu können. Vor allem aber mußte der kleine Jobst wieder gesund werden, denn seine beiderseitige Mittelohrentzündung bereitete ihm große Schmerzen. Da wir nicht in ein Flüchtlingslager übersiedeln wollten, versorgten wir uns bei meiner Freundin selbst, und das wenige Geld, das wir gerettet hatten, schmolz dahin. Dazu kam, daß ausgerechnet in dieser Zeit der schlechteste Umtauschkurs von Ost- zu Westmark bestand, nämlich 5 : 1. Kurz, an Sorgen fehlte es uns nicht!

Endlich war es soweit. Am 26. April, nach dreiundzwanzig Tagen Aufenthalt in Westberlin, landeten wir mit dem Flugzeug in Hamburg, wo unser Freund Schilling aus Bremen uns mit dem Auto abholte. Er hatte uns auf meine Bitten eine Baracke reserviert, die auf einem zerbombten großen Grundstück stand und in der er seine Büros gehabt hatte. Die Wohnung, ganz für uns allein, umgeben von der Möglichkeit, auf dem Umland einen Garten anzulegen, erschien mir für uns geeigneter als eine Dreizimmerwohnung für fünf Personen und Hund. Die geliebte Setterhündin Asta wurde uns, wie schon erwähnt, nachgebracht, und ich züchtete in einem ehemaligen Hühnergehege auf dem Grundstück wieder irische Setter.

In den Stübchen der Baracke richteten wir uns so gut es ging mit den Sachen aus den fünf Kisten ein, die ich über meine Tante Schönberg von Halle bekommen hatte, und mit dem Inhalt der vielen Fünfkilo-Pakete. Bei der Ankunft in Westdeutschland hatten wir jeder noch hundert Westmark in der Tasche. Das war der Anfang für ein neues Leben, eines der vielen Flüchtlingsschicksale der Familien aus dem Osten. Aber die wirtschaftlichen Sorgen traten in den Hintergrund. Wichtig war, daß wir alle fünf gesund beisammen waren und als freie Menschen in einem sich ständig aufwärts entwickelnden Staat leben durften. Es galt, als unbekannte, arme Flüchtlinge eine neue Existenz aufzubauen, um den drei Kindern einen Start in die Zukunft zu ermöglichen. Wir waren zuversichtlich.

WIR WÜRDEN ES AUCH DIESES MAL SCHAFFEN!

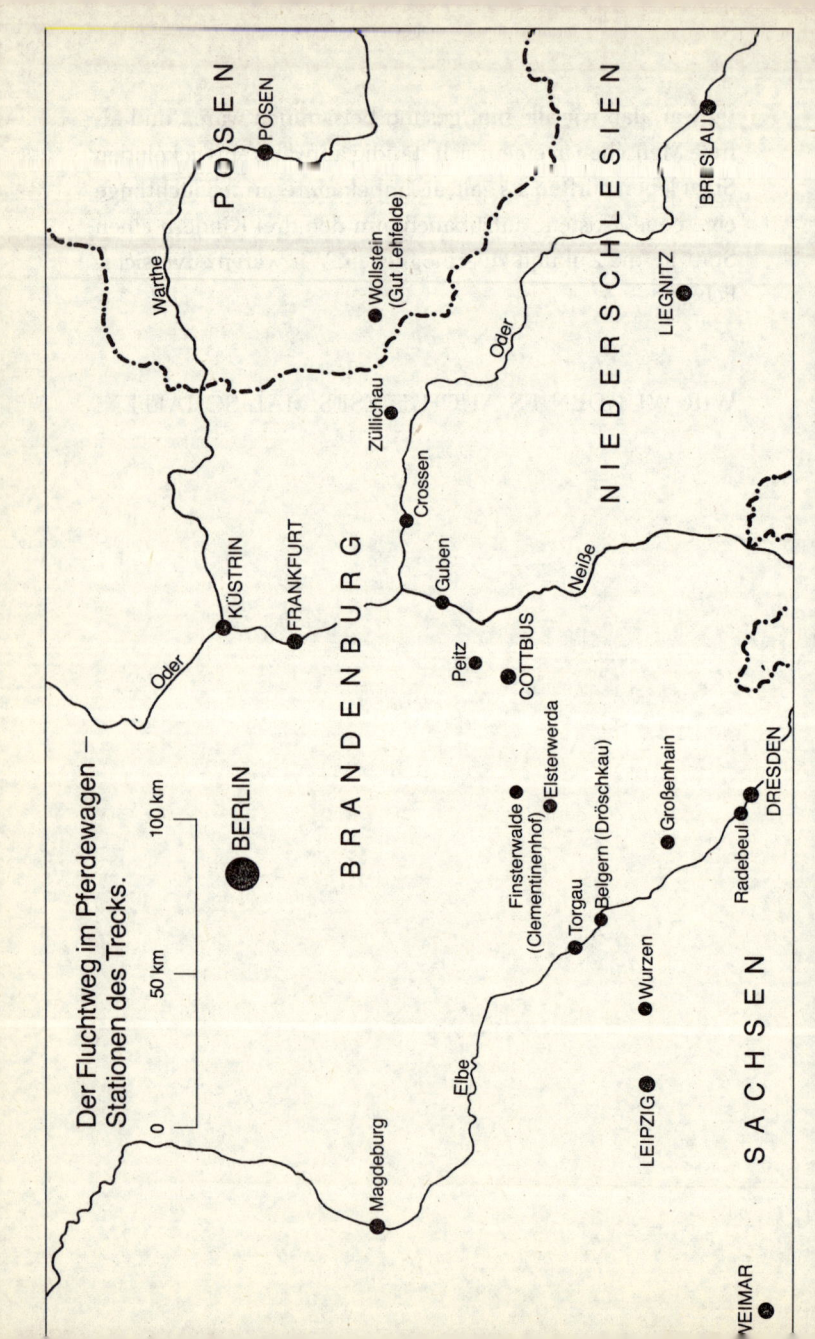

Der Fluchtweg im Pferdewagen – Stationen des Trecks.

POSEN

POSEN

NIEDERSCHLESIEN

BRESLAU

Warthe

Wollstein
(Gut Lehfelde)

Züllichau

Oder

LIEGNITZ

Crossen

KÜSTRIN

FRANKFURT

Guben

Neiße

BRANDENBURG

Oder

Peitz

COTTBUS

100 km

BERLIN

Finsterwalde
(Clementinenhof)

Elsterwerda

Großenhain

Radebeul

DRESDEN

50 km

Torgau

Belgern (Dröschkau)

Wurzen

SACHSEN

Elbe

0

LEIPZIG

Magdeburg

WEIMAR

Zeitliche Übersicht der
Trecks und Fluchtwege

1. Treck 21.–26. Januar 1945

Am *Sonntag, dem 21. Januar,* 7.30 Uhr Abfahrt *Lehfelde,* 11.30 Uhr Rast auf Gut Karge bei Richters. Weiter über Unruhstadt-Schmöllen, Langmeil *ZÜLLICHAU.* Dort erste Nacht; ca. 30 km.

Montag, den 22. Januar, Abfahrt *Züllichau* 10 Uhr. Pommerzig–Klein-Blumberg–Deutsch-Nettkau–*RÄDNITZ;* ca. 22 km.

Dienstag, den 23. Januar, Abfahrt 9 Uhr in *Rädnitz.* Überquerung der Oder bei Crossen. Rast mittags in Försterei. Übernachtung in *GUBEN* bei Stichlings.

Mittwoch, den 24. Januar, Abfahrt 9 Uhr von *GUBEN* bis *PEITZ* ohne Mittagspause. Ankunft Spätnachmittag. Telefon mit Kuczkowskis; ca. 30 km.

Donnerstag, den 25. Januar, Abfahrt *PEITZ* früh. Mittag in einem Dorf, Wurstsuppe. Nachmittags in *Reuden* Kreis Luckau bei Lindners. In REUDEN zur Nacht.

Freitag, den 26. Januar, Abfahrt *Reuden.* Mittags Fürstlich DREHNA. Weiterfahrt Ankunft gegen 15 Uhr in *CLEMEN-TINENHOF* bei *SONNEWALDE* Kreis Finsterwalde.

Fahrt von Clementinenhof ins zerstörte DRESDEN 21.–24. März 1945.

Mittwoch, den 21. März, Abfahrt *Clementinenhof* mit den Pferden Liebe und Holle im Pferdewagen mit Wadziu. Elsterwerda Fliegeralarm. 12.00 Uhr in GROSSENHAIN zur Dr. Globig. Übernachtung im Dorf ZCHANITZ; ca. 55 km.

Donnerstag, den 22. März, 7.30 Uhr ab *Zschanitz + Großenhain.* 11 Uhr in *RADEBEUL* bei Dresden bei Rämisch. Fliegeralarm; ca. 45 km.

Freitag, den 23. März, 8.30 Uhr ab *Radebeul,* 10.30 Uhr in ZSCHANITZ. Fliegeralarm. In *GROSSENHAIN* bei Dr. Globig Mittag und Besorgungen. Übernachtung für Pferde und Wadziu in Zschanitz; ca. 45 km.

Sonnabend, den 24. März, 8 Uhr ab *GROSSENHAIN.* Alarm im Wald. Elsterwerda – Clementinenhof, 14.30 in *CLEMENTINENHOF;* ca. 50 km.

2. Treck Clementinenhof – Zschorna 19.–24. April 1945.

Donnerstag, den 19. April, abends 21 Uhr Abfahrt *Clementinenhof.* Die Stute Holle stürzt mit Dietz und läuft weg. Die Nacht über getreckt.

Freitag, den 20. April, 6 Uhr früh im Wald bei *NEXDORF.* Abends weiter im Dunkeln – Falkenberg – Lönnewitz – *Nichtewitz.*
Kampiert im *Wald* bei *NICHTEWITZ.*

Sonnabend, den 21. April, Ärztin aus Arzberg versorgt Dietz' Schulter. Von *NICHTEWITZ* an BRÜCKENKOPF BEI TORGAU, 22 Uhr dort. Mit Treck von Frau v. Stammer TRIESTEWITZ über die *Elbbrücke* nachts.

Sonntag, den 22. April, 2 Uhr früh Überfahrt über *Elbbrücke,* weiter bis *BECKWITZ.* Übernachtung auf Heuboden im Dorf bei Bauern.

Pferde und Kutscher und Dietz im Walde.

Montag, den 23. April, Beckwitz–Kobershain
Treck blieb zunächst in *Beckwitz.* Ich fahre mit Kutschwagen nach Kobershain, bekomme Quartier bei Herrmanns, nachts *KOBERSHAIN.*

Dienstag, den 24. April, Kobershain 14 Uhr Abfahrt über Thammenhain nach *ZSCHORNA* Kreis Wurzen. Dort über Nacht im Stübchen der Witwe des Brennmeisters.

Mittwoch, den 25. April und Donnerstag, den 26. April, im Pferdewagen nach WURZEN, TREBSEN, EILENBURG–HOLZ-BURG–THALLWITZ–KÜHNITSCH.

Eintägiger 3. Treck Zschorna – DRÖSCHKAU

Mittwoch, den 27. Juni, 7 Uhr ab *ZSCHORNA* – gegen Abend in *DRÖSCHKAU.*

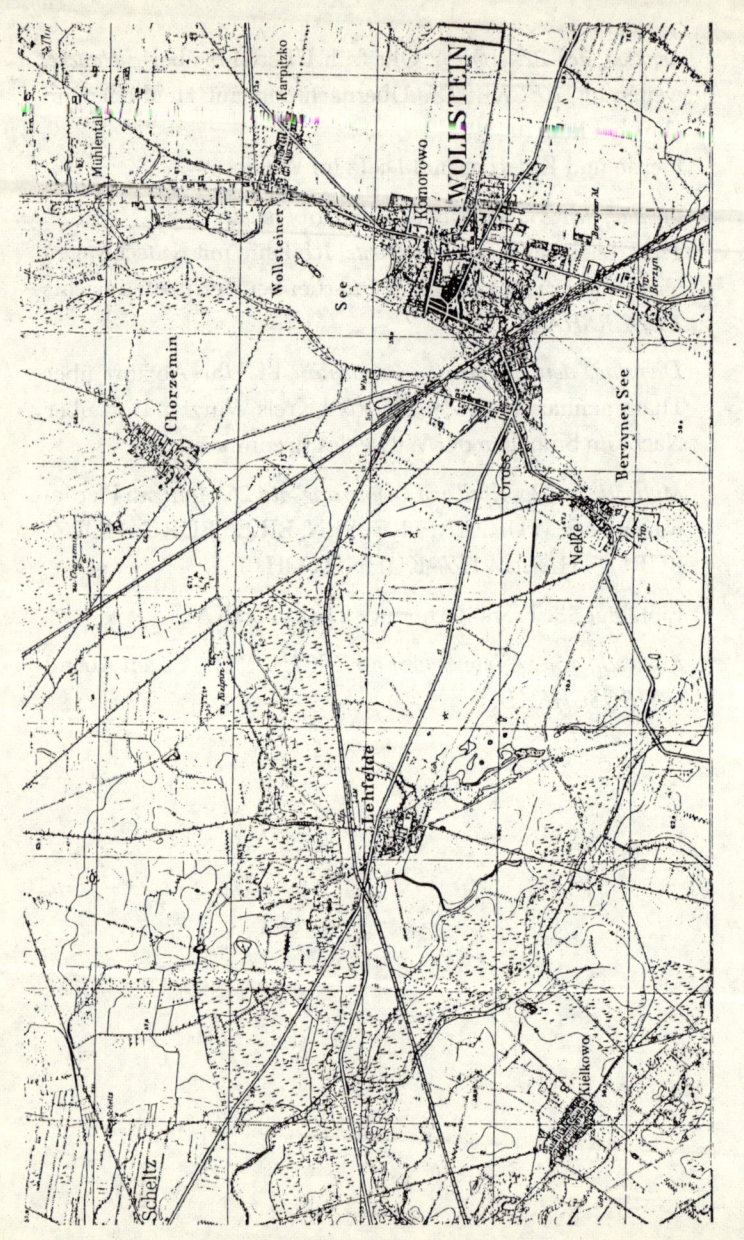

Personenverzeichnis

Abkürzungen:

Abwehr	Spionageabwehr des Oberkommandos der Wehrmacht
NSDAP	Nationalsozialistische Deutsche Arbeiterpartei
OKH	Oberkommando des Heeres
OKW	Oberkommando der Wehrmacht
SD	Sicherheitsdienst, eine Einrichtung der Schutzstaffel (SS) zur Überwachung der NSDAP und später des gesamten öffentlichen Lebens
WELAGE	Westpolnische Landwirtschaftliche Gesellschaft, eine Standesvertretung der deutschen Landwirte in Polen

Bitte beachten Sie
die folgenden Seiten:

Walter Laqueur

Was niemand wissen wollte

Die Unterdrückung
der Nachrichten über
Hitlers Endlösung

Ullstein Buch 33027

Die Nationalsozialisten hatten beabsichtigt, den Mord am jüdischen Volk im geheimen zu vollziehen. Aber nicht alle Informationen über die Massenvernichtung ließen sich wirksam kontrollieren. Laqueur zeigt anhand von Dokumenten, auf welchen Kanälen Nachrichten für die deutsche Bevölkerung, die Alliierten und Neutralen, die Juden unter der Nazi-Herrschaft und in der Freiheit durchsickerten.
Die »Mauer des Schweigens« war durchlässig. Der britische Historiker, in Breslau geboren, stellt eindringlich die Frage nach den bewußten und unbewußten Grenzen des Wahrnehmungswillens.

Zeitgeschichte

Kurt R. Grossmann

Die unbesungenen Helden

Menschen in Deutschlands
dunklen Tagen

Ullstein Buch 33040

Dieses 1957 erstmals er-
schienene Buch von Kurt R.
Grossmann war seinerzeit
die erste umfassende
Information über die selbst-
losen Hilfeleistungen und
Rettungsversuche nicht-
jüdischer Menschen an
verfolgten jüdischen Mit-
bürgern. Die von dem
bekannten Publizisten
gesammelten Briefe und
Berichte geben ein erschüt-
terndes Bild jener Zeit, sind
aber zugleich überwältigende
Zeugnisse menschlichen
Fühlens und Handelns. Aus
ihnen spricht der unbeugsame
Wille zur Humanität von
Menschen aller Nationen
und Schichten. Neben der
unbekannten Frau aus dem
Norden Berlins und dem Arzt
von Jagielnicza stehen die
Taten Raoul Wallenbergs
und des brühmten Paters
Benoit – ein Triumph des
Guten angesichts der
Tyrannei.

Zeitgeschichte

Ernst Wiechert
Die Majorin

Roman · Langen Müller

224 Seiten

Langen Müller